FRIEDEMANN
KARIG

WIE WIR LIEBEN

AF629972

atb aufbau taschenbuch

FRIEDEMANN KARIG, geboren 1982, studierte Medienwissenschaften, Politik, Soziologie und VWL und schrieb unter anderem für Süddeutsche Zeitung, SZ-Magazin, Die ZEIT, FOCUS und brand.eins. Er moderiert und spricht auf Konferenzen und im Fernsehen.

Die Monogamie ist ein Desaster. Beinahe jede zweite Ehe wird geschieden, Tendenz steigend. Monogamer Alltag ist allzu oft: Lügen, Betrügen, Verletzen, Verlassen. Wie also wollen wir heute lieben, in einer Zeit, in der alles erlaubt ist? In der Liebe kein politisches Projekt und kein Zufall mehr ist, sondern Labor individueller Glücksforschung zu sein scheint? Die Liebe in Zeiten unbegrenzter Möglichkeiten scheint theoretisch wohl untersucht. Doch was machen die Menschen da draußen wirklich? Geht man, wie Karig, zu ihnen, erlebt man Liebende, die sich nicht in Theorien fassen lassen.

»Friedemann Karig nimmt der Liebe ihre Schwere, ihre Bedrohung, ihre Konventionen. Mit zauberhaften Geschichten und klugen Kommentaren gibt er zurück, was uns genommen wurde: die Leichtigkeit.«
Ronja von Rönne

FRIEDEMANN
KARIG

WIE WIR LIEBEN

VOM ENDE DER MONOGAMIE

atb aufbau taschenbuch

MIX
Papier | Fördert
gute Waldnutzung
FSC® C083411

ISBN 978-3-7466-3456-2

Aufbau Taschenbuch ist eine Marke der
Aufbau Verlage GmbH & Co. KG

8. Auflage 2024
Vollständige Taschenbuchausgabe
© Aufbau Verlage GmbH & Co. KG, Berlin 2017
www.aufbau-verlage.de
10969 Berlin, Prinzenstraße 85
Die Originalausgabe erschien 2017 bei Blumenbar,
einer Marke der Aufbau Verlage GmbH & Co. KG
Der Verlag behält sich das Text- und Data-Mining
nach § 44b UrhG vor, was hiermit Dritten ohne
Zustimmung des Verlages untersagt ist.
Umschlaggestaltung zero-media.net, München
unter Verwendung eines Bildes von FinePic®, München
Druck und Binden CPI books GmbH, Leck, Germany

Printed in Germany

Für K, G, S, Y, M und L

Alles wird gut.

INHALT

IV. Liebe

V. Treue

VII. Freiheit

Paul & Jelena

In einer Sommernacht vor sieben Jahren trifft ein Junge ein Mädchen. Es ist spät. Der Club ist voll. Sie sind betrunken. Sie reden, tanzen, trinken.

Sie küssen sich.

Er fragt: Gehen wir zu mir?

Sie sagt: Okay. Aber ich will deinen Namen nicht wissen. Und dir meinen nicht sagen.

Er wohnt um die Ecke, aber sie schaffen es nur bis hinter einen Bauwagen. Sie dreht sich um. Er zieht ihre Hose runter. Ob sie jemand sieht? Völlig egal.

Da ist etwas zwischen ihnen. Von der ersten Sekunde an. Jede Berührung elektrisch. Jeder Kuss magisch. Anders.

Wahnsinn, denkt er, als er sie in seinem Bett sieht.

Als sie schläft, kramt er in ihrer Handtasche nach ihrem Personalausweis. Am nächsten Morgen ist sie weg. Er weiß nur: Jelena. 19 Jahre. Geboren in St. Petersburg. Und dass er sie wiedersehen muss.

Wenn Paul heute von dieser wilden ersten Nacht erzählt, kichert er wie ein kleiner Junge. Dann sagt er: »Wäre vielleicht besser gewesen, der Filmriss hätte sie sofort aus meinem Kopf gelöscht.«

Statt sie zu vergessen, sucht und findet Paul sie. Drei Monate später sind sie ein Paar. Zwei Jahre danach ziehen sie in ihre erste gemeinsame Wohnung. Wieder drei Wochen später ist sie schwanger.

Zu jung, um nur Mutter zu sein, findet sie. Zu jung für Regeln. Also schließen sie einen Pakt: Ein *Dream-Team* wollen sie sein.

Unschlagbar. Kugelsicher. Aber nicht exklusiv miteinander. »Abenteuer erleben dürfen«, nennen sie das. Die Abmachung: Solange es nur Sex ist, ist alles erlaubt. Aber: Nicht im Freundeskreis. Und: Alles wird erzählt. Wenn der andere fragt. Sie vereinbaren, was man eine »offene Beziehung« nennt. Sie ist 21 Jahre alt, er 27. Ihr Sohn ein paar Monate.

Heute, nach sieben Jahren, mit einem zweiten Sohn, nach unzähligen Verletzungen und Versöhnungen, wollen sie ihre Geschichte erzählen. Sie sitzen auf dem Balkon ihrer Wohnung, fünf Stockwerke hoch, zwischen Wein und Kerzen und Zigaretten. Und reden.

Über Lieben und Loslassen. Über Freiheit. Und was sie mit uns macht. Über Sex und Liebe. Und wie sie zusammengehören. Über Eifersucht, und wie man sie bezwingt. Über Macht.

»Sonst wissen wir irgendwann nicht mehr, wie das alles war«, sagt er.

»Vielleicht lernen ja andere etwas daraus«, sagt sie.

»Es hat unfassbar weh getan«, sagt er. »Aber ich würde es wieder tun.«

»Bereuen ist Quatsch«, sagt sie.

»Es war die höchste Form der Liebe«, sagt er.

PROLOG: DIE LIEBE IN ZEITEN DER MÖGLICHKEITEN

> *»Meine Kunst handelt von Gefühlen. Ich liebe das Leben, und ich liebe Sexualität. Ich liebe es, über Sexualität nachzudenken, über das Verlangen und die Kommunikation. Meine Kunst ist sexy. Das ist ihre Stärke.«*
>
> **JEFF KOONS**

Die Monogamie ist ein Desaster. Zumindest statistisch gesehen. Fast jede zweite Ehe in Deutschland wird geschieden, Tendenz steigend. Die durchschnittliche Dauer einer Beziehung beträgt vier Jahre. Rund die Hälfte der erwachsenen Deutschen ist schon einmal fremdgegangen. Affären sind der häufigste Grund für Scheidungen. Kein Wunder: Ihre sexuellen Wünsche sehen über die Hälfte in ihrer Partnerschaft nicht erfüllt. Monogamer Alltag: Lügen, betrügen, verletzen, verlassen. Kollateralschäden: Die Belastung der 20 Prozent alleinerziehenden Eltern, die Trauer der 160 000 neuen Scheidungskinder jährlich, die ungezählten Tränen, Diskussionen, Therapien. Die Einsamkeit vieler der über 50 Prozent Singles, die deutsche Großstädte heute bewohnen.

»Die Scheidungsraten in dieser Welt hätten«, schreibt die Autorin Anne Waak, »angewendet auf die kommerzielle Luftfahrt, schon lange zur Abschaffung derselben geführt. In unserem Intimleben dagegen gilt ein solches vermeintlich individuelles Scheitern als menschliches Versagen. Und als ganz normale Sache, wegen der nichtsdestotrotz nicht wenige die furchtbarsten Schmerzen erleiden.«

Aber was ist die Alternative? Die »offene Beziehung«, die »freie Liebe«, die »wilde Ehe«? Schon diese Begriffe klingen seltsam. Nach linken Kommunen und Sauna-Clubs. Wie verwaschene Unterhosen, auf Kniehöhe runtergezogen. Wie ein Boden, auf dem man leicht ausrutscht. Unsicher. Gefährlich. Solche Begriffe führen das geistige Auge in Swinger-Läden, Hippie-Camps, zu den vergilbten Teetassen ewig notgeiler Alt-68er. Das Gefühl: Unsicherheit, Ablehnung, Rückzug. Die Reizvokabeln »Kommune« und »Polygamie« schmecken nach krampfhafter Rebellion, nach Schutzlosigkeit, Verletzung, Unglück.

Uns fehlt offenbar schon das Vokabular. Entweder man ist »zusammen«, also ein Paar. Oder man ist es nicht. Eine Beziehung kann zwar »offen« sein. Aber eigentlich ist unser Liebesleben binär codiert. Es gibt nur: 1 oder 0. Wer einmal verheiratet ist, scheint für immer an die Ehe gebunden. Er ist eins. Bis er sich scheiden lässt. Dann ist er wieder allein. Null.

Während die Welt immer komplizierter wird (und wir uns darüber lauthals beschweren), bleiben unsere Beziehungen simpel. Schwarz oder weiß. An oder aus. Hund oder Katze. Genügt uns das?

Freiheit ist das große Projekt der Moderne, das Ideal unserer Zeit. Aber Freiheit kann auch zu Verzweiflung, zu Orientierungs- und Sinnlosigkeit führen. Und besonders emotionale und sexuelle Freiheit, schreibt die Soziologin Eva Illouz, zieht »ihre eigenen Formen des Leids nach sich«.

Wir sind heute freier als jemals zuvor. Aber wir nutzen die Freiheit nicht. Wir verlangen uns und unseren Partnern viel, manchmal Unmenschliches ab. Statt die Regeln, nach denen wir zusammenleben, zu verändern, passen wir uns an. Immer wieder. Mit sehr überschaubarem Erfolg. Vielleicht also ist es Zeit, neu darüber zu denken. Mehr Freiheit, weniger Angst zu wagen?

Die Menschen, die in diesem Buch von ihrer Liebe erzählen, haben genau das getan. Sie haben ein neues Wort für ihre Liebe gesucht, einen neuen Code, eine neue Chiffre, eine neue Erzählung. Sie haben sich geöffnet. Sie haben sich ihren Ängsten gestellt. Um sich selbst und ihre Träume zu finden.

Ihre Erzählungen sind wichtig, weil dieses Buch keine Werbung sein will für ein wie auch immer geartetes Konzept »offener«, freierer Liebe. Kein Handbuch, das erklären will, wie etwas funktioniert oder nicht.

Lieber erzählt dieses Buch von der Liebe. Denn nirgends und niemals versteht der Mensch so gut wie durch, in, mit Geschichten. Alles, was wir wissen, lernen und lehren wir durch Beispiele, Storys, Vorbilder. Wir sind nichts anderes als Geschichten erzählende Affen. Erzählende, liebende, leidende Affen. Deshalb ist dieses Buch zuallererst eine Sammlung von Liebesgeschichten.

Es sind wahre Begebenheiten, die so erlebt und mir erzählt wurden. Bei Drinks und Zigaretten, unter viel Lachen und ein paar Tränen. Geschichten wie die von Jelena und Paul, die sich im Rausch kennenlernen und wie im Rausch leben. Wie die von Jakob und Francesca, die miteinander und mit vielen anderen durchs Leben tanzten, bis ihnen anderes wichtiger wurde. Wie die von Luoise, die zwei Männer liebt, ohne ihre Liebe teilen zu müssen. Wie die von Jasper und Marie, die sich immer treu waren, ohne nur einander zu küssen. Wie die von Livia und Thomas, die mit ihrer kleinen Tochter im Reihenhaus leben, aber manchmal einen speziellen Gast empfangen. Wie die von Viktor und Veronique, von Patricia, Mara und einigen mehr. Sie alle haben erlebt, wovon sie erzählen. Sie alle versuchen etwas. Sie alle lieben.

Zwischen den Geschichten stehen einige Gedanken – die überblättern kann, wer nur die Love Storys lesen möchte – darüber, warum manche Dinge zwischen Herz und Hose vielleicht so sind, wie sie sind. Wie die Liebe früher wirklich war. Und warum sie heute so ist, wie sie ist. Denn zum Glück wissen wir heute so viel wie noch nie über Liebe, Sex und Zärtlichkeit. Über das *Wie* und *Warum* unserer Zweisamkeit (und Mehrsamkeit). Das geht viel weiter zurück, als wir denken. Wer wirklich verstehen will, *warum* Menschen *wie* lieben, liest über die Entstehung unserer Art. Über Liebe in der Steinzeit. Über die Lust der Frau und den Trieb des Mannes. Und über eine Kultur, die beide viel zu lange zu fesseln versuchte.

Auch dieses Buch ist Teil einer Kultur, in der sich einzelne Gedanken über Sachen machen, die alle angehen. Das Tröstliche möchte ich gleich zu Anfang verraten: Ich bin nicht Dr. Love. Ich kenne keine Tricks oder Zaubersprüche. Ich durfte einige Menschen treffen, die etwas geschafft haben.

Ob das alle schaffen können oder sogar sollen? Wer weiß. Man kann sich jahrelang mit der Liebe beschäftigen, theoretisch wie praktisch. Aber wirklich wissen, wie sie »geht« – das ist etwas anderes. Wenn es überhaupt möglich ist. Vermutlich sticht das *Fühlen* immer das *Wissen*. Vermutlich sollte man Fühlen und Wissen gar nicht als Gegensätze denken. Aber das ist ein anderes Thema.

Ein Buch über Liebe, Sex und Zärtlichkeit zu schreiben, stellt einen vor interessante Fragen. Bei jedem zweiten Satz denkt man: Was sagt wohl meine Mutter dazu? Meine Freunde? Die Frau, die ich einmal heiraten will?

Liebe und Sex sind und bleiben komplizierte, intime und vor allem persönliche Themen. Jeder und jede tickt anders. Es ist nicht immer leicht, ehrlich darüber nachzudenken oder gar zu sprechen und zu schreiben. Man kann ein Buch schreiben, dutzende Bücher lesen, ein Jahr lang an nichts anderes denken – und dennoch sehr unsicher sein. *Awkward* heißt das im Englischen. Es gibt kein besseres deutsches Wort dafür als *peinlich*. Es ist uns schmerzhaft unangenehm, uns öffentlich mit unserem innersten Wesen auseinanderzusetzen, auch im Jahre des Herrn 2017. Wir fliegen zum Mond und blicken in den Ursprung unserer Gene. Aber Sex?

Das Gute ist: Das ist völlig okay. Wir alle sind unsicher. Wer sicher tut, will meistens nur seine Unsicherheit verbergen. Und wie soll man angesichts von so etwas Schönem und Großem wie der Liebe nicht unsicher sein? Sie bleibt ein riesiges Planschbecken – und wir Nichtschwimmer. Manchmal geht einer unter. Mancher schafft einen Salto vom Rand. Und manche schwimmen sich ein bisschen freier als andere.

Die sogenannte »offene Beziehung« wird gelebt, überall. Ich behaupte: Jeder kennt jemanden, der sie probiert. Zumindest über ein paar Ecken. Ein Prozent der Deutschen, so schätzen manche, angeblich vier Prozent der Amerikaner versuchen schon ein freieres Beziehungskonzept. Fast alle Menschen in diesem Buch habe ich über ein, maximal zwei Schritte kennengelernt. Es sind keine Freaks, keine Hippies oder Spinner. Sie haben sicher nicht die letzte Weisheit gefunden. Aber sie haben etwas erlebt. Man kann ihnen zuhören. Und dabei womöglich mehr erfahren als aus zwanzig Fachbüchern. »Schreib das bitte alles auf«, sagten Paul und Jelena damals zu mir, »bevor wir es vergessen. Vielleicht lernen ja andere etwas daraus.«

Diese Menschen erzählen Geschichten, wie sie nur die Liebe schreiben kann. Diese ihre Liebe ist eine sehr bewusste Liebe. Eine Liebe, die sich selbst in Frage stellt und dabei neue Antworten findet. Eine Liebe, die mehr will. Vielleicht sogar alles.

Paul & Jelena I: Willst du mit mir gehen?

In ihrer ersten gemeinsamen Nacht ist Paul seit drei Wochen solo, seine Freundin hat ihn verlassen, er ist »deprimiert und untervögelt«. Er will Jelena aufreißen, mit der »asozialen Nummer«. Hält sie fest. Trinkt aus ihrem Glas. Erzählt, wie gut er im Bett ist. Sie, rot gefärbte Haare, rote Fingernägel, findet das: »Geil. Endlich mal ein Arsch.«

Dass er gar keiner ist, eher das Gegenteil? »Habe ich irgendwann später rausgefunden.« Lange nach dem Bauwagen, hinter dem sie zum ersten Mal Sex haben.

»Der lag auf dem Weg«, sagt sie. »Ist doch spannend!«

Am nächsten Morgen muss sie früh raus. Arbeiten. Behindertenbetreuung. Und abends zu Subway, Sandwiches schmieren. Das erzählt sie ihm. Also sucht er den Laden, schaut erst im falschen. Dann findet er sie, kurz vor Feierabend. Hilft ihr beim Aufräumen. Bis ein Punk mit schwarzen Haaren vor dem Fenster steht, böse schaut. »Das war mein damaliger Freund.« Zwei Jahre ist Jelena mit ihm zusammen. Paul ist ihr zweiter »Ausrutscher«. Sie spürt, dass es zu Ende ist. Also sagt sie zu Paul: »Du gehst jetzt sofort hinten raus. Und wartest da.« Sie schickt den anderen weg. Dann gehen Paul und Jelena trinken. Dann gehen sie heim.

Und so beginnt es.

Sie können kaum voneinander lassen. Drei-, viermal am Tag fallen sie übereinander her. »Es war total geil, ich hatte überall blaue Flecken«, sagt sie.

Die körperliche Anziehungskraft wirft sie fast um. Sie spüren den reinen, puren Trieb. Die unbedingte Lust, einander anzufassen, zu riechen und zu schmecken, miteinander eins zu sein. Und noch etwas anderes: eine Magie, nicht von dieser Welt. »Das bisschen Fehenstaub, den es eben braucht, um sich bedingungslos ineinander zu stürzen«, sagt Paul. Sie empfinden, was Menschen seit Jahrtausenden dazu gebracht hat, alles andere zu vergessen.

Was ist noch Sex, was ist schon mehr? Wie soll man es nennen? Ist das nicht völlig egal, wenn nur der andere zählt? Wenn man kaum zum Essen kommt, weil der Mund nur noch küssen will?

Paul fliegt für vier Wochen nach Bali. Und stellt ihr ein Ultimatum. »Wenn ich wiederkomme, will ich wissen, wo das hinführt.« Er ist mit dem Ideal der großen Liebe aufgewachsen. »Man muss denken: Das ist für immer. Egal, was kommt. Und alles investieren.« Wie auf den Zetteln in der Schule: »Willst du mit mir gehen? *Ja* oder *nein*.«

Er lächelt.

»Das *Vielleicht* gab es damals noch nicht.«

Auf Bali hat er was mit einer Fremden. Aber als er nach München zurückkommt, will er die Entscheidung. Am Tag vor seiner Ankunft bekommt sie Panik. »Also habe ich nachts um zwölf einen Typen angerufen und ihn an der Isar getroffen. Einmal noch einen anderen, dachte ich.«

Als sie sich am nächsten Tag wiedersehen, auf einer Brücke, scheint die Sonne. Beide sind aufgeregt. »Dieses kleine wilde Ding, da kann alles passieren«, denkt er. Dann küsst er sie einfach.

»Wir waren verliebt«, sagt sie.

Es beginnt ihre große Zeit, ein endloser Sommer. Paul studiert ein bisschen Soziologie. Arbeitet hinter der Bar. Lebt vor der Bar. Er kennt die halbe Stadt. Und die andere Hälfte würde ihn gern kennen. Sie gehen aus, liegen am Fluss, lesen sich gegenseitig Artikel aus der Zeitung vor. Ein Dream-Team.

Der erste Mann neben Paul kommt im Herbst. Er ist Fitnesstrainer und DJ. »Ich bin in seinem VW-Bus eingepennt und nicht nach Hause gekommen«, sagt sie. »Aber ich kann nicht lügen.«

Als sie Paul davon erzählt, weinen beide.

»Wie konntest du?«, schreit er.

Paul will sie eine Woche lang nicht sehen.

Jelena kann eine Woche nichts mehr essen.

Als sie sich wiedertreffen, liegen sie sich in den Armen. Und beschließen: Das kann es doch nicht gewesen sein. Wir gehören zusammen. Egal, was passiert.

»Was man halt so macht«, sagt Paul heute. »Die komplette Leier: Kann ich dir noch mal vertrauen? Wollen wir deswegen alles aufs Spiel setzen?«

Er ist verletzt, er rächt sich, mit einer anderen, »die hatte das Dekolleté tätowiert«.

Sie verzeihen einander. Warum auch nicht? Fremdgehen ist nichts Besonderes. Irgendwann, kann man meinen, irgendwann betrügen sich doch alle. Weil die Beziehung zu eng ist. Oder nicht eng genug. Irgendein Grund findet sich immer. Weil es 1000 Gründe gibt, fremdzugehen. Und nur einen, treu zu bleiben.

»Der weit verbreitete Seitensprung, diese tausende Jahre alte Institution«, findet Paul, »ist doch der Beweis, dass etwas mit dem klassischen Beziehungsmodell nicht stimmt.«

Wirklich? Viele Paare leben es vor: *Einmal ist keinmal. Was ich nicht weiß, macht mich nicht heiß. Was uns nicht umbringt, härtet uns ab.* Und immer so weiter. Paul und Jelena fragen sich: Welche Beziehung funktioniert schon ohne jede Lüge? Was ist ein bisschen Sex gegen vierzig Jahre eines gemeinsamen Lebens? Und was ist Sex heute überhaupt? Sind wir wirklich frei?

I. SEX, IN LETZTER ZEIT

1. SAMANTHA UND DIE FEUERWEHR

I had me a boy, turned him into a man
I showed him all the things he didn't understand,
Oh, oh, then I let him go.
Now, there's one in California who's been cursin' my name
Cause I found me a better lover in the UK
Hey, hey, until I make my getaway.

ELLE KING, EX'S AND OH'S

Als die Kellnerin die pochierten Frühstückseier bringt, kann Samantha endlich von ihrer heißen Nacht mit dem Feuerwehrmann berichten. »Er war genau wie die schmutzige Phantasie, die ich im Kopf hatte«, schwärmt sie. »Bitte lasst mich euch von seinem Schwanz erzählen!«

»Samantha, hinter dir sitzen Leute mit einem Kind«, weist Charlotte sie zurecht.

»Nun, das Kind war ja ihre Entscheidung«, antwortet Samantha.

So beginnt eine Szene in »Sex and the City«, der Serie, die in 94 Folgen und zwei Kinofilmen wie kaum eine andere von etwas erzählt, was während 99,9 Prozent der Geschichte der zivilisierten Menschheit völlig undenkbar war: freie weibliche Sexualität. Die Handlung ist schnell erklärt: Vier New Yorkerinnen suchen Mr. Right – oder zumindest Mr. Gutimbett. Als die Serie 1998 startete, war sie eine Sensation. Zum ersten Mal wurde von alleinstehenden Frauen erzählt, die zwar alle »den Richtigen« suchen, aber dabei tun und lassen, was sie wollen. So gehören »die unzähligen Dates, Affären und Beziehungen genauso zum Alltag der vier wie die morgendlichen Diskussionen darüber im Café«, weiß Wikipedia.

Sex ist für Samantha und ihre Freundinnen nicht Mittel zum Zweck, sondern eine Persönlichkeitsdimension wie Intellekt oder Emotion. Eine der Hauptstraßen der Selbstverwirklichung. Und natürlich wichtiger Bestandteil von Liebe und darauf basierenden, langfristig angelegten Beziehungen. Aber manchmal eben auch nur ein Hobby, ein wortwörtlich *lustiges* Thema, das beim Frühstück mit den besten Freundinnen besprochen wird. Und das geht so:

Charlotte: »Ich finde es falsch, mit Männern zu schlafen, nur weil sie eine Phantasie erfüllen.«

Samantha: »Bitte, alle Männer, mit denen wir schlafen, erfüllen eine bestimmte Phantasie.«

Carry: »Oder einen Albtraum.«

Samantha: »Du träumst von einem Mann mit einem Apartment auf der Park Avenue und einem schönen großen Aktiendepot, bei mir ist es eben ein Feuerwehrmann mit einem schönen, großen Schlauch.«

Damit diese Phantasie in Erfüllung geht, so verrät uns die Erzählerin Carry in der anschließenden Rückblende, musste Samantha selbst aktiv werden. Sie verführt den Feuerwehrmann ihrer Wahl direkt am Ort der Erotik, seiner Feuerwache, inklusive laszivem Herabgleiten an der berühmten Rutschstange. Sie liebt ihn angelehnt an einen Spritzenwagen und probiert in einem kurzen Rollentausch sogar seine Stiefel und Uniform an. Natürlich nur, um sie sofort wieder auszuziehen.

Doch dann: Alarm! Die Feuerwehr muss ausrücken. Samantha bleibt halbnackt zurück.

»Sie musste lernen«, schließt Carrie, »dass es einen deutlichen

Unterschied zwischen Rettungs-Phantasie und Rettungs-Realität gibt.«

Diese kurze Szene kann uns alles erklären, was man wissen muss über das merkwürdige Paarungsverhalten geschlechtsreifer (westlicher) Großstädter: Mann und Frau können tun und lassen, was er oder sie will. Phantasien und Gelüste sind dazu da, in die Realität umgesetzt zu werden (auch wenn sie komisch enden). Jeder darf seine eigenen Vorlieben pflegen, die mal mit Status, mal mit Geld, mal mit einer Geschichte oder einfach mit anatomischen Vorzügen zu tun haben. Wer lieber Kinder bekommt, kann sie bekommen, muss dann aber eventuell sexuell zurückstecken. Wer noch keine Kinder hat, redet eben beim Frühstück über untenrum. Kurz: Sex ist ein riesiger Haufen Spaß. Oder könnte es zumindest sein. Zumindest für den privilegierten Teil der Menschheit in westlichen Demokratien, wo sexuelle Freiheit nicht nur im Gesetz steht, sondern auch gelebt wird.

Für uns fühlt es sich heute so an, als wäre das schon immer so gewesen. Wir haben das Geschenk der befreiten Sexualität von unseren Eltern angenommen, ausgepackt, mit leuchtenden Augen betrachtet. Und uns dann schneller daran gewöhnt, als Samantha auf der Feuerwehrwache aus ihrem Kleid springen konnte. Wir fühlen uns aufgeklärt und reif, kompetent und frei.

Dabei ist Sex erst einen winzigen Augenblick lang wirklich frei. Würde die Geschichte der Menschheit einen Tag umfassen, hätten wir erst seit ungefähr fünf Minuten die volle Auswahl an Partnern, Praktiken, Perversionen. In Wahrheit sind wir noch völlig überrumpelt von all den Möglichkeiten, nachdem wir den ganzen Tag darauf warten mussten, endlich loszulegen.

Denn es war ein langer und sehr dunkler Tag.

2. EIN BLUTHUND NAMENS SEX

> *»Während die alte Sexualität positiv mystifiziert wurde als Medium der Befreiung, als Rausch und Ekstase, wird die neue negativ mystifiziert als Quelle und Tatort von Unfreiheit, Ungleichheit der Geschlechter, Gewalt, Missbrauch und tödlicher Infektion.«*
>
> **VOLKMAR SIGUSCH, SEXUELLE STÖRUNGEN UND IHRE BEHANDLUNG**

Es war der Winter 1644 in Boston, Massachusetts, USA. Ein gewisser James Britton wurde krank. Sehr krank. Voller Angst, seine Krankheit könnte Gottes Strafe für vergangene Missetaten sein, legte er ein öffentliches Schuldbekenntnis ab. Unter anderem gestand er, dass er im Zustand der Volltrunkenheit versucht habe, mit einer gewissen Mary Latham zu schlafen, einer jungen Braut aus guter Familie. Und dass dieser Versuch nicht von Erfolg gekrönt gewesen sei.

Obwohl Mary Latham weit entfernt in der Kolonie von Plymouth wohnte, wurde sie verhaftet und über Eis und Schnee nach Boston gekarrt. Sie beteuerte, es sei zu keinem Sexualakt gekommen. Trotzdem (oder gerade deshalb) befand man Mary Latham des Ehebruchs schuldig. Sie brach zusammen.

Die zeitgenössischen Quellen verzeichnen mit Befriedigung ihre Reue: Sie habe »tiefe Einsicht in die Verdorbenheit ihrer Sünde« gezeigt und ihren Willen bezeugt, zu sterben, »damit der Gerechtigkeit Genüge getan werde«. Am 21. März, zwei Wochen nach ihrem Prozess, wurde sie zum Galgen geführt. James Britton wurde neben ihr gehängt, auch er »very penitent«, voller Reue. Mary beschwor noch vom Richtplatz herab die Mädchen und jungen Frauen von Boston, sie sollten sich durch ihr Beispiel abschrecken lassen. Dann legte man ihr den Strick um den Hals. Mary Latham wurde 18 Jahre alt.

Wir merken: Sex war noch im 17. Jahrhundert sehr teuer. Selbst wenn er gar nicht vollzogen wurde, konnte er das Leben kosten. Wer nicht als Kind vergewaltigt oder mit zwölf Jahren schon zwangsverheiratet wurde, musste als Mann genug Besitz und Status ansammeln, um heiraten und damit ehelichen Sex haben zu können. Frauen hingegen waren in der Antike und im Mittelalter oft rechtlose Sexobjekte, wurden verschachert, unterdrückt, als Hexen verbrannt. Ohne Geburtenkontrolle oder medizinische Versorgung grassierten Geschlechtskrankheiten. Viele Mütter starben bei der Geburt oft ungewollter Kinder. Männer hatten so viel Sex, wie sie sich leisten konnten. Ansonsten nahmen sie ihn sich gewaltsam. Über allem thronte eine gnadenlose kirchliche Sexualmoral, die so ungefähr alles verbot, was wirklich Spaß macht. Nur eine kleine Elite, die antiken und mittelalterlichen Adligen, und davon meist nur die Männer, hatten mehr oder weniger im Verborgenen den Sex, den sie haben wollten. Weil der Trieb aber stärker ist als jedes Verbot, blühte die »Sünde« und die Prostitution. Mal geduldet, mal erlaubt, mal brutal verfolgt. Durch die Jahrtausende und Gesellschaften hindurch blieb Sex physisch knapp und geistig durch die Kirche, die schon sündige Gedanken mit dem Höllenfeuer bestrafte, brandgefährlich.

In der Geschichte der menschlichen Zivilisation war Sex demnach die meiste Zeit für die meisten Menschen nur selten eine Wonne, sondern viel öfter Statussymbol, Machtinstrument, Gewaltmedium. Und zuallererst natürlich Mittel zur Fortpflanzung, die wiederum Überlebensstrategie war. Kurz: Sex war die meiste Zeit für die meisten Menschen wie ein immer verhungernder Bluthund, den man in Ketten gelegt hat. Wobei auch dieses Bild schief ist. Wem (leichtfertiger) Sex animalisch erscheint, der irrt. Sex zum Spaß ist menschlich, nicht tierisch. Im Tierreich gibt es zahllose Arten, die nur in großen Abständen, zur Zeit des Eisprungs, Sex haben. Lediglich zwei Arten treiben es tagaus, tagein, einfach, weil es geht. Die eine ist menschlich. Die andere, die Bonobos, menschenähnlich. Ein »sexbesessener Affe« verhält sich daher eigentlich menschlich, während sich zwei Menschen, die nur ein oder zweimal im Jahr Sex haben, es nur selten und nur zur Fortpflanzung in dunklen Nächten in nur einer Stellung miteinander treiben – wie es die Kirche von uns verlangte – sich streng genommen »wie die Tiere aufführen«.

Nach dem dunklen Mittelalter wurde alles nur langsam besser. Auch im Zeitalter der sogenannten »Aufklärung«, noch bis weit in die Moderne hinein, herrschte weiter die Doppelmoral einer vorgetäuschten Prüderie. Sex war offiziell weiterhin Eheleuten vorbehalten. Ein tugendhaftes Leben sah Geschlechtsverkehr nur in Missionarsstellung vor, und zwar zur Fortpflanzung. Trieb und Begierde waren des Teufels, für Menschen nicht akzeptabel, jedenfalls um jeden Preis zu unterdrücken.

Und gleichzeitig blühte das Geschäft mit dem unterdrückten Verlangen. Der britische Schriftsteller John Fowles beschreibt in *Die Geliebte des französischen Leutnants* die sexuelle Heuchelei im England des 19. Jahrhunderts, »eine Zeit, in der die Frau geheiligt war; und in der man um ein paar Pfund, ja um ein paar Schilling ein dreizehnjähriges Mädchen kaufen konnte, wenn man es für eine oder zwei Stunden haben wollte. (…) Niemals vorher hatte man den weiblichen Körper so der Sicht entzogen; und jeder Bildhauer wurde danach beurteilt, wie er nackte Frauen in Stein meißeln konnte. (…) Allgemein wurde behauptet, bei Frauen trete kein Orgasmus ein; und jede Prostituierte besaß die Fähigkeit, ihn vorzutäuschen.«

Vorneherum zählte nur die lebenslange Treue einer Ehe. Hintenrum riss der Trieb an seinen Ketten. »In London allein gibt es 80 000 Freudenmädchen«, befand Arthur Schopenhauer damals. »Was sind denn diese anderes als (…) wirkliche Menschenopfer auf dem Altare der Monogamie?«

Für das Bürgertum des 19. Jahrhunderts war die Erotik »fast vollständig in Angst gehüllt«, wie der amerikanische Soziologe Richard Sennett 1974 in seinem modernen Klassiker »Verfall und Ende des öffentlichen Lebens. Die Tyrannei der Intimität« schreibt, »und wurde daher nur durch den Filter der Verdrängung zum Ausdruck gebracht«. Sexuelles Handeln war immer von einem »Gefühl des Verstoßes oder der Verletzung überschattet« – Verletzung des Körpers der Frau oder des gesellschaftlichen Anstandes oder tief verwurzelter Moralvorstellungen, zum Beispiel durch Homosexualität. Der Trieb lag weiter in Ketten. Nunmehr unsichtbaren. Aber nicht minder starken. Wer ihm nachgab, landete zwar nicht wie die armen, verhinderten Sünder James und Mary am Galgen, aber geriet in Verruf, riskierte Status und Ansehen, Aufstiegschancen und oft genug seine soziale Existenz. Im Grunde hatte sich von 1644 bis ins 20. Jahrhundert hinein wenig geändert. Wer auch nur andeutete, etwas anderes zu wollen als den ehelich besiegelten, kirchlich getrauten, gesellschaftlich legitimierten Geschlechtsverkehr, wurde wie der schon erwähnte Bluthund in Ketten gelegt.

3. DER EROTISCHE MARKT

»Ein Morgen voller Peinlichkeit
ist besser als eine Nacht voller Einsamkeit.«

HANK MOOD

Glück für uns: Im frühen 20. Jahrhundert passiert endlich etwas Entscheidendes mit der Sexualität: Sie wird von Gefühlen, Funktion und vor allem Moral entkoppelt. Sie wird zum Selbstzweck – bei Männern wie so oft erst mal mehr als bei Frauen. Aber auch beim bis dato sexuell völlig rechtlosen Geschlecht. Kurzfristige sexuelle Beziehungen werden denkbar und sind meist von optischer Attraktion eingeleitet. Kurz: Die Individualisierung erfasst den Sex. Sie führt in den 1960ern und 70ern zu dem, was wir heute die »Sexuelle Revolution« nennen. Genereller Wertewandel, politische Liberalisierung, der Machtverlust der Kirchen und nicht zuletzt die Antibabypille ermöglichen endlich eine halbwegs befreite Sexualität. Weite Teile der modernen westlichen Bevölkerung rebellieren gegen Angst und Verdrängung. Der Bluthund sprengt seine Ketten. Das bedeutet: Samantha kann und darf nackt auf die Wache, wenn sie denn will. Paul und Jelena dürfen ihre Beziehung mit Sex hinter einem Bauwagen beginnen. Und am nächsten Morgen fortführen, wie auch immer sie wollen. Mit wem auch immer sie wollen.

»Liebe wird asozial«, behauptet wiederum Richard Sennett. Er beobachtet eine Entgrenzung der intimen Empfindungen. Aus der »Verführung«, die immer eine Verletzung der Sitten war, wird die »Affäre«, die erstmal nur die beteiligten Menschen angeht. Was die anderen tun und denken, wird zwar nicht egal, aber entscheidend viel egaler.

Sennett sieht hier jedoch keine Befreiung, sondern eine Abwertung. Sexualität erscheint ihm offenbar mehr wert, wenn sie etwas kostet. Im Falle der bürgerlich engen Sexualmoral kostete freier Sex eben Status, Familie, Ansehen. Sennett nennt diesen Preis, mit dessen Hilfe Sexualität unterdrückt wurde: »Würde«. Diese bürgerliche Grenzlinie verlief zwischen privatem und öffentlichem Leben. Und sie wurde laut Sennett »auf dem Feld der Erotik von einer vor Angst zitternden Hand gezeichnet«. Man war umgeben von Verboten und Skandalen. Niemand durfte wissen, wen und was man wirklich begehrte. Ein falscher erotischer Schritt, und man konnte seine Existenz verlieren.

Der Bürger des 19. Jahrhunderts klemmte sich den Schwanz ab, wie es ihm die Gesellschaft befahl. Die Bürgerin musste die Beine breit machen, wie ihr von Eltern und Ehemann geheißen. Aber immerhin, so Sennett, taten sie das mit erhobenem Haupt. Wenn wir diese zweifelhafte Würde also verloren haben, was haben wir dafür bekommen?

Etwas ungleich Komplizierteres: Das »Selbst« und seine zentrale Bedeutung. Heute wird alles, besonders das Sexuelle, auf mein Selbst bezogen. Zu allem in der Welt baue ich eine Intimität auf. Und die kann diesen Anspruch natürlich nie erfüllen. Das meint Sennett mit der »Tyrannei der Intimität«: Wenn Stars oder Statussymbole geradezu körperlich begehrt werden, um ihre Bedeutung für das Selbst zu klären, begeben wir uns nach Sennett auf »eine endlose, enttäuschende Suche nach dem Selbst – vermittels der Genitalien«. Wenn Sexualität frei ist, wird alles zu Sex, weil Sex nun mal der stärkste Magnet und Antrieb ist, den wir haben.

Stellt sich die Frage: Ist das nun Erfüllung durch Selbstverwirklichung oder Tyrannei durch Selbstentgrenzung? Jedenfalls wuchern die Möglichkeiten, aber auch die Herausforderungen des Selbst. Dieses neuartige Bewusstsein ist wie ein Kind, das auf der silbernen Hochzeit der Großeltern in die Torte gefallen ist und von der ganzen Verwandtschaft plötzlich so ent- wie begeistert angeschaut wird. Es ist maximal frei. Und schwer überfordert.

Auf einmal muss das Selbst (sexuell) performen, nicht gehorchen. Denn mit der sexuellen Freiheit entsteht ein liberaler Markt der Partnerwahl. Was ein Selbst *wert* ist, zeigt sich nicht zuletzt am »Erfolg« oder »Marktwert« auf dem Markt der sexuellen Möglichkeiten. Ich muss mich fragen: Wie sind meine Chancen? Wen kann ich »haben«? Wer spielt »in einer anderen Liga«? Aus dem wahrgenommenen oder in sexuellen Beziehungen verwirklichten erotischen Kapital speist sich heute ein großer Teil unseres Selbstwertgefühls.

Wir glauben bewusst oder unbewusst an den freien Markt der Sexualität, auf dem gut performt, wer viele gute Eigenschaften (psychische wie physische wie ökonomische) in die Waagschale werfen kann. Aussehen, Humor, Geld, Intelligenz, Stil, Originalität, Erfolg, eine Feuerwehruniform – das alles kann in erotisches Kapital umgemünzt werden. Die Ökonomie der erotischen Aufmerksamkeit kennt sogar Zinsen: Wer viel hat, bekommt noch mehr, ohne dafür etwas zu tun. Wer begehrt erscheint, wird noch mehr begehrt, denn der Mensch folgt in seiner Wahl instinktiv anderen Menschen. Wir sind, auch sexuell, Herdentiere. Irgendetwas muss doch dran sein an *dem* Typen, dass die Frauen ihm reihenweise verfallen? Wenn alle auf diese Frau stehen, will *ich* sie bekommen!

Das alles macht uns zu sexuellen Kapitalisten. Andere direkt oder indirekt erotisch zu stimulieren, ist wichtig für uns. Es ist Teil unserer Selbstverwirklichung. Den Unattraktiven droht nach Axel Honneth die »soziale Unsichtbarkeit«. »Sie sieht mich einfach nicht«, singt Xavier Naidoo über eine unerwiderte Liebe. Will sagen: Sexuelle Anerkennung ist immer auch soziale Anerkennung. Und ohne sind wir quasi nicht existent. Was die Sache noch schwieriger macht. Denn »Attraktivität« und »Sex-Appeal« sind einer unberechenbaren Geschmacksdynamik unterworfen. Und Anerkennung wird umso wichtiger, je unsicherer ihre Quelle ist. Wir sind also kleine Nussschalen auf den Ozeanen der zwischenmenschlichen Zuneigungen. Wir brauchen jeden Anker, den wir kriegen können. Wir sehnen uns nach einem Hafen.

Der Stress dieser hektischen Sex-Börse ist ein triftiger Grund, sich fest zu binden. Wer keine Lust mehr hat auf das ewige Missverhältnis von Angebot und Nachfrage, auf störrische Liebhaber und Selbstzweifel, der heiratet, sobald er kann. Und schaut belustigt auf die Singles, die entweder hysterisch übereinander herfallen oder sich betont entspannt raushalten und gar keinen Sex mehr haben. Vor allem Frauen scheinen irgendwann keine Nerven mehr zu haben für die Horde an brünstigen Männern, die sie »rumkriegen« will. Keine Frage: Sich glücklich verlieben ist schön. Umso schöner, als es uns viel Ärger erspart.

Dieser sexuelle Markt ist heute nahezu komplett entfesselt. Denn theoretisch kann jeder mit jedem ins Bett. Wirken auf einem Heiratsmarkt, auf dem es um lebenslange, ökonomische Bindungen mit dem Ziel der Fortpflanzung geht, noch einige begrenzende Faktoren, etwa vormoderne Standesdünkel oder gemeinsame Vorstellungen hinsichtlich der Erziehung, so sind auf dem Sexmarkt Status, Geld und Beruf nur jeweils ein Faktor unter vielen. Sie spielen eine Rolle. Aber nicht zwangsläufig, nicht für alle, nicht immer. Und sie können individuell auch umgedreht werden, zum Beispiel wenn ökonomisch besser gestellte »Bonzen« oder »Schnösel« als weniger attraktiv angesehen werden als die ehrlichen Feuerwehrmänner von der Wache nebenan. Oder wenn eine soziale Spannung zwischen zwei Menschen die sexuelle Spannung noch erhöht. Für die erfolgreiche Journalistin Carrie mag Geld wichtig, weil erotisch sein. Für die erfolgreiche Unternehmerin Samantha zählt eher ein subjektives erotisches Momentum. Sozio-ökonomische Exotik, in Phantasien von Bauarbeitern und Krankenschwestern, kommt oft in der Erotik, öfters jedoch noch in der Pornographie als ihrer Kulturindustrie vor. Alles und nichts kann eine positive oder negative Rolle spielen: Ähnlichkeit, psychisch wie physisch, Freundlichkeit, Arroganz, Bildung, Musikgeschmack, der Verzicht auf Unterwäsche. *Whatever floats your boat*, wie der Amerikaner sagt.

Diese entfesselte Sexualität wird in (eigens dafür geschaffenen) sozialen Räumen ausgelebt: Bars, Clubs, Sauna-Clubs, Tinder. Alles kann, nichts muss. Wo Regeln auf der einen Seite abnehmen, suchen wir vermeintliche Sicherheit im Kontext. Deshalb herrschen in diesen Räumen heute vor allem ungeschriebene Regeln: Es gibt eine Dating-Moral, wir machen Safer Sex, der Mann spricht immer noch eher die Frau an der Bar an, ein nächtlicher Kaffee auf dem Heimweg bei ihr kann, muss aber keine Aufforderung sein, sich auszuziehen.

Diese freie, aber sozial sanft umzäunte Sexualität wird von boomenden Narrativen erzählt: *Sex and the City* oder *How I Met Your Mother*, *Der Bachelor* oder *Verbotene Liebe*. Hier verhandeln wir, wie wir sexuell sein sollen und wollen. Von diesen Storys können wir viel über unsere heutige Sexualität lernen. Sie führt – so erzählen es die meisten Geschichten, so singen es die meisten Lieder, so ersehnen es die meisten Menschen – zu einer romantischen Liebe. Sex geht, so lieb wir ihn als Hobby gewonnen haben und als Gradmesser der Kompatibilität zu Liebhabern nutzen, in etwas Größerem, etwas Heiligem auf. Sexualität hat heute immer noch einen Nutzen. Und einen Zweck. So frei sie sein mag, spannen wir sie doch meist vor den Karren eines übergeordneten Lebensglück(e)s. Auf dass sie uns zu der *einen* Liebe zieht.

Fassen wir zusammen: Tausende Jahre war unsere Sexualität unterdrückt. Erst seit einigen Jahrzehnten ist sie mehr oder weniger frei. Kein Wunder, dass wir große Probleme damit haben, unsere Rolle in diesem Spiel zu finden. Und doch: Die sexuelle Freiheit ist in den westlichen Demokratien verfassungsrechtlich geschützt. Sie ist ein Grundrecht. Also leben wir uns aus. Unter anderem, indem wir um die besten Sexpartner buhlen. Diese erotische Konkurrenz und dieser Wettbewerb bestimmen den Lebensabschnitt der Suche, bis man den bestmöglichen Partner im Wortsinne »erworben« hat (mehr zur Partnerwahl und dem Heiratsmarkt in Kapitel 14)

Seit der Pubertät versuchen wir als gute Körper-Kapitalisten, den bestmöglichen Sex zu ergattern. Um dann endlich in Ruhe lieben zu können. Aber nach dem Happy End, nach dem Abspann? Was macht das wilde Biest der Sexualität, nachdem wir uns »fest« gebunden haben? Wird dann endlich alles gut?

4. TOTE HOSE

»Letztes Mal, als ich versuchte, mit meiner Ehefrau Liebe zu machen, passierte nichts. Bei uns beiden nicht. Also sagte ich zu ihr: ›Was ist los? Fällt dir auch niemand anderes mehr ein?‹«

RODNEY DANGERFIELD

Magisch, überirdisch, nicht von dieser Welt. Sex mit einem geliebten Menschen, im sicheren Raum einer gemeinsam gestalteten Beziehung, diese Sekunden und Minuten nächster Nähe zu meinem einen einzigen Gegenstück, das Atmen ihres Atems, die Millionen Moleküle, die wir teilen, Haut auf Haut, Seele an Seele – das ist vielleicht das größte, was wir als Menschen erleben können. Der Moment, in dem man eins wird mit jemandem, dem man sich so nahe fühlt wie sich selbst – er wurde unendlich oft besungen und gepriesen. Zu Recht.

Man kann es auch weniger metaphysisch erklären: Verliebte sind berauscht von körpereigenen Euphoriedrogen, allen voran Dopamin. Die rein sexuelle Lust multipliziert sich in einer Beziehung mit der Hingabe an den einen besonderen Menschen. Oxytocin, das Nähe-Hormon, flutet unsere Systeme. Verliebte finden im Bett den Sinn des Lebens. Sie berühren die Unendlichkeit.

Doch inzwischen ist bekannt: Selbst in der größten Liebe lässt die Lust irgendwann nach. Die sexuelle Gewöhnung, die für manche guten Sex anfangs erst ermöglicht, die Vertrautheit und Nähe, die uns aneinander binden und glücklich machen – all das führt spätestens nach drei bis vier Jahren dazu, dass das Dopamin nur noch spärlich aus den Nervenzellen abgegeben wird. Diese nahezu zwangsläufige »tote Hose im Bett« ist ein so unendlich ausgewalztes, banalisiertes Standardproblem der Moderne wie Durchfall, Übergewicht oder die Autopanne in der Einöde. Niemand bestreitet, dass es ihm passieren könnte. Wir haben gelernt: Auf die große Liebe, die »Schmetterlinge im Bauch« und all die anderen Regungen etwas weiter unten, folgt fast zwangsläufig die sexuelle Routine. Und genau die macht Beziehungen kaputt.

Sexuelle Unzufriedenheit ist Beziehungskiller Nummer eins, belegt eine Studie der Universität Göttingen bei mehr als 50000 Männern und Frauen. 49 Prozent der Befragten gaben an, dass vor allem sexuelle Probleme die Partnerschaft belasten würden. Fast die Hälfte aller deutschen Paare lebt oft über Wochen ohne Sex, ergab eine Umfrage der Zeitschrift »Psychologie Heute«. 39 Prozent der deutschen Männer gucken angeblich lieber Pornos als Sex mit ihrem Partner zu haben.

Die Psychologin Kirsten von Sydow von der Universität Hamburg berichtet im SZ-Magazin: »Im ersten Jahr des Zusammenlebens sinkt die koitale Aktivität von zweieinhalb- bis dreimal pro Woche auf knapp zweimal, danach nimmt sie über zwei bis drei Jahre weiter ab.« Was den weiteren Verlauf angeht, sind die Ergebnisse widersprüchlich. Die meisten Studien stellen einen weiteren, allerdings verlangsamten Niedergang der Libido fest. Nur sieben Prozent aller verheirateten Amerikaner geben an, ihren »ehelichen Pflichten« viermal wöchentlich oder öfter nachzukommen, ermittelt der Psychologe Roy Baumeister von der Case Western University. Genau doppelt so viele räumen dagegen ein, sie hätten im vergangenen Jahr höchstens ein paarmal oder überhaupt keinen »Intimverkehr« gehabt. Bei homosexuellen und lesbischen Pärchen geht die Koitusfrequenz ebenso stark zurück. Und das ist keine Altersfrage. Nach einer Scheidung kehren Wiederverheiratete mit neuem Schwung auf die sexuelle Achterbahn zurück. Frisch verliebte Sechzigjährige haben mehr Sex als Dreißigjährige, die seit zehn Jahren in einer festen Beziehung leben. »Dauerhafte Sicherheit und häufiger, guter Sex schließen sich aus«, beobachtet von Sydow. Statistisch gesehen. Es gibt sicher viele Paare, deren nach Jahrzehnten noch quicklebendiges Sexleben diese Regel als Ausnahme bestätigt. Und wir alle denken natürlich, dass wir eines dieser Paare bilden werden.

Abgesehen von der reinen Quote nimmt häufig auch die Begeisterung ab. Länger als zehn Jahre Verheiratete scheinen Sex weniger zu genießen als frisch Vermählte. Nach Darstellung des US-Psychologen Roy Baumeister räumen drei Fünftel aller männlichen und vier Fünftel aller weiblichen Ehe-Veteranen ein, sie hätten schon ohne jeden Enthusiasmus Sex gehabt. Nur um ihrer besseren Hälfte einen Gefallen zu tun. Julia Berkic vom Bayerischen Staatsinstitut für Frühpädagogik hat Paare in Süddeutschland untersucht, die im Durchschnitt schon 28 Jahre miteinander verheiratet waren. Sie waren keineswegs alle zufrieden und hatten es sich in ihrer Beziehung alles andere als gemütlich gemacht. Im Gegenteil: Mehr als ein Drittel bezeichnete sich als »stabil unglücklich« oder »unsicher und resigniert«. Gottfried Benn konstatierte folgerichtig: »Die Ehe ist eine Institution zur Lähmung des Geschlechtstriebes.« Wenn morgen Aliens auf der Erde landen, könnten sie denken, die Ehe sei eine Strafe, die wir ungezogenen Singles auferlegen.

Und was machen wir mit diesem desolaten Zustand? »10 Tipps, wie es in der Kiste wieder läuft«, bietet jede zweite Frauen- und Männerzeitschrift jeden zweiten Monat an. Heiße Dessous, erotische Massagen, Rollenspiele, Spielzeuge, Pillen – die Liste an Tricks ist lang. Viele Paare versuchen buchstäblich alles, um ihr Sexleben in Schuss zu halten. Die Autorin Theresa Bäuerlein hat gemeinsam mit ihrem Mann Tom Eckart darüber ein Buch geschrieben. In »Besser als Sex ist besserer Sex« erzählen die zwei, wie sie alles, wirklich alles ausprobierten. Pornos, Sadomaso, Gadgets, Körperfarben, Meditation, noch mehr Pornos. Und am Ende desillusioniert zurückbleiben. Ihre überraschende Lösung zum Schluss: Kommunikation ist wichtig. Zwang bringt nichts.

Wieder andere Paare probieren sogar, der sich steigernden sexuellen Unlust im Bett biologisch-konsequent mit »Dopaminspritzen« entgegenzuwirken. Oder schauen eben Pornos an, damit andere Menschen für sie Sex haben. In beiden Fällen wird aber gleichermaßen probiert, das Gehirn lediglich auszutricksen und ihm vorzugaukeln, dass neue Paarungsmöglichkeiten vorhanden sind.

Wir glauben also, dass Sex etwas ist, das man regelmäßig haben sollte. Auch wenn man ihn, konkret mit diesem Menschen, gerade nicht haben will. Wir wissen, dass es normal ist, dass eine Beziehung, die auf allen Dimensionen wächst, die vertrauter, schöner, tiefer wird, leider sexuell stagnieren kann. Wir glauben aber, dass man daran arbeiten kann. Dass man sich nur richtig anstellen muss. So schuften manche Paare tapfer über Jahre, Jahrzehnte daran, sich gegenseitig wieder spannend zu machen.

Früher oder später jedoch interpretieren die meisten das Schwinden der Lust zu *einem* Menschen dann doch als Schwinden der Liebe. Oder suchen die Probleme bei sich selbst. Manche akzeptieren, dass Sex, also die ultimative Nähe zu ihrem Partner, keine so große Rolle mehr spielt. Und viele andere gehen fremd.

Dabei ist das einseitige Klischee des brünstigen Männchens, das irgendwann »auch mal wieder auswärts essen« will, vielleicht sogar *muss*, höchstens die halbe Wahrheit. Zwar sinkt bei Männern der Testosteronspiegel im Laufe einer Beziehung deutlich ab. Verheiratete Männer haben durchgehend niedrigere Hormonspiegel als ihre alleinlebenden Altersgenossen; noch niedriger sind die Hormonwerte bei Vätern kleiner Kinder. Bei Männern, die besonders stark auf Säuglinge ansprechen, sinkt der Testosteronspiegel direkt nach der Geburt ihres Kindes um zwanzig Prozent oder mehr. Weniger Testosteron, weniger Lust. Was für eine Sturmflut an Testosteron aufkommt, wenn der Mann dann fremdgeht, ist fast schon eine Gemeinheit der Natur. Siehe Kapitel III. über die Eifersucht.

Aber auch und gerade Frauen verlieren in Beziehungen die Lust. Am Institut für Sexualforschung der Uniklinik Hamburg-

Eppendorf fand man heraus: Nach zwei bis vier Jahren flaut das sexuelle Interesse der Frauen deutlich ab, während es sich bei Männern langsamer vermindert. Warum das so ist? Vielleicht können Frauen Sex und Liebe besser trennen, als gemeinhin angenommen wird. Wenn auch nur unbewusst. Vielleicht signalisiert ihnen ihr Körper damit: »Es ist Zeit für etwas Neues.« Sie sind ihrem Partner verbunden, möchten die Beziehung an sich weiterführen und verstehen deshalb nicht, warum sie sich sexuell zu jemand anderem hingezogen fühlen. Eine Verschiebung der sexuellen Anziehung als emotionale Brücke?

Stimmt das? Frauen geht es also doch wieder eher um Gefühle als um Sex?

Vielleicht ist es Zeit, ein großes Missverständnis aufzuklären.

Livia & Thomas

Zauberhafte Eskapade!? Kein belangloser ONS und auch keine Beziehung! Wenn Du ein schmucker Kerl (um die 30 +/-10) mit fittem Geist und Körper bist und Dir vorstellen kannst, mit mir (w, 32, sportlich-schlank) die Grauzone dazwischen mit buntem Leben zu füllen, dann bin ich neugierig auf Dich! zauberhafte.Eskapade@yahoo.de

Mit dieser Anzeige beginnt es. Sie sucht andere Männer. Sie darf das. Er lässt sie. Ohne selbst zu suchen. Er ist zufrieden mit einer. Mit ihr.

»Es ist schon perfekt«, sagt er.

»Es ist schon Glück«, sagt sie.

»Ein Glück wie das an dem Abend, als wir uns auf der Tanzfläche kennengelernt haben. Als ich eigentlich gar nicht in die Stadt wollte«, sagt er.

»Und wir eigentlich auch woandershin wollten«, sagt sie.

»Wie ein Zufall ein Leben verändern kann«, sagt er.

Aber was außer Glück braucht es noch? Vielleicht etwas anderes, als man denkt? Nicht Freiheit, Abenteuerlust, Risiko – sondern Vertrauen, Struktur, Ruhe? Und schließt das eine das andere überhaupt aus?

Eine Neubausiedlung eine halbe Stunde von Köln. Es gibt Kaffee und Kuchen am Küchentisch, ein Spielteppich liegt vor dem Fernseher. Ein paar Quadratmeter Garten, genau abgesteckt, schließt an die Terrasse an. Der VW Polo steht vor der Garage. Gegenüber ein Altersheim. Auf dem brachliegenden Acker neben der Siedlung soll eine Flüchtlingsunterkunft entstehen. »Manche Nachbarn denken schon, die müssten sich verbarrikadieren«, sagt Livia, und schüttelt den Kopf.

Sie ist blond. Stahlblaue Augen über hohen slawischen Wangenknochen. Ihr sanft rheinischer Singsang klingt sofort vertraut. Man kann sie sich gut als Lehrerin vorstellen, mit vielen Kindern. Zugänglich, aber bestimmt.

Neben ihr sitzt Thomas, Kumpels nennen ihn Tommy. Seine hohe Stirn und die breiten Schultern strahlen Sicherheit aus. Er spricht genau, korrigiert sich, sagt: »das war jetzt Quatsch«, wenn er etwas nicht präzise ausdrückt. Man kann ihn sich gut als Ingenieur vorstellen. Freundlich und genau.

16 Jahre. So lange sind sie jetzt zusammen. Seit einer Sommernacht in Köln, im »Ding«, dem bekanntesten Studentenclub damals. Sie sind eines von unzähligen Paaren, die sich dort kennengelernt haben im Kunstnebel, auf der Tanzfläche, zwischen zwei Bier. Thomas, 24, studiert Volkswirtschaftslehre in Aachen, Livia, 20, studiert auf Lehramt in Köln. Er will eigentlich gar nicht raus, »macht ihr nur«, sagt er seinen Freunden schon, »ich bleibe.« Aber er kommt doch mit. Ahnt er etwas?

Livia wohnt noch zu Hause, erstes Semester. Wer wen anspricht? »Ich jedenfalls nicht«, sagt Thomas, »weil du ja nie was gemacht hast«, sagt Livia. »Beim Tanzen, ganz banal«, einigen sie sich. »Dann war es irgendwann später, also hat man Nummern ausgetauscht«. Sie beide haben gerade erst ihre ersten Handys, »endlich konnte man vernünftig kommunizieren«.

»Wobei, das war ja jetzt Quatsch«, sagt Thomas, »man konnte halt anrufen, ohne Angst zu haben, dass der Vater dran geht.«

Sie schicken sich gratis SMS über Webseiten, mit Werbung, »wie man das damals gemacht hat, bekloppt«.

Am Kölner Hauptbahnhof treffen sie sich, Thomas entscheidet in der Bahn kurz vorher: Der Zoo, das wäre ein gutes Programm.

»Das war gar nicht so unromantisch«, erinnert sich Livia.

Auf einer Rolltreppe kann Thomas »den Höhenunterschied zwischen den Stufen nutzen«.

Er küsst sie.

»Und ich war dann noch so geschickt und habe ihr meinen Pulli gegeben. Der alte Trick.«

Also mussten sie sich noch mal sehen.

»Hat funktioniert«, sagt Livia.

Drei Wochen später sind sie zusammen, »offiziell«, sagt Thomas. Er ist seit einem Jahr Single, aber suchen, nein, am Suchen war er nicht.

»Ich war eigentlich an nichts Neuem interessiert«, sagt Livia, »aber es hat dann so gut gepasst, dass man gesagt hat: jetzt wirft man die Pläne über den Haufen.« Eigentlich will sie lieber alleine bleiben, die Studentenzeit genießen und »einfach Spaß haben«. In der Schulzeit hatte sie längere Beziehungen, die letzte ist erst ein halbes Jahr her.

»Er hat mich dann schon überzeugt, dass es sich lohnt.«

Nach zwei Jahren zwischen Aachen und Köln kommt, unausweichlich, der erste gemeinsame Karneval. Für sie beide ist Karneval Kulturgut. Und Ausnahmezustand. An Karneval, so halten es viele Paare hier, ist fast alles erlaubt. Livia und Thomas lassen sich fallen in die fünf tollen Tage. Sie knutscht fremd, er knutscht fremd. Was ist schon dabei? Dass die meisten Leute Sex oder sogar Küsse schlimmer finden als eine intime Vertrautheit, zum Beispiel zwischen besten Freunden, fanden sie schon immer »absurd«.

Anders als ihre Freunde.

»Es gab an Karneval mal eine Szene«, erzählt Livia, »da hat mich der neue Freund einer Freundin beiseite genommen und mir die Ohren gewaschen, weil ich mit einem Typen getanzt und geknutscht habe. Wie ich das denn machen könnte? Was ich Thomas damit antun würde? Und ich bin, emotional und alkoholisiert, heulend raus und habe ihn angerufen.«

»Das war eine Initialzündung für die ganze Sache«, erinnert sich Thomas. »Da haben wir zum ersten Mal darüber gesprochen, warum andere damit ein Problem haben. Und wir nicht«.

Die Freundin spricht mit ihrem Freund, dass das bei Livia nichts zu bedeuten hat. Sogar öfters vorkommt. Und okay ist. Es gibt einen Riesenstreit zwischen dem Paar, weil er Angst hat, dass sie genauso drauf ist.

Und Livia? Thomas sagt nur: »Mach dir keinen Kopf.«

Zum ersten Mal denken sie darüber nach, was sich noch ergeben könnte.

»Was da für ein Theater gemacht wird, nur weil man sich mit jemandem trifft. Mit der Ex-Freundin oder dem Ex-Freund schon gar nicht. Warum? Ein Mensch, mit dem man sich mal sehr gut verstanden hat? Reine Verlustangst.« Thomas schüttelt wieder den Kopf.

»Es gab immer mal wieder Knutschereien, bei uns beiden«, sagt Livia.

»Auch wenn es zwischen uns einen Unterschied gibt, wie wir das gelebt haben. Sogar einen großen«, sagt Thomas. »Ich hatte einmal an Karneval was, wo wir das Feiern sozusagen zu ihr verlagert haben.« Er hat kein schlechtes Gewissen. Sie erzählen sich voneinander. Wenn auch nicht alles.

»Da könnten ihre Freundinnen sicher noch mehr erzählen, als ich jetzt weiß«, sagt Thomas.

»Weil es dann eben auch völlig unbedeutend war«, sagt Livia.

Thomas hat kein Problem damit, wenn Livia bestimmte Männer manchmal wiedersieht, mit ihnen ausgeht.

»Triffst du dich wieder mit dem? Ist okay, viel Spaß«, sagt er.

Auch sie hat in ihren ersten zehn Jahren nur einen One-Night-Stand. Aus einem Moment heraus. Sie erzählt ihm davon.

»Ohne jegliches Drama«, sind sie sich einig.

»Er hat viele Freundinnen, platonisch«, sagt Livia, »die er auch allein trifft. Die Single waren. Damit musste ich auch zurechtkommen.«

»Die Möglichkeiten wären da gewesen, auch wenn ich nicht gut im Signale-Erkennen bin«, sagt er. »Aber es ist nie was passiert.«

Livia findet eigentlich: »Er darf auch mal.« Sie hat sich schließlich mehr rausgenommen. Sie bohrt nach, »da muss doch mal was gehen«, wenn er von einem Abendessen zurückkommt, »ich habe ihm fast Nachhilfe gegeben«. Aber Thomas will gar nicht.

»Mir reicht es, eine gute Zeit zu haben. Ich habe nicht das Gefühl, etwas zu verpassen. Sich miteinander wirklich auszutauschen kann viel enger und näher sein, als ins Bett zu hüpfen. Und diese Intimität kann für den Partner ein dickeres Brett zu bohren sein, als ganz genau zu wissen: Er ist noch nicht zu Hause um zehn, also werden sie noch was Körperliches gestartet haben.«

Vor fünf Jahren feiern sie Zehnjähriges. Beide sind seit ein paar Jahren im Job. Das Ausgehen hat abgenommen. Inzwischen wohnen sie zusammen.

»Vorher war immer alles in Bewegung«, erinnert sich Livia, jetzt 30, »aber was kommt jetzt noch?«

Ein Kind ist damals noch kein Thema.

»Irgendwas muss doch noch passieren«, denkt sie. »Beim Weggehen dachte ich: Wäre doch mal ganz nett, jemanden kennenzulernen.«

Sie hat, nur durch Sport, acht Kilo abgenommen. Sie fühlt sich richtig gut. Sie will wissen, wie sie ankommt. Sich ausprobieren. Etwas erleben.

Also geht sie einmal sogar alleine los, »mal schauen, was passiert. Aber so toll, wie man immer denkt, ist das gar nicht. Am Ende sitzt man alleine rum und trinkt Bier.«

Es geht ihr um Sex. Aber *nur* Sex ist langweilig.

»Das Neue ist natürlich einmal aufregend. Aber dann läuft es doch meistens gleich ab. Das habe ich zu Hause in besserer Qualität.«

Ihre Neugierde reicht nicht, um immer wieder One-Night-Stands kennenlernen zu wollen. Rausgehen, flirten, aufreißen, heimgehen – das erscheint ihr ineffizient und öde. Sie will mit jemandem ins Bett, mit dem sie auch sonst Zeit verbringen würde. Jemand zum Reden. Sachen unternehmen. Neues kennenlernen. Vielleicht ein wenig so wie Thomas mit seinen platonischen Freundinnen. Nur mehr. *Freundschaft plus,* quasi. Also schaltet sie die Anzeige in einem Stadtmagazin. *Zauberhafte Eskapade!? Frau mit fester Beziehung sucht Mann für Erotik.*

Thomas weiß von Anfang an alles. Sieht die Anfragen. Formuliert manchmal sogar die Antworten mit. Findet es spannend, wie die Männer seine Frau umwerben. Teil davon zu sein. Aber doch darüber zu schweben. »Jaja, Jungs, macht mal. Guckt mal, ob ihr sie rumkriegt.« Manchmal sagt er auch: »Den nicht. Der schreibt zu geleckt. Zu bemüht.«

Zwei Jahre lang trifft sie sich mit Männern. Er fragt nicht direkt. Egal, ob sie um zehn Uhr abends, um fünf Uhr morgens oder erst am nächsten Tag heimkommt. Er hat Respekt davor. »Verarbeite das erstmal«, will er ihr signalisieren, »du musst nicht zum Rapport antreten«.

Aber spätestens nach ein paar Tagen sprechen sie darüber. Wenig über sexuelle Details. Auch wenn es ihn ein bisschen anmacht, wenn sie von sich und dem Fremden erzählt. Was hatte er an, was hat er gesagt, wie fand sie ihn?

»Das macht es auch zwischen uns spannender«, sagt Livia.

»Man sieht sich wieder durch die Augen eines Fremden«, sagt Thomas.

Er ist nicht eifersüchtig, warum auch. Er weiß ja alles. Manchmal schläft er nicht gut, wenn sie weg ist. Nicht aus Angst. Sondern eher aus Unruhe, weil seine Frau nicht da ist. Wenn sie heimkommt, wacht er kurz auf. Manchmal schlafen sie dann miteinander.

Livia hingegen ist nur einmal eifersüchtig. Thomas hat einen neuen Job in Aussicht, weit weg. Und eine Frau kennengelernt, die er toll findet. »Da lag was in der Luft. Ein Gefühl, dass er mir nicht alles erzählt«, sagt Livia.

Also liest sie seine SMS. Sein bester Freund schreibt: »Na, hoffentlich hat die andere ein Auto.«

Livia denkt: Ich soll ausgetauscht werden. Hat Thomas mir wirklich alles erzählt? Sie spürt zum ersten Mal Verlustangst.

Thomas beteuert: Nur ein dummer Spruch seines Freundes.

Livia glaubt ihm. Heute ist Thomas nicht mehr mit dem Freund in Kontakt.

»Das hat sich leider nie aus der Welt schaffen lassen«, sagt Thomas. »Daraus habe ich eins gelernt: Gleich ehrlich sein.«

Livia hat die Zeit, sich mit den unzähligen Männern zu beschäftigen, zu lesen und zu schreiben. 90 Prozent der Anfragen übers Netz sind »Schrott«. Die meisten sind zwar nett, seriös, normal. Aber nicht spannend: »Hallo, wie geht's, was hast Du heute gemacht?« Aussehen ist ihr nicht so wichtig. Sie trifft sich auch mit einem Mann, den sie gar nicht attraktiv findet. Ihre Quote ist gut: Selten ist einer der sorgfältig Ausgewählten eine totale Enttäuschung.

Ihren Freunden erzählen sie nichts. Bis heute weiß eigentlich niemand über ihr Abkommen. »Ich habe einer Freundin mal was erzählt, aber das war, bevor wir beide Kinder bekommen haben«, sagt Livia. »Da war sie auch sehr interessiert.«

Thomas ergänzt: »Man geht nicht hausieren. Nicht, weil man eine Diskussion scheut. Es ergibt sich einfach nicht. Und es wird auch nicht an uns herangetragen.«

Beide sind gespannt darauf, wie ihre Geschichte, einmal erzählt, auf ihre Freunde wirkt. »Die Bereitschaft an sich ist da. Vor allem bei den Männern«, sagt Livia. »Ich habe so viele getroffen und mit ihnen über ihre Beziehungen geredet. Ich würde sogar sagen, fast 80 Prozent der Männer in längeren Beziehungen würden die Freiheit nutzen. Und sicher auch viele Frauen, wenn sie ihre Ängste ablegen könnten.«

Was sind das für Männer? »Das ist gar nicht so einfach zu sagen. Manche sind erstaunlich besitzergreifend.« Obwohl sie selbst eine Freundin haben, soll Livia nur noch mit ihnen Sex haben. Heimlich, natürlich.

»Der gesellschaftliche Tenor ist ja: wer fremdgeht, ist der Böse«, sagt sie. »Manche Frauen denken, nach zwei Kindern wäre ihre Pflicht erfüllt. Aber der Mann soll bitte immer schön treu sein.« Sie schüttelt den Kopf. »Das betrifft nicht nur Spießer. Sondern auch attraktive, urbane Leute, die mit großem Tamtam geheiratet haben.« Ihre blauen Augen blitzen. »Aber laufen tut gar nix mehr. Schon mit Anfang, Mitte 30. Kein Wunder, dass die Männer sich dann umschauen.«

Was kriegen sie beide hin, was andere nicht hinkriegen? »Wir vergleichen uns nicht«, sagt Thomas. »Dass sogar Knutschen schon ein Tabu ist, finde ich fragwürdig. Warum wird das moralisch so eindeutig negativ bewertet?« Die Gesellschaft ist eher wieder konservativer geworden, glauben sie. Dabei sollte man doch zu seinen Bedürfnissen stehen. Und sie mitteilen. Sie wollen nichts zwischen sich kommen lassen. Schon gar nichts Sexuelles. So einfach ist das.

»Wir wissen, was wir aneinander haben. Wir wollen das nicht kaputtmachen, indem wir irgendetwas heimlich abziehen.« Eine echte Beziehungskrise? Hatten sie noch nie. Ihre größten Streitthemen? Er könnte verlässlicher planen. Sie auch mal eher lockerlassen. Das wars.

Das »Thema« macht sie eher stärker. Sie müssen nicht immer über alles reden.

Thomas war vor Livia nur in »geschlossenen Beziehungen«. »Das Thema kam nie auf.« Eifersucht beschäftigt Thomas schon. Ein »Fremdgehen« hätte ihn »zum Nachdenken gebracht«. Aber so ist ja alles geklärt. »Und ich muss auch nicht immer alle Details wissen.«

Auch Livia hatte vorher nur geschlossene Beziehungen, aber andere Männer reizten sie immer. »Schon immer war da was. Ich habe schon als Teenager gemerkt, dass ich eine besondere Ader für Männer habe. Flirten und mich anflirten lassen, das gefällt mir einfach.« Vor Thomas war sie aber treu nach den herkömmlichen Maßstäben. »Es wurde höchstens mal rumgeknutscht. Und nicht darüber gesprochen.« Wenn überhaupt, zweifelt sie deshalb an der Beziehung, an der Liebe. Nicht am Modell.

Im März 2013 schreibt ihr auf einem Onlinedating-Portal ein Mann. Eigentlich will sie sich mit niemandem treffen. Hat ein paar Geschichten, die langsam auslaufen. Aber er ist anders. So sicher, dass sie sich begegnen sollten. Er ist Polizist und gerade von einem Auslandseinsatz zurück. Eine spannende Geschichte, denkt Livia. Seine Fotos gefallen ihr.

»Aus dem Kaffee in Köln wurde ein halber Tag«, sagt sie.

Der Mann ist in einer Beziehung, aber es läuft nicht mehr rund. Er sucht eine Affäre. Nicht nur reinen Sex, sondern auch Freundschaft, eine gemeinsame Ebene. Dafür kommt er wieder nach Köln, schläft bei Kumpels. Es funkt. Sie schlafen miteinander. Livia mag ihn. Verliebt ist sie nicht.

Auch Thomas lernt ihn kennen. Er besucht die zwei sogar zu Hause.

»Interessant, wie sehr die beiden sich mögen«, sagt Thomas. »So vertraut. Irgendwie überraschend. Aber positiv. Da stimmt die Chemie.« Auch er versteht sich mit dem anderen Mann blendend, »noch besser, als ich gedacht hätte«, sagt Livia. »Ich war nur kurz vorher nervös. Dann war alles super.«

Gleich an diesem Abend, als Thomas den Neuen kennenlernt, gehen sie zu dritt ins Bett. Thomas mag es, seine Frau mit einem anderen zu sehen. Es gefällt ihm, Teil davon zu sein. Es ist toll, für alle. Sie machen es noch ein paar Mal. »Das zusammen erlebt zu haben, hat unsere Beziehung eher intensiviert.«

Für so eine Konstellation braucht man von allen Seiten Vertrauen, sagen sie.

»In der Phantasie kann das Spontane, Fremde gut sein. Aber in der Realität ist etwas mit mehr Nähe ideal.«

Livia spürt inzwischen ein »ernsthaftes Bedürfnis« nach einem anderen Mann. »Wenn das nicht ginge, wüsste ich nicht, was passiert«, sagt sie einmal zu Thomas. Aber der fasst das nicht als Drohung auf. Warum auch?

»Sie hat mir nie das Gefühl gegeben, dass sie und ich ein Problem hätten.«

Angst, sich in einen anderen zu verlieben, hatte sie nie. Auch an eine Affäre kann man sich gewöhnen. »Jemanden haben zu können, entzaubert ihn auch«, sagt sie.

Wenn Thomas beruflich unterwegs ist, fährt sie in die Eifel. Zum »Wanderfreund«, wie sie ihn jetzt nennen, weil sie sogar wirklich mit ihm wandern gehen. »Wenn man schon in der Eifel ist, kann man auch eine längere Wanderung machen«, findet Livia. Thomas ist einverstanden: »Ich eröffne meiner Partnerin, die ich ja liebe, die Möglichkeit zu leben, wie sie leben will. Das befriedigt mich auch. Mir wird nichts genommen.« Mehr will Thomas nicht. Der Wanderfreund wird ihre ständige Affäre. Ein Jahr lang trifft sie nur noch ihn.

Sie ist zufrieden. Und Thomas?

Sechzehn Jahre. Sein halbes Leben ist er jetzt mit dieser Frau zusammen. Die Haare werden dünner. Und doch hat er noch viele gute Jahre vor sich. Hat er nicht Angst, etwas zu verpassen?

»Die Frage stellt man sich ja immer. Hab ich genug erlebt, gesehen, gemacht? Bin ich genug gereist? Ich denke manchmal: Du solltest mal die Schwelle überschreiten. Aber es brodelt nicht in mir. Ich bin sexuell zufrieden.«

Er selbst hat weder Zeit noch Lust, sich jemanden zu suchen: »Köln ist voller attraktiver Frauen, aber ich brauche das nicht«. Seine Freundinnen sind ihm zu wichtig, um die Freundschaft durch Sex zu riskieren. Das letzte Mal, dass er eine andere Frau geküsst hat, ist inzwischen Jahre her.

Und dann, vor nunmehr zwei Jahren, bekommen sie ein Kind. Damit ziehen sich die beiden erst einmal zurück, richten ihr Haus für das Kind ein, sind sich selbst genug. »Seit Magda auf der Welt ist, ist das Thema nicht mehr brisant.«

Der Kontakt zum Wanderfreund aber bleibt. Als Magda drei Monate alt ist, bleibt sie bei Livias Schwester, Livia und Thomas fahren zu seinem vierzigsten Geburtstag. Inzwischen hat der Wanderfreund wieder eine feste Freundin. Mit ihr hat er auch ein Kind bekommen. Wie sie zu dem Thema steht, wissen Livia und Thomas nicht. Mangels Gelegenheit ist der Kontakt etwas eingeschlafen.

Vor drei Jahren haben sie inoffiziell geheiratet. »Niemand weiß das. Unsere Freunde gar nicht. Der Familie haben wir es später gesagt.«

Sie bezeichnen sich als »eher unromantisch«.

»Wir überhöhen unsere Beziehung nicht«, sagt Thomas.

Wie nennen sie die eigentlich? »Jedenfalls nicht *offen*. Den Begriff finden wir blöd. Aber es gibt auch keinen anderen.«

Letzte Woche kam eine SMS vom Wanderfreund. Seit Langem die erste. »Wie geht es euch?«, fragt er Livia. Und: »Vielleicht bin ich für monogame Beziehungen einfach nicht geschaffen.« Livia ist vorsichtig. Sie weiß nicht, wie es um seine Beziehung steht. Was er will. »Ich will nicht dafür mitverantwortlich sein, dass ein Kind ohne seinen Vater aufwächst.« Sie hat ihm geantwortet. Mal schauen, was passiert, denkt sie.

Neulich, bei einem seltenen Blick auf die Dating-Portale, sind sie doch einmal stutzig geworden. Jemand hatte ihren Anzeigentext kopiert. *Zauberhafte Eskapaden*. Livia und Thomas hat es gefreut.

II. SEX, DAMALS

5. FRAUEN UND DAS FEUER

Some boys take a beautiful girl
And hide her away from the rest of the world
I want to be the one to walk in the sun
Oh girls they want to have fun

CINDY LAUPER,
GIRLS JUST WANT TO HAVE FUN

»Männer mögen das Feuer entdeckt haben. Aber Frauen haben entdeckt, wie man damit spielt.« So spricht wieder Carrie Bradshaw, Hauptfigur aus »Sex and the City«. Man kann von diesen konsumversessenen, arg angepassten, manchmal schmerzhaft klischeehaften Frauen (und ihren dummdreisten Männern) halten was man will – die Serie trug das »Sex« zu Recht in ihrem Namen. Und zwar als erste weltweit erfolgreiche Frauensaga.

Carrie schläft mit reichen kultivierten Männern, die biedere Charlotte fast nur mit ihrem Mann (und mit den anderen erst nach dem dritten Date), die »prosexuelle« Samantha mit allen. Wirklich realistisch ist dabei wohl nur Miranda. Sie masturbiert häufiger, als sie Sex hat. Und ist oft sogar dafür zu müde. Jedenfalls: Was viele Frauen und Männer ahnten, brachte diese Serie endgültig in den Mainstream: Frauen haben Spaß an Sex. Ob gebunden oder frei. Und zwar in gleichem Maße wie Männer. Oder sogar mehr?

Der Streit, ob Frauen ähnlichen sexuellen Appetit haben wie

Männer, und wer von beiden mehr Spaß am Sex hat, ist uralt. Schon Zeus und Hera, die griechischen Göttereltern, zankten sich darum. Als Schiedsrichter konsultierten sie einen armen Priester namens Teiresias. Er kannte aufgrund einiger widriger Umstände sowohl das Leben als Frau als auch als Mann. Als er am Berg Kyllini auf ein Paar sich begattender Schlangen stieß, tötete er die weibliche, woraufhin er in eine Frau verwandelt wurde. Teiresias wurde Priesterin der Hera, heiratete und hatte Kinder. Nach sieben Jahren traf Teiresias erneut ein Paar kopulierender Schlangen, tötete diesmal die männliche und wurde wieder zum Mann. Langweilig wurde ihm jedenfalls nicht. Zeus und Hera befragten ihn, welches Geschlecht, Mann oder Frau, im Bett mehr Lust empfinde. Zeus, der bekanntlich ein notorischer Schürzenjäger war, hatte sich für die Frauen, Hera für die Männer entschieden. Als Teiresias Zeus' Meinung unterstützte und offenbarte, als Frau neunmal so viel Lust wie als Mann empfunden zu haben, ließ die wütende Hera Teiresias erblinden. Nicht, weil er falsch lag. Sondern weil er den Männern das Geheimnis der Frauen verraten hatte. Da Zeus dies nicht rückgängig machen konnte, verlieh er Teiresias zum Ausgleich die Gabe des Sehers und siebenfache Lebensdauer. Fazit: Die Götter müssen verrückt sein.

Solch einen geeigneten Schiedsrichter wie Teiresias bräuchten wir heute auch. Viel zu oft wird weibliche Sexualität immer noch von Männern analysiert, beschrieben, entworfen. Die Jahrtausende der männlichen Vorherrschaft auch (und besonders) über den weiblichen Körper hallen nach.

Die weibliche Lust ist immer noch, trotz aller Studien und Ratgeber und Erforschungen, ein Phantasialand der Wunder und Möglichkeiten, der Mythen und Rätsel.

Dabei glauben viele Menschen noch, was Charles Darwin einst schrieb: »Das Weibchen ist (…) mit sehr seltenen Ausnahmen weniger begierig als das Männchen. Es (…) verlangt im Allgemeinen geworben zu werden; es ist spröde, und man kann oft sehen, dass es eine Zeit lang den Versuch macht, dem Männchen zu entrinnen.«

Das ist, rein biologisch, falsch. Schon vor über sechzig Jahren kamen die Sexualwissenschaftler Clellan S. Ford und Frank A. Beach zu dem Schluss: »In den Gesellschaften ohne sexuelle Doppelmoral ergreifen Frauen genauso begierig wie Männer alle sich ihnen bietenden Gelegenheiten.« Schon lange vermuten Forscher, dass die sexuelle Zurückhaltung von Frauen eher kulturell als biologisch bedingt ist. Auch, weil sie sich leichter zurückhalten lassen als Männer.

Frauen (quer durch alle Spezies) haben eine höhere »erotische Plastizität«. Das bedeutet, ihre Sexualität ist »formbarer«, flexibler. Sie erleben eine größere Bandbreite und reagieren eher auf Umstände und Druck. Im Tierreich beispielsweise paaren sich weibliche Tiere eher mit männlichen Tieren anderer Gattungen, nach dem Motto: »Love the one you're with«. Wohingegen männliche Tiere bei der Art bleiben, die sie quasi entjungfert hat, selbst wenn es nicht ihre ist. So gesehen bei Ziegen und Schafen. Für uns kein großer Unterschied? Sagen Sie das einem Ziegenbock und einer Schafsdame.

Frauen haben viel mehr sexuelle Wellenlängen, auf denen sie senden und empfangen. Man könnte sie fast als »sexuelle Allesfresser« (David Bergner) bezeichnen. Aber sie reagieren umso sensibler auf Normen, Ideologien, tradierte Geschichten und soziale Erwünschtheit. Letztere tritt vor allem in Studien, bei denen Frauen sich beobachtet fühlen, in Form einer Diskrepanz zwischen Fühlen und Zulassen/Zugeben auf. Zeigt man Frauen zum Beispiel erotische Darstellungen, wie die amerikanische Sexologin Meredith Chivers es tat, reagieren sie körperlich auf alle möglichen Arten von Sex. Wie diese Erregung gemessen wird, beschreibt Daniel Berger in »Die versteckte Lust der Frauen« so: »Halb ausgestreckt auf dem Sessel sah sich jede Studienteilnehmerin auf einem alten, monströsen Computermonitor eine Reihe von Pornoaufnahmen an. Die etwa fünf Zentimeter lange, durchsichtige Röhre des Photoplethysmographen wirft Licht gegen die Scheidewände und misst die Helligkeit, die diese reflektieren. So lässt sich die Durchblutung der Vagina messen. Stärkere Durchblutung löst etwas aus, das man vaginale Transsudation nennt; dabei tritt Flüssigkeit aus der Scheidewand aus. Indirekt misst der Photoplethysmograph die Feuchtigkeit der Vagina. Auf diese Weise kann man die Manipulation des Verstandes umgehen, die Einmischung höherer Hirnregionen vermeiden und auf ganz primitivem Niveau herausfinden, was Frauen erregt.« Nämlich: Sexuelle Darstellungen von Hetero-Paaren, Homo-Paaren, Bonobo-Paaren. Ihre bewusste Bewertung jedoch folgt ihrer körperlichen nicht. Sie schätzen den »Blümchensex« heterosexueller Paare in der Missionarsstellung deutlich erregender ein, als ihr Körper es sagt. Andersrum geben sie nicht zu, von tierischem Sex erregt zu werden, obwohl ihr Körper reagiert. Dabei sprechen weibliche Gehirne generell schneller und stärker auf erotische Darstellungen an als auf angenehme oder ängstigende Bilder ohne erotische Komponenten. Frauen mögen, auf körperlicher Ebene, durchaus Pornos. Aber sie tun so, als ob nicht. Der Verstand verleugnet die Vagina.

Hätte man das nicht eher von den angeblich viel triebhafteren und deswegen mühsam beherrschten Männern erwartet?

Auch sind Frauen offener, was die Geschlechter angeht: Der Psychologe Richard Lippi hat in Zusammenarbeit mit der BBC 200 000 Menschen aller Altersgruppen rund um die Welt zur Stärke ihres Sexualtriebs und der Art ihrer Sehnsüchte und Begierden befragt. Er fand einen interessanten Unterschied zwischen männlicher und weiblicher Sexualität: Bei Männern, ob hetero oder schwul, wurden die Wünsche mit wachsendem Trieb eindeutiger. Die heterosexuellen Männer mit hoher Libido waren mehr auf Frauen fokussiert, während bei schwulen Männern ein stärkerer

Sextrieb bewirkt, dass sie ausschließlich auf Männer scharf sind. Bei Frauen dagegen – zumindest bei denen, die angaben, heterosexuell zu sein – verhält es sich genau umgekehrt: Je stärker der Sextrieb einer Frau, desto wahrscheinlicher fühlt sie sich zu Männern *und* Frauen hingezogen. Grundsätzlich gilt also: Schwule, heterosexuelle Männer und lesbische Frauen reagieren auf erotische Darstellungen gemäß ihrer angegebenen sexuellen Orientierung. Nominell heterosexuelle Frauen auf so ziemlich alles. *Eigentlich will ich »mehrer und vieler«*, wie es eine Bekannte mal ausdrückte.

Ich gebe zu, ich könnte ein wenig neidisch werden. Gegen die weibliche Sexualität wirkt die männliche, wieder einmal, recht simpel und begrenzt. Wie ein hölzernes Floß gegen ein Hovercraft-Boot. Wie ein Bleistift gegen ein Smartphone. Wie Blümchen gegen Beyoncé. Sie verstehen schon.

Und dann ist da noch die uralte Frage nach der Anzahl der Geschlechtspartner, die eine amerikanische Studie der Forscher Terri D. Fisher und Michelle G. Alexander 2003 endlich beantworten konnte. Frauen, die glaubten, dass ihre Antworten bekannt würden, gaben im Durchschnitt 2,6 Partner an (alle Befragten waren Collegestudenten unter 25). Männer jedoch deutlich mehr. In einer heterosexuell geprägten Gesellschaft eine unmögliche Diskrepanz. Wer schwindelte? Machten sich die Frauen keuscher oder die Männer sexuell erfolgreicher?

Um die Wahrheit zu finden, sicherte man den Probandinnen Anonymität zu. Und schloss manche sogar an angebliche Lügendetektoren an. Und was passierte? Diejenigen, die sich anonym wähnten, gaben 3,4 Partner an. Wer an den vermeintlichen Lügendetektor angeschlossen wurde, sogar 4,4. Während die Frauen also siebzig Prozent mehr Partner eingestanden, wenn sie Angst hatten, beim Schwindeln ertappt zu werden, gab es bei den Männern kaum Abweichungen. Die soziale Erwünschtheit beeinflusste die Frauen stark, obwohl die einstelligen Zahlen nun wirklich keine sexsüchtigen Männerfresserinnen aus ihnen machten. Aber Jahrtausende der Unterdrückung haben eben Spuren hinterlassen. Heute können wir zwar alle vögeln, so viel wir wollen, aber darüber reden tun doch eher die Männer. Das gleiche passiert, wenn man Frauen nach Masturbation und Pornokonsum befragt. Je anonymer die Studiensituation, desto mehr gaben die Frauen zu. »Untersagte« man ihnen das Lügen per Lügendetektor, masturbierten und pornosierten sie sogar fast ebenso viel wie Männer. Auch das fand mit Terri Fisher eine Frau heraus.

Es gilt heute in vielen Kreisen immer noch als unweiblich oder unschicklich, schlimmstenfalls schlampig, wenn Frauen offen über Sex reden. Besonders über die rein körperliche Befriedigung, ohne romantische Gefühle. Frauen haben verinnerlicht, dass freie Sexualität, gar Promiskuität, ihre gesellschaftliche Stellung gefährdet – im Gegensatz zu Männern, zu deren Status es gewissermaßen gehört, sexuell aktiv zu sein.

Es gibt wenige Ausnahmen, wenig prominente Literatur, die als Vorbild taugen kann. Charlotte Roche, der mit »Feuchtgebiete« ein Befreiungsschlag gelang, was explizite, mitunter eklige Sexualität angeht, taugt vielleicht eher zum Enttabuisieren als zum Identifizieren. Erica Jong nennt wenigstens den »Spontanfick« beim Namen. Dorothea Zeemann schrieb in dem Buch »Verschwiegene Lust« nicht nur viel Unbekanntes über weibliche Sexualität, sondern auch den schönen Satz: »Ich will den Respekt einer anständigen Erektion, nichts weiter.« Es ist klar: Auch Frauen wissen das rein Körperliche zu schätzen. Und zwar mit wechselnden Partnern. Dass ein Buch über weibliche Promiskuität »Die versteckte Lust der Frauen« heißt, im Zeitalter von Dildo-Werbung und Female-Friendly-Pornos, sagt eigentlich alles. Lust kann und darf man heute haben, wie man will. Auch als Frau. Aber darüber in einem weiterhin männlich dominierten Klima zu sprechen, ist etwas anderes. Livia zum Beispiel ist sich dessen bewusst, ebenso wie die anderen

Frauen in diesem Buch. Sie alle wissen: Wenn ich frei über meine freie Sexualität spreche, gelte ich vielen als »leichtes Mädchen«, als sexuell verwirrt oder bedürftig. Auf der anderen Seite müssen sich die Männer in diesem Buch keine Vorwürfe anhören außer dem, dass ihre Frauen sich nicht korrekt verhielten.

Dass Frauen jedoch in Wahrheit das »sündige«, weil lustfähigere Geschlecht sind, wusste neben Teiresias wenigstens die katholische Kirche schon lange. Eva war damals leichter von der Schlange zu verführen. Ihre »Töchter« mussten also schwächer in der Triebkontrolle sein. Ähnlich verhielt es sich mit der Geschichte von Adam und Lilith, vielleicht die erste erzählte nicht-monogame Beziehung überhaupt. In der jüdischen Mythologie soll sie die erste Frau Adams neben Eva gewesen sein, halb Windgöttin, halb Dämon (da sind sich die Quellen wie so oft nicht ganz einig). Nach einem Streit darüber, wer beim Sex oben liegen dürfe, entzweite sie sich mit Adam. Lilith ist in der jüdischen Sichtweise vor allem eine verführerische, sexuell machtvolle Frau. Ihre Kraft besteht in ihrer Lust, in ihrer sexuellen Freiheit, was sie zugleich gefährlich macht. Sie ist eine Verführerin, die weiß, wie sie sich schmückt, wie sie ihre sexuellen Reize einsetzt, doch ihr Ziel ist es vor allem, von den Verführten Kinder zu empfangen.

Das Weib als notgeile Verführerin des standhaft tugendhaften Mannes – auf so etwas kann eben nur eine Kaste von sexuell völlig unerfahrenen Männern kommen. Dennoch beherrschte dieses Bild die Vorstellung von den beiden Geschlechtern. Bis im Laufe des 18. Jahrhunderts die gegenteilige Überzeugung aufkam: Frauen seien von Natur aus keusche Wesen, durchaus mit einem leisen Trieb ausgestattet, den sie aber kontrollieren können (und müssen). Noch im 19. Jahrhundert mussten Frauen »ihre romantischen Gefühle und ihre sexuelle Sehnsucht in der Regel zurückhaltender zum Ausdruck bringen als Männer«, schreibt Eva Illouz. Schicklichkeit und Selbstkontrolle – das waren die Tugenden einer Frau. Männer mussten hingegen aktiv werben, um ihren immensen, natürlichen Trieb befriedigen zu können. Das Modell: Weibliche Enthaltsamkeit, die die Hürde für die männliche Gier bildet, auf dass man sich im gesellschaftlich akzeptierten Sexotop der Ehe vereinige.

Heute wissen wir es zum Glück besser, zumindest die Forscher, die sich damit beschäftigen. Weibliche Sexualität ist stärker, bunter, vielfältiger und »körperlicher«, als wir denken. Die spannende Frage ist: Wie verhält es sich mit dem Seitensprung, mit dem für Männer unbestritten starken Reiz des Neuen, der Eroberung?

Das übliche Narrativ geht so: Frauen brauchen Nähe und Vertrauen, um sich hinzugeben und um Sex genießen zu können. Deshalb sind sie eher auf langfristige Beziehungen aus als auf wechselnde Geschlechtspartner. Ein neuer Mann, eine Eroberung reizt sie weitaus weniger als die Männer, weil sie mit dem eingespielten Partner mehr Spaß im Bett haben. Und andersherum verlieben sie sich häufig beim Sex. Die Oxytocin-Ausschüttung ist bei ihnen höher. Aus sexueller Nähe entsteht fast zwangsläufig emotionale Nähe. Sie können also gar nicht über längere Zeit mit jemandem »nur« Sex haben. Deshalb sind sie quasi die natürlichen Hüterinnen der Monogamie.

Was, wenn ein guter Teil dieser Geschichte ebenfalls auf sozialer Erwünschtheit basiert? Was, wenn, wie David Bergner es ausdrückt, der biologische Hang der Frauen zur Monogamie »nichts als ein Märchen« ist? Wenn ein moderner Teiresias uns etwas ganz anderes erzählen würde, als wir glauben?

Joey Sprague und David Quadagno befragten amerikanische Frauen im Alter von 21 bis 57 Jahren. Sie fanden heraus, dass 61 Prozent der Frauen unter 35 angaben, ihre vorrangige Motivation für Sex sei für sie nicht körperlich, sondern emotional. Doch von den Frauen, die *älter* als 35 waren, sagten nur 38 Prozent, dass ihre emotionale Motivation stärker als ihr körperlicher Hunger nach dem Kontakt sei. Auf den ersten Blick scheinen solche Zahlen zu belegen, dass sich die Motivation von Frauen mit dem Alter ändert. Aber vielleicht spiegeln sie auch wider, dass Frauen mit zunehmender Reife mehr zu ihren Bedürfnissen finden? Dass die soziale Erwünschtheit, der Druck der Normen und kulturellen Konditionierungen nachlässt? Dass sie ihren Platz in der Gesellschaft gefunden und sicher haben, und deshalb mehr Offenheit riskieren können?

Was würden Frauen über den Reiz des Neuen erzählen, wenn sie sich völlig unbeobachtet, vielleicht sogar ermuntert fühlten?

6. DER COOLIDGE-EFFEKT

> *»Man kann nicht mit allen Frauen auf der Welt schlafen. Aber man kann es wenigstens versuchen.«*
>
> **FRANK SINATRA**

Als der damalige US-Präsident John Calvin Coolidge irgendwann einmal in den 1920er Jahren mit seiner Frau Grace durch eine Geflügelfarm geführt wurde, erkundigte sie sich, wie sich so viele Eier mit so wenigen Hühnern produzieren ließen. Der Farmer sagte daraufhin: »Meine Hähne tun mehrere Male am Tag ihre Pflicht«. Darauf Mrs. Coolidge mit betont lauter Stimme: »Vielleicht sollten Sie das einmal Mr. Coolidge erzählen.«

Mr. Coolidge war diese Bemerkung nicht entgangen, und er fragte den Farmer: »Besteigt jeder Hahn jedesmal dieselbe Henne?« Der Farmer: »Nein, jeder Hahn hat einen ganzen Harem von Hennen.« Darauf der Präsident: »Vielleicht könnten Sie *das* einmal Mrs. Coolidge erzählen«

So oder ähnlich mag es sich vor knapp hundert Jahren zugetragen haben. Jedenfalls nennen Biologen die dämpfende Wirkung eines einzigen Sexualpartners auf die Libido seitdem »Coolidge-Effekt«. Und zwar für beide Geschlechter.

Bei den ursprünglichen Experimenten aus dem Jahr 1956 wurde an Rattenmännchen nachgewiesen, dass wiederholter Geschlechtsverkehr mit demselben Weibchen den sexuellen Appetit des Männchens deutlich zügelt. Andererseits ist eine gleichbleibende, beziehungsweise gleichbleibend hohe sexuelle Aktivität zu beobachten, wenn immer wechselnde Weibchen angeboten werden.

Damals wurde ein Rattenmännchen in einen Käfig mit vier bis fünf Weibchen gegeben. Man beobachtete, dass das Männchen sich mit allen Weibchen bis zur eigenen völligen Erschöpfung wiederholt paarte. Ab diesem Punkt erfolgten keine Reaktionen des Männchens mehr auf weitere Stimulationen der Weibchen. Wurde nun ein weiteres Weibchen in den Käfig gegeben, konnte trotz der vorherigen Erschöpfung ein weiterer Paarungsakt mit dem neuen Weibchen beobachtet werden. Das bei den Versuchen mit den Wanderratten beobachtete Phänomen ist dabei nicht auf diese Spezies beschränkt. Und in den meisten Fällen wurde der Coolidge-Effekt zwar an männlichen Exemplaren demonstriert. Es wurden jedoch auch Experimente durchgeführt, um den Effekt auch bei weiblichen Individuen nachzuweisen. Bei Hamstern beispielsweise tritt der Effekt, obgleich schwächer ausgeprägt, auch bei Weibchen auf. Nachgewiesen wurde das bei Nagetieren, bei Zuchtbullen, und, laut einer Studie aus dem Jahr 2013, sogar bei der Fruchtfliege Drosophila.

Der Psychologe Dennis F. Fiorino von der University of British Columbia im kanadischen Vancouver konnte die biochemische Basis für diesen »Kuhhandel« nachweisen. Seine Arbeit beruht auf der Erkenntnis, dass sexuelle Lust – ebenso wie alle anderen Formen der Wonne – einer Art »Vergnügungsviertel« in der Tiefe des Gehirnes entspringt. Die Rotlichtzone besteht aus einem Nervenstrang, der sich von einem wichtigen Ballungszentrum im primitiven Mittelhirn (dem ventral-tegmentalen Bereich), über das Zwischenhirn bis zum Nucleus accumbens im Limbischen System erstreckt. Wann immer ein Tier (also auch wir) eine angenehme Erfahrung macht, schütten die Nervenzellen im Lustzentrum den Botenstoff Dopamin aus, der wie eine Glücksdroge wirkt. Auch euphorisierende Drogen setzen an dieser Stelle an. Dass Sex das Dopamin in diesem Hirnbereich hochtreibt, haben Forscher in der letzten Zeit mithilfe der sogenannten Mikrodialyse aufgezeigt, bei der Tiere eine Sonde in die kritische Region des Gehirns gepflanzt bekommen. Mit feinen Teflonschläuchen, die die Beweglichkeit nicht einschränken, werden dann ständig Proben der Gehirnflüssigkeit abgeleitet und in rascher Abfolge analysiert. Die Gegenwart einer empfängnisbereiten Rättin ließ den Dopaminspiegel der Männchen um neunzig Prozent emporschießen. Bei der anschließenden Kopulation kletterte der Pegel um weitere zehn Prozent.

Fiorino maß nun kontinuierlich den Dopamin-Spiegel männlicher Ratten, die sich mit einer Rättin »austoben« durften. Nachdem ihr sexueller Elan durch den Coolidge-Effekt zum Erliegen kam, wurde ihnen eine neue Partnerin mit unverbrauchtem Sex-Appeal beigesellt. Bei deren Anblick kehrte schlagartig die erlahmte Zeugungskraft zurück, und die Tiere legten sich für mehrere neue Runden ins Zeug. Diese Euphorie war auch deutlich am Dopamin-Ausstoß zu verfolgen: Mit der abnehmenden Begeisterung für Weibchen Nummer eins flaute auch die Konzentration des Dopamins mächtig ab und fiel nach und nach auf den Ausgangswert zurück. Als dann das neue Weibchen auf der Bildfläche erschien, machte das Dopamin wieder einen steilen Höhenflug – ein Zyklus, der sich mit gleichsam mechanischer Präzision wieder und wieder abspielte. Angeblich brach einmal das männliche Meerschweinchen Scooty in einen Käfig mit vierundzwanzig Weibchen ein. Nachdem er gefasst wurde, war er mehrere Tage lang todmüde und schlief in den ersten zwei Tagen fast ohne Unterbrechung. Alles für die Wissenschaft.

Aus Sicht der Evolutionsbiologie stellt der Coolidge-Effekt eine rationale Strategie zur Steigerung der genetischen Fitness dar: Weil die Männchen ihren Fortpflanzungserfolg durch den wiederholten Sex mit demselben Weibchen nicht mehren können, existiert in ihrem Gehirn ein Mechanismus, der ihre Libido nach einer Weile auf eine lukrative Alternative umlenkt.

Bei Menschen konnte ein ähnlicher Zusammenhang zwischen einer neuen Partnerin und der Spermienzahl und Qualität des Ejakulats festgestellt werden. So wurde beobachtet, dass Männer, die über eine gewisse Zeitdauer pornographisches Material mit gleichbleibenden Darstellerinnen konsumieren, schneller, mehr und in höherer Qualität ejakulieren, wenn eine neue Darstellerin hinzugefügt wird. Und die Frauen? Auch ihre Lust auf Sex sinkt in einer Partnerschaft. Auch sie erfahren ein Dopamin-High, wenn sie sich auf einen neuen Partner einlassen. Und Frauen finden die Vorstellung von Sex mit Fremden (männlich oder weiblich) deutlich erregender als mit bekannten (und als sie zugeben, weiß der Photoplethysmograph). Bis zu achtmal stärker wird die Durchblutung der Vagina beim Anblick eines attraktiven Fremden als bei einem attraktiven Freund oder gar ihrem Partner, konnte Meredith Chivers messen.

Wieso hat die Evolution das in uns angelegt? Um Inzest und damit genetische Stagnation zu vermeiden? Weil mehr Sex mit mehr Menschen auch der Evolution mehr Spaß macht? Ohne Grund?

Was auch immer Mann oder Frau genau dabei suchen: Wir, also wir modernen Menschen, scheinen erotisch auf wechselnde Geschlechtspartner langfristig besser zu reagieren. Egal, ob wir verliebt sind, in einer festen Beziehung, womöglich Ringe tragen. Zumindest nach einer gewissen Zeit zerrt unsere Sexualität an den Ketten, die wir ihr angelegt haben. Sie will frei sein. Sie ist *neugierig*.

Wir wissen also ungefähr, wo der Sex hin will. Aber wo kommt er eigentlich her?

7. SEX IN DER HÖHLE

> *»Zur Kulturentwicklung gehört das Erstarken der Angst auf Kosten des Hungers. Der Steinzeitmensch erwacht und hat Hunger. Der Stadtmensch erwacht und hat Angst, eine falsche Entscheidung zu treffen.«*
>
> **WOLFGANG SCHMIDBAUER,**
> **DIE QUAL DER WAHL UND IHRE HINTERGRÜNDE**

Unser Körper – genauer: unser Laufapparat mit Füßen, Beinen, Rücken – ist, das wissen wir heute, auf viel Bewegung ausgelegt. »Der natürliche Energieumsatz des Menschen pro Tag entspricht einer Gehstrecke von rund 20 bis 25 Kilometern«, schreibt das österreichische Ministerium für Gesundheit auf seinem Gesundheitsportal im Netz. »Erst wenn durch Bewegung regelmäßig eine bestimmte Menge an Energie umgesetzt wird, funktionieren die Gene und der Organismus richtig. Körperliche Aktivität ist normal, keine Bewegung ist ungesund.« Niemand außer Homer Simpson würde widersprechen.

Wir wissen: Der Mensch ist einst, in einem Land vor unserer Zeit, als Läufer entworfen worden. Unsere ganze Anatomie ist darauf ausgelegt, viel und schnell gehen zu können. Sowohl um Essen zu sammeln und mit der Horde weiterzuziehen, wenn es rar wird, als auch, um wegzurennen, wenn der Tiger kommt.

Wer heute nur sitzt, macht seinen Körper kaputt. Und wird unglücklich. Denn auch unsere Physiologie, zu der das Ausschütten von Glücksstoffen gehört, ist an die in der Steppe überlebenswichtige Bewegung gekoppelt. Die Natur hat uns ein hervorragendes Belohnungssystem mitgegeben, um uns zu bewegen. Effektiver als jedes Incentiveprogramm leitet es uns zu der »richtigen« Lebensweise an. Bewegung, frische Luft, körperliche Anstrengung machen erst Arbeit. Und dann glücklich. Was also könnte die sexuell ursprüngliche »richtige« Lebensweise sein?

Die kleine Geschichte von Präsident Coolidge ist eine von dutzenden im Buch »Sex – die wahre Geschichte« (englisch: »Sex at dawn«) des Evolutionspsychologen Christopher Ryan und seiner Frau, der Ärztin Cacilda Jethá. Als das Buch 2010 in den USA erschien, schoss es in die Bestsellerlisten. Die gut 300 Seiten fanden großen Zuspruch – und erbitterten Widerstand. »Die Bibel der Polyamoristen«, wie sie der berühmte Sexualforscher Ulrich Clement nannte, löste auch in Deutschland einigen Wirbel aus. Logisch, wenn ein Buch sagt: *Stellen Sie sich vor, es wäre alles ganz anders, als Sie immer geglaubt haben.* Und das auch noch über Sex.

Kennen Sie noch die Geschichte von Vivian Ward? Vivian ist hübsch, jung und mit endlos langen Beinen gesegnet. Also verkauft sie ihren Körper. Der erfolgreiche Geschäftsmann Edward Lewis sammelt sie mit seinem Sportwagen in Hollywood auf. Sie beginnen eine Affäre, die Lewis dreitausend Dollar die Nacht kostet. Sie baden zusammen, essen nachts Eiscreme, küssen und kuscheln, und als Edward Vivian mit zu einem Poloturnier nimmt, und sich dort ein anderer betuchter Mann mit ihr unterhält, wird er eifersüchtig. Er will sie, die Hure, für sich allein. Nach allerlei Schlamassel ist Edward schließlich bereit, seinen Wohlstand mit Vivian dauerhaft zu teilen, wenn sie ihm exklusiven Zugang zu ihren endlos langen Beinen schenkt.

Julia Roberts spielt die Vivian in *Pretty Woman*, einem der erfolgreichsten Filme aller Zeiten. Von seiner Geschichte kann man viel über das biologische Narrativ lernen, an das wir heute glauben. Denn Vivian und Edward leben, überspitzt gezeichnet, vor, was die evolutionäre Psychologie heute als Prämisse verbreitet: der Tausch von weiblicher Fruchtbarkeit und Treue gegen männliche Güter und Dienstleistungen.

Genauer: Männer streben danach, ihren Samen möglichst weit zu verbreiten, dabei aber gleichzeitig eine oder mehrere Frauen vor fremder Begattung zu schützen. Frauen hüten dagegen ihren begrenzten Vorrat an Eizellen, den sie nicht an unwürdige Verehrer verschwenden dürfen. Haben Frauen aber erst einmal einen Versorger-Ehemann an sich gebunden, heben sie während des Eisprungs nur allzu willig den Rock, wenn sich besseres genetisches Material anbietet.

Wir scheinen also darauf programmiert, fremdzugehen. »Heterosexuelle Männer und Frauen sind angeblich von Natur aus Lügner und Huren«, schreiben Ryan und Jethá, »die einander entsprechend ihrer evolutionären Programmierung betrügen. Die Biologie soll also schuld sein an einem Nullsummenspiel, in dem wir gerade die Menschen täuschen müssen, die wir vorgeblich am meisten lieben.«

Dieses »Standard-Narrativ«, wie Ryan und Jethá es nennen, ist eine Interpretation von Sexualität und ihrem Zweck, die seit Charles Darwin weitverbreitet ist. An die wir fast alle glauben, aber die eben nicht stimmen *muss*.

Auf der Suche nach einer anderen Geschichte betrachten Ryan und Jethá die Prähistorie, also die etwa 200 000 Jahre, in denen der anatomisch schon moderne Mensch ohne Landwirtschaft und Schrift lebte. Unser Bild von dieser Zeit ist so akkurat wie eine Folge »Familie Feuerstein«. Keule auf den Kopf und ab in die Höhle? Vater, Mutter, Kind – in einem Auto ohne Boden? Vermutlich war es ein bisschen anders.

In den Horden von 100 bis 150 Menschen, in denen wir Jäger und Sammler damals lebten, war Sex, so Ryan und Jethá, keine Frage von Macht oder Gewalt. Das würde nicht zu uns passen. Denn vom ersten bis zum letzten Atemzug wurde unser Leben damals von zwischenmenschlichen Beziehungen und Abhängigkeiten geprägt. Nicht Individualität, sondern die Gemeinschaft bestimmten das Leben. Man vertraute den paar Dutzend Menschen um sich herum, war aufeinander angewiesen, aß und hungerte und fror, lebte und starb zusammen. Man kannte sich untereinander wahrscheinlich besser als wir unsere One-Night-Stands und Affären heute. Und man teilte alles: Nahrung, Sicherheit, Unterschlupf. Nur so konnte man den Widrigkeiten der Natur trotzen. Und vermutlich teilte man auch Sex. Und daraus entstehende Kinder. Ohne genetische Labors konnte kein Steinzeitmensch wissen, dass nur eine Samenzelle eine Eizelle befruchtet. Dass jedes Kind genau eine Mutter und einen Vater hat.

Viele Naturvölker, die heute noch leben wie wir alle vor hunderttausend Jahren, kennen die »partielle Vaterschaft« bzw. »kumulative Schwangerschaft«. Die Zeugung stellt man sich hier etwas anders vor als bei uns. Ein Fötus entsteht nicht per einmaliger Befruchtung, sondern aus angesammeltem Samen. Nach Möglichkeit holen sich die Frauen dafür »Beiträge« von den besten Jägern, den besten Geschichtenerzählern, den Lustigsten, den Freundlichsten, den Schönsten, den Stärksten – in der Hoffnung, dass ihr Kind von allem etwas abkriegen würde. Ein Kind ist also immer das Kind der Horde, nicht eines einzelnen Vaters. Diese kollektive Elternschaft stärkt den Zusammenhalt, weil sie Kämpfe der männlichen Jäger um die besten Beutestücke für die eigene Brut sinnlos macht.

Solche und ähnliche Vorstellungen finden Anthropologen heute noch in vielen südamerikanischen Gesellschaften: bei den Aché, die Araweté, den Barí, den Canela, den Cashinahua, den Curripaco, den Ese Eja, den Yanomami, den Ye'kwana und vielen mehr. Das sind Völker, die im Gebiet von Venezuela bis Bolivien leben. Bei den Mosuo, einer alten Gesellschaft im Südwesten Chinas, ist die Vaterschaft so wenig gesichert und unbedeutend, dass die Männer tatsächlich die Kinder ihrer Schwester als die eigenen großziehen.

Diese Vorstellung führt zu einem anatomischen Widerspruch zwischen Natur und monogamem Ideal: Die »interne Selektion« von Spermien im Körper der Frau. Warum ist die weibliche Anatomie so spermienfeindlich? Einen wahren Hindernisparcour muss das Spermium überwinden, das einmal in den Körper der Frau eingedrungen ist. Ein spermienfeindliches chemisches Milieu sucht ganz genau aus, welcher Samen würdig ist, im Sinne von genetisch kompatibel, die eine Eizelle zu befruchten. Wozu der ganze Stress? Warum sollten die Spermien von schon erwählten Geschlechtspartnern noch einmal in »tauglich« und »untauglich« sortiert werden, wenn sie doch vorher *den einen* schon erwählt und nur mit ihm Sex hat? Das ergibt nur Sinn, wenn Spermien von verschiedenen Männern *in* der Frau um den Zugang zur Eizelle kämpfen. Der Biologe Øjvind Winge nannte dieses Prinzip: »Spermienkonkurrenz«.

Die Anatomie des Mannes passt dazu. Der ausgelagerte Hoden als Kühlschrank für Samen ergibt nur Sinn, wenn er häufig und spontan genutzt wird. Arten, die häufig Geschlechtsverkehr haben, brauchen größere Hoden, und besonders groß müssen die Hoden sein, wenn für gewöhnlich mehrere Männchen mit einem fruchtbaren Weibchen verkehren. Hat eine Spezies also richtig dicke Eier, kann man davon ausgehen, dass die Männchen häufige Ejakulationen haben und die Weibchen in der Gegend herumschlafen. Dagegen sind die Hoden vergleichsweise klein, wenn die Weibchen sich für ihren Traumprinzen aufsparen. Diese Korrelation findet man nicht nur bei Menschen und anderen Primaten, sondern auch bei Vögeln, Schmetterlingen, Reptilien und Fischen. Zudem ist der ausgelagerte und dadurch gekühlte Hodensack, der mehr Samenzellen länger frisch halten kann, »wie ein Extra-Kühlschrank, den man nur für Bier in der Garage stehen hat. Wer sich so etwas anschafft, ist vermutlich der Typ, der jederzeit spontan Partys feiern will«, schreiben Ryan und Jethá.

Aber auch das Design unseres Penis scheint von der Schlacht der Spermien beeinflusst zu sein. Zuerst einmal ist er groß. Sehr groß. Erwachsene Männer haben unter allen lebenden Primaten den längsten, dicksten und flexibelsten Penis. Und er ist speziell geformt. In Kombination mit der für den menschlichen Geschlechtsakt typischen Rein-Raus-Bewegung (zwischen 10 und 500 Stößen pro romantischer Begegnung), erzeugt die ungewöhnlich ausgestellte Eichel ein Vakuum im weiblichen Reproduktionstrakt. Durch das Vakuum werden zuvor eingebrachte Samen wieder von der Eizelle weggesaugt. Die eigenen Kämpfer erhalten so Schützenhilfe. Laut Professor Gordon G. Gallup und seinem Team entfernte schon »eine einzige Rein-Raus-Bewegung« des Labor-Penis' 90 Prozent des Stärkesirups, den man als Sperma-Simulation benutzte. »Nach unserer Theorie entwickelte sich die einzigartige Form des menschlichen Penis, der Samen anderer Männer aus der Vagina entfernen kann, durch die Konkurrenz um die Vaterschaft«, interpretierte Gallup dieses Wunder der Technik.

Und trotz aller gegenteiligen Klagen sind menschliche Männer ausgesprochen ausdauernd: Sie bleiben länger im Sattel als Bonobos (15 Sekunden), Schimpansen (sieben Sekunden) oder Gorillas (60 Sekunden) und kommen dabei im Durchschnitt auf vier bis sieben Minuten. Viel Zeit, um die Bahn frei zu stoßen.

Und die Spermien selbst? Manche Forscher sind der Auffassung, dass der Wettkampf der Spermien einem Rugby- oder Fußballspiel ähnelt, bei dem Samenzellen »Mannschaften« bilden, inklusive spezialisierter Verteidiger, Stürmer und so weiter. Dazu besteht das menschliche Ejakulat aus drei bis neun Stößen. Wissenschaftler, die es irgendwie geschafft haben, die Ausstöße getrennt aufzufangen, haben herausgefunden, dass in den ersten verschiedene chemische Stoffe enthalten sind, die vor Angriffen schützen. Nicht nur vor den Leukozyten und Antikörpern des weiblichen Reproduktionstrakts, sondern auch vor chemischen Stoffen aus den letzten Ejakulat-Ausstößen anderer Männer. Diese enthalten spermizide Substanzen, die Nachzügler verlangsamen. Konkurrierende Spermien sind also gegen den Samen der anderen Männer gewappnet und zwar sowohl in den frühen (schützenden) als auch in den späten (angreifenden) Ausstößen. Mal ehrlich: Welche Mannschaft stellt Verteidiger auf, wenn sie auf dem Spielfeld keine Gegner erwartet?

Auch die »Architektur« unserer Lust ist auf Spermienkonkurrenz ausgerichtet. Wissenschaftler haben inzwischen bestätigt, was Pornoproduzenten schon lange wissen: Männer werden von Szenen aufgegeilt, in denen es letztlich um Spermakonkurrenz geht (auch wenn sie *dabei* vermutlich kaum *daran* denken). Männer, die erotische Szenen mit mehr Männern als Frauen sehen, produzieren Ejakulate mit höheren Konzentrationen beweglicher Spermien als Männer, die entsprechende Bilder mit lediglich drei Frauen sehen.

Dieser Wettbewerb ist auch der Grund, so glauben manche Forscher, für den weiblichen Orgasmus (der übrigens desto häufiger auftritt, je promiskuitiver die Spezies ist). Die Spermien des Verursachers werden besser behandelt als die der weniger reizenden Männer. Der kurze männliche Orgasmus ist also gut, um nicht zu verletzbar zu sein. Der späte, längere weibliche ist gut, um Spermien auszuwählen. Und eher nicht, wie es das Standardnarrativ besagt, um eine langfristige Partnerschaft zu stützen. Denn wieso sollten sonst promiskuitivere Spezies auch häufigere Orgasmen haben?

Sogar die lauten Lustschreie des menschlichen Weibchens kann man mit Spermakonkurrenz erklären: Ihre »Kopulationsrufe« sind ein potentes Lockmittel, um Spermienkonkurrenz zu fördern. Welcher heterosexuelle Mann wird nicht wenigstens ein bisschen horny, wenn er an einem Sommerabend durch das offene Fenster einer der umliegenden Wohnungen eine Frau stöhnen hört?

Selbst unsere Größe passt in diese neue Erklärung. Der Dimorphismus, also der Unterschied der Körpergröße zwischen Männchen und Weibchen, korreliert bei Säugetieren und insbesondere bei Primaten mit dem Wettstreit der Männchen um die Weibchen. Bei Paarungssystemen, in denen die Männchen miteinander um seltene Paarungsgelegenheiten konkurrieren, gewinnt das stärkere Männchen und bekommt alle Weibchen. Der böseste und stärkste Gorilla wird daher seine Gene für Bosheit und Stärke an die nächste Generation weitergeben, und so werden Gorillamänner immer böser und stärker werden, bis sie an einen limitierenden Faktor stoßen, beispielsweise die Äste der Bäume, unter denen sie leben.

Schaut man sich den eher bescheidenen Dimorphismus der menschlichen Körpergröße an, kann man ziemlich sicher darauf wetten, dass die Männer während der letzten Millionen Jahre nicht sonderlich viel um Weibchen gekämpft haben. Weniger kämpfen, mehr miteinander schlafen. Klingt gut, oder?

Aber: Wozu das alles? Weil es uns weitergebracht hat. Der Evolutionspsychologe Geoffrey F. Miller behauptet, dass sich »die evolutionäre Innovation auf die Form des Penis'« konzentriert. Die beispielsweise viel kleiner ausgestatteten Gorillamänner müssen kämpfen, bevor sie Sex haben. Der Penis eines ausgewachsenen Silberrückens ist daher trotz eines Körpergewichts von etwa 200 Kilo in voller Pracht kaum drei Zentimeter lang. Gorilla-Hoden haben die Größe von Kidneybohnen, wobei man Mühe hätte, sie überhaupt zu finden, da sie sicher im Körperinneren verwahrt werden. Bei der Spermienkonkurrenz der Bonobos (der Penis des 50 Kilo schweren Bonobos ist dreimal so lang wie der des Gorillas und seine Hoden haben die Größe von Hühnereiern), übernehmen den Kampf die Samenzellen. Die Männer selbst können es lässig angehen. Das ermöglicht auch uns Menschenaffen größere Gruppen, mehr Kooperation und eine reibungslosere gesellschaftliche Dynamik. Mehr Zeit, sich mit Werkzeugen, Technik, Geschichten zu befassen. Kurz: Geistig zu wachsen.

So ergeben viele Details unserer Ausstattung (besonders »untenrum«) nur Sinn, wenn man sich den Urmenschen polygam vorstellt. Ryan und Jethá sind überzeugt: Es gab damals, als unsere Sexualität entstand, durchaus Liebe. Es gab innige Zweierbeziehungen. Aber sie hielten nicht ein Leben lang.

Es gab natürlich auch Eltern. Aber nur die Mutter konnte sicher sein, welches ihre Kinder waren. Das war jedoch kein Nachteil für das Überleben der Kinder. Im Gegenteil. Starb der leibliche Vater, verhungerten seine Nachkommen nicht. Alle kümmerten sich um alle. Egoisten wurden, wie der Anthropologe Christopher Boehm zeigen konnte, von der Gruppe gemäßigt, wenn nicht verstoßen oder getötet. Der strenge Egalitarismus der Jäger und Sammler war eine Überlebensstrategie in einer unwirtlichen Umwelt. Es ist hochwahrscheinlich, dass er sich auch auf die Sexualität und Elternschaft erstreckte. Wir schliefen mit vielen Menschen, so wie wir es heute tun. Nur litten wir nicht gleichzeitig an der Suche nach dem *einen*, dem wir für immer treu sein wollen.

Ende der siebziger und Anfang der achtziger Jahre beobachtete der Verhaltensforscher Desmond Morris eine britische Fußballmannschaft. Das Ergebnis: Sein Buch namens »The Soccer Tribe« (Der Stamm der Fußballer). Wie schon der Titel andeutet, fand er auffällige Parallelen zwischen dem Verhalten der Fußballer und dem, was er bei seinen früheren Studien ursprünglich lebender Volksstämme erlebt hatte. Zwei Gemeinsamkeiten fielen ihm auf: eine Nivellierung innerhalb der Gruppe und fehlendes Besitzdenken. »Das Erste, was einem bei den Gesprächen von Fußballern auffällt«, schreibt Morris, »sind die ständigen Witzeleien«. Der oft unbarmherzige Humor trägt dazu bei, dass jeder Teamkamerad, der auch nur die geringsten Anzeichen von Egoismus zeigt, einen Dämpfer erhält. Dieses Verhalten erinnert an prähistorischen Egalitarismus und betrifft auch die Sexualität. »Macht einer von ihnen eine sexuelle Eroberung, dann freut es ihn, wenn seine Teamkollegen ebenfalls Erfolg bei diesem Mädchen haben.« Was als sexistisch und gefühllos erscheint, zeigt Morris zufolge, »in welchem Ausmaß

Selbstsucht innerhalb der Mannschaft unterdrückt wird – sowohl auf dem Spielfeld als auch außerhalb«. Sowohl bei Profisportlern und Musikern mit ihren besonders enthusiastischen weiblichen Fans als auch in vielen Wildbeutergesellschaften stärken, so sehen es Ryan und Jethá, überlappende sexuelle Beziehungen den Gruppenzusammenhalt und können in unsicheren Zeiten ein Gefühl der Sicherheit vermitteln. Oft dient der Sex unter Menschen nicht nur dem Vergnügen oder der Fortpflanzung. Ein ungezwungener Umgang mit sexuellen Beziehungen kann in einer Gruppe von Erwachsenen wichtige soziale Funktionen haben, weit über die bloße körperliche Befriedigung hinaus. »In trockener akademischer Sprache ausgedrückt lautet unsere Hypothese: Die Sozio-Erotische Matrix (kurz S.E.X.) stärkt die Bindungen zwischen Mitgliedern kleiner, nomadisch lebender Volksgruppen (und anscheinend auch die innerhalb anderer Gruppen mit hoher wechselseitiger Abhängigkeit der Individuen), und lässt so ein wichtiges und dauerhaftes Netz aus Zuneigung, Zugehörigkeit und gegenseitiger Verpflichtung entstehen.« Sex war also einmal ganz anders, fast das Gegenteil von heute. Wir waren vermutlich alles andere als monogam, sicher polygam, vielleicht sogar fast »omnigam«. Was zum Bonobo ist seitdem passiert?

Paul & Jelena II: Abenteuer erleben dürfen

Sich Treue schwören, sich vertrauen wollen, aber über die Jahre doch verführt werden, und dann heimlich, oder nur im Kopf, dafür umso öfter? Einander eifersüchtig beäugen, wo doch nur Liebe sein soll? Über die anderen lästern, bei denen es rauskommt, und dabei selber ganz genau wissen, warum sowas »passiert«?

Paul und Jelena genügt diese Scheinheiligkeit nicht. Sie sagen nicht: So etwas wird nie wieder passieren. Sie sagen: So etwas kann immer wieder passieren. Und es passiert. Ihr jedenfalls. Wieder der Fitnesstrainer. Jelena fährt sogar mit ihm auf ein Festival. Paul weiß davon. Aber er verbietet es nicht. »Sie war 19. Ich dachte mir: Da habe ich mit Verboten keine Chance. Sonst läuft sie weg.«

»Ich habe ihn entscheiden lassen, ob er es aushält oder nicht«, sagt sie.

Einmal kommt sie heim, am Morgen, mit nichts an als einem Wintermantel. Darunter ist sie nackt. »Das war ein Abenteuer mit einer Frau, ganz überraschend«, sagt sie, »ihr Freund kam nach Hause, ich musste abhauen, ohne mich anzuziehen.«

»Das fand ich amüsant«, sagt er. »Das war was anderes. Sie ist etwas Besonderes!«

Paul hat auch Möglichkeiten, hinter der Bar, vor der Bar. Aber er ist der festen Überzeugung, dass er keine Affäre braucht. Stattdessen maßregelt er andere, wenn sie fremdgehen.

»Ich weiß, dass du immer bei mir bleibst«, sagt sie damals.

Sie empfindet keinerlei Verlustangst, keine Eifersucht, wenn ausnahmsweise er mal nicht nach Hause kommt. Obwohl sie verliebt ist, bleibt sie cool. Soll man sie darum beneiden oder dafür bemitleiden?

Jelena sagt: »Schon als Mädchen habe ich beschlossen, egal, was passiert – ich kann damit umgehen. Zur Not allein.« Das erste Weihnachten bei seinen Eltern, auf dem bayerischen Land, ausgebauter Bauernhof, Kamin. »So eine Harmonie kannte ich nicht«, sagt sie. Ihr Vater war Alkoholiker, kaum präsent. Das Verhältnis zur Mutter immer schwierig. Mit acht kam sie nach Deutschland. Ihre Halbschwester und ihr Vater blieben in Russland. Weihnachten? Bauernhof? »Erst wollte ich sofort wieder weg aus dieser heilen Welt. Dann fand ich es wunderschön.« An Silvester fährt sie trotzdem allein nach Berlin. »Ich hab mir Sorgen gemacht«, sagt er. Als sie wiederkommt, fragt er sie. Sie sagt: »Ich bin gestolpert. Auf einen Mann.«

Er fragt nicht weiter. »Sie sagte immer: So oder eben nicht. Es bedeutet nichts. Ich liebe dich«, erinnert er sich. »Und ich habe ihr geglaubt. Wir haben uns geliebt, wirklich.«

Paul steht auf, neuen Wein holen, und stößt mit dem Fuß eine Bierflasche vom Balkon, aus Versehen. Fünfter Stock, 15 Meter bis zum belebten Bürgersteig. Man kann die Sekunden zählen: Einundzwanzig, zweiundzwanzig … ein Klirren. Kein Schrei. Niemand ist verletzt. Hätte auch übel ausgehen können.

»'Tschuldigung!«, rufen beide runter, »war keine Absicht!« Dann atmen sie durch. Wo waren wir stehen geblieben?

»Wir sind doch anders als die anderen«, sagt Jelena damals, »wir brauchen doch deren Regeln nicht.« Ein Jahr nach ihrer ersten Nacht ziehen sie zusammen. Sie arbeitet inzwischen in einem Club, im T-Shirt ohne BH, wegen des Trinkgelds. Die männlichen Gäste machen sie an. Die weiblichen Bedienungen mobben sie. Einmal schüttet ihr ein Gast, von einer eifersüchtigen Kollegin angestiftet, einen Eimer Eiswasser über den Kopf. Heulend kommt sie nach Hause. Paul nimmt sie in den Arm und tröstet sie. Sie sind das

Dream-Team. Auf dem Oktoberfest danach sind sie im Hasenkostüm unterwegs, eine Promo-Aktion für die Bar, in der Paul arbeitet. Sie haben Sex im Aufzug. Kurz danach macht sie aus Spaß einen Schwangerschaftstest. Positiv.

»Wollen wir das?«, fragt er. »Das steht nicht zur Debatte«, sagt sie. »Es ist deine Entscheidung«, sagt er. »Ich wollte immer jung Mutter werden«, sagt sie. Sie versammeln die besten Freunde. »Ein Loch in der Pille«, sagt Paul und lacht. »Hab wohl nicht aufgepasst«, sagt Jelena und lacht. »Ein Kind, im Hasenkostüm gezeugt!«, jubeln alle.

Sie wollen Eltern sein. Aber anders. Paul geht weiter feiern. Sie sitzt zu Hause und macht sich plötzlich Sorgen. »Das war falsch von mir. Aber ich hatte nichts mit anderen Frauen während der Schwangerschaft«, sagt er. »Habe ich dir auch nie vorgeworfen. Ich war ja nur neidisch«, sagt sie.

Zu Hause putzt sie die Ritzen der Dielen mit der Zahnbürste. In ihrem dritten gemeinsamen Sommer kommt ihr Sohn auf die Welt. Bei der Geburt gibt es heftige Komplikationen, Jelena muss operiert werden. Paul wird aus dem Kreißsaal geschickt. »Dieser Moment, als ich das Baby auf dem Arm hatte, meinen Sohn!«, sagt er. »Ich dachte: Wie wunderschön. Ich habe ein Kind! Aber seine Mutter? Die ist tot.«

Eine Stunde denkt er darüber nach, wie er es allein hinkriegt. Aber Jelena schafft es. »Danach war die Liebe noch viel größer«, sagt Paul. Jelena ist 21, als Sascha geboren wird. Sascha hat blonde Haare, ein hübsches Gesicht, wie ein Baby aus der Werbung. Wie eine Mischung aus den beiden. Jelena holt ihr Fachabitur nach, Paul arbeitet nachts, fährt mit dem Kind mittags in ihre Schule, damit sie stillen kann. Um fünf kommt sie nach Hause, er muss in die Bar. Manchmal, wenn eine der Omas Zeit hat, fahren sie zu zweit in die Sauna. Eine liebevolle Familie. Das Dream-Team ist jetzt zu dritt.

Sie stillt ab, geht wieder aus, »mein Lebergedächtnis funktionierte«, sagt sie. Sie sind junge Eltern, anders, aber gute. Das Baby schläft manchmal eingemummelt im Kinderwagen vor der Bar. »Alles war gut. Aber sexuell war Flaute«, sagt Paul. Sie hat während und nach der Schwangerschaft keine Lust. Fühlt sich unattraktiv. »Ein weißes Shirt ohne BH traue ich mich seitdem nicht mehr.«

Erst für einen Gitarrenspieler auf einer Party will sie sich wieder ausziehen, »wie Frauen nun mal funktionieren«. Sie erzählt Paul sofort davon. Wieder liegen sie sich in den Armen. Wieder weinen sie.

»Ich dachte: Du kennst sie. Du weißt, wie sie ist«, sagt er. »Es wird immer wieder passieren. Egal, ob wir ein Kind haben. Ein Gitarrenspieler! Was für ein Klischee!«

Nächtelang diskutieren sie. Und auch wenn vor allem Paul leidet, sind sie sich einig: Wir sind jung. Wir sind schön. Wir haben Lust. Auch auf andere. Wir wollen trotzdem ein Dream-Team bleiben. Unschlagbar. Kugelsicher. Vielleicht, sagen sie, war der Fehler, dass wir bisher keine Regeln aufgestellt haben für das, was passieren kann, passieren darf, passieren muss. Also: eine Abmachung. Solange es nur Sex ist, ist alles erlaubt. Aber: keine Gefühle. Und: nicht im Freundeskreis. Und: Alles wird erzählt. Es sind Regeln gegen Pauls Eifersucht. Regeln, mit denen die Freiheit sicher werden soll. Sie nennen es nicht offene Beziehung. Das klingt nach Schublade. Sie nennen es: Abenteuer erleben dürfen.

8. DER SCHLIMMSTE FEHLER DER MENSCHHEIT

All of old. Nothing else ever.
Ever tried. Ever failed. No matter.
Try again. Fail again. Fail better.

SAMUEL BECKETT,
– WORSTWARD HO

Wie es wohl passierte? Setzte sich irgendwann einfach jemand hin, futterte die Feldfrüchte und verstand, dass man ab jetzt immer an dieser Stelle ernten konnte, wenn man blieb und sich kümmerte? Wie überzeugte er oder sie die anderen? Und hatten unsere Vorfahren auch nur den leisesten Hauch einer Ahnung, was sie damit in Gang setzten?

Irgendwann, vermutlich vor 10000 bis maximal 20000 Jahren, hatten die Menschen genug vom unsteten Nomadentum als Jäger und Sammler. Sie ließen sich nieder. Pflanzten Pflanzen. Bauten Häuser. Gründeten Familien, wie wir sie heute kennen: Vater, Mutter, Kind. Mit der Sesshaftigkeit veränderte sich alles. Und zwar nicht nur zum Guten. Jared M. Diamond, Evolutionsbiologe und Pulitzer-Preisträger, nennt sie sogar »den schlimmsten Fehler der Menschheit«. Das schrieb er womöglich bei einer Tasse Tee in einem beheizten Haus, und zwar in einem Alter, das die meisten Steinzeitmenschen niemals erreichten. Man könnte also diskutieren, warum genau das alles ein Fehler war, aber: Der Übergang vom Jäger und Sammler zum Ackerbauern und Viehzüchter stellt die dramatischste Verhaltensänderung einer Tierart auf diesem Planeten dar, die je beobachtet wurde. Alles – Ernährung, Sozialleben, Gesellschaftsstruktur, sogar die Anatomie – änderte sich grundlegend. Wahrscheinlich also auch die Sexualität.

Anthropologischen Amateuren, zu denen der Autor sich selbst zählt, kann man die Veränderung als den Wechsel von *Überfluss* zu

Mangel erklären. Zumindest erschließen sich so im Nachhinein fast alle unsere Schrullen und Schwächen. Die israelische Anthropologin Nurit Bird-David schreibt: »So wie westliches Verhalten durch die generelle Annahme eines *Mangels* verständlich wird, erklärt sich das Verhalten von Jägern und Sammlern dadurch, dass diese Menschen auf einen *Überfluss* vertrauen. Mehr noch, so wie wir westliches Verhalten dahingehend analysieren und sogar vorhersagen können, dass die Menschen sich verhalten werden, als ob es nicht genug gäbe, können wir auch das Verhalten von Jägern und Sammlern analysieren und sogar vorhersagen: Sie verhalten sich, als ob sie reich wären.«

Wobei »reich« unsere Erfindung ist. Jäger und Sammler lebten nicht in direkter Konkurrenz. Unter Wildbeutern, die ihren Besitz teilen, gibt es kein »reich« oder »arm«. In seinem Klassiker *Stone Age Economics* erklärt der Anthropologe Marshall Sahlins: »Die ursprünglichsten Völker haben nur wenige Besitztümer, doch sie sind nicht *arm*. Armut ist in erster Linie ein Verhältnis zwischen Menschen. Armut ist ein sozialer Status und als solcher eine Erfindung der Zivilisation.«

Gilt das gleiche für Sex? Wurden wir Kapitalisten, als wir uns niederließen, und zwar auch sexuelle Kapitalisten? Begann damals ein sexueller Mangel?

Wenn Ryan und Jethá recht haben mit ihrer wahren Geschichte des Sex, begann die Unfreiheit der Sexualität ungefähr mit der Unfreiheit der Bewegung des Menschen.

Vorher lebten wir in Horden, durchstreiften die Steppe und kopulierten relativ viel und oft. Nachher saßen wir in kleinen Familien auf einem Stück Land. Wie also sicherstellen, dass Mann und Frau, diese überlebenswichtige Gemeinschaft, zusammenbleiben? Indem man die Regel aufstellt, dass sie zusammenbleiben *müssen*. Komme, was und wer wolle. Wenn ich als Vater Land zu vererben habe, will ich ein Kuckuckskind ausschließen. Wenn ich als Mutter für Kinder zu sorgen habe, will ich den Erzeuger auch als Ernährer binden. Eine Trennung kann für die Familie lebensbedrohlich sein. Freie Liebe bestellt keinen Acker, baut kein Haus. Eine Familie, auf Gedeih und Verderb aneinander gekettet, schon eher. »In den alten Tagen«, heißt es bei Nena und George O'Neil in »Die offene Ehe«, »zogen Mann und Frau im wahrsten Sinne des Wortes gemeinsam den Pflug und bildeten eine korporative Einheit, um überleben zu können. Die wirtschaftliche und psychologische gegenseitige Abhängigkeit dieser Ehe-Einheit vollzog sich in einer Umwelt, die durch gesellschaftliche Sanktionen und das gesamte soziale Gefüge die Voraussetzung für den ewigen Bestand dieser Einheit darstellte. Die Ehe-Struktur entsprach genau der Ehe-Funktion.« Oder wie Chris Ryan es ausdrückt: »Sex gegen Ressourcen. Männlicher Schutz gegen weibliche Zusicherung, nur Nachkommen des eigenen Mannes zu gebären oder wenigstens zu versorgen. Die Frauen werden zum Eigentum.« Die Monogamie war also quasi die Kartoffel unter den Beziehungsmodellen: aus dem Mangel geboren, in die Mangelernährung führend, aber notwendig zum Überleben.

Die lebenslange Treue zu einem Menschen ist also einerseits eine kulturell-evolutionäre Strategie, wie man als sesshafte Spezies am besten das Land bestellen konnte. Dieser Vertrag zwischen Mann und Frau machte den oft harten Überlebenskampf auf der eigenen Scholle ein klein wenig weniger riskant. Und andererseits, auf gesellschaftlicher Ebene, ist Monogamie ein effektives politisches Steuerungsinstrument (lange bevor man solche Wörter dafür kannte). Denn je größer die Gesellschaften, desto wichtiger die Kleinfamilie (auch Nuklearfamilie genannt) als kleinste, starke Einheit. Je größer die Gesellschaften, desto wichtiger die Fäden des regierenden Marionettenspielers in ihr Inneres. Denn wir sind zwar, so zeigen es verhaltenspsychologische Experimente immer wieder, zur Kooperation gemacht. Kooperieren wir, werden Areale im Hirn aktiv, die für Dopamin empfänglich sind: das anteroventrale Striatum und der orbitofrontale Cortex. Beide Bereiche sind an der Impulskontrolle, an zwanghaftem Verhalten und an der Verarbeitung von Belohnungen beteiligt. In mancher Hinsicht sind wir offenbar dafür verdrahtet, miteinander zu kooperieren. Wir sind quasi süchtig nach Zusammenarbeit und Fairness.

Schwierig wird es erst, wenn in unüberschaubaren Gemeinschaften jenseits der magischen »Dunbar-Zahl« mehr als 150 Individuen zusammenleben. Wenn die Gruppengröße die Gedächtnisleistung unserer Spezies überfordert, wenn wir mit mehr Menschen zu tun haben, als unser Gehirn tatsächlich verarbeiten kann. Fehlverhalten, also Nicht-Kooperation, wird dann nicht mehr für alle transparent und damit unkontrollierbar. Deshalb verändern sich Verhalten und Entscheidungen, wenn Gemeinschaften über den Punkt hinauswachsen, bis zu dem jeder mit jedem zumindest flüchtig bekannt ist. Das Gespür für das Mögliche und Akzeptable wird immer abstrakter, wo persönliche Verantwortung und Scham das Verhalten nicht mehr intuitiv kontrollieren. Und was erfinden wir Sozial-Ingenieure dagegen? Institutionen und abstrakte, möglichst enge Regeln zur Kontrolle. Zum Beispiel: Wer darf mit wem schlafen und Kinder machen, und wer ist dann für die Kinder zuständig, und was erben die von wem? Und damit geht der Schlamassel los, schon in vormodernen Agrargesellschaften, in kleinen Dörfern und losen Verbünden von Siedlungen. Und es wird, mit dem Wachstum der Bevölkerung und der Urbanisierung und Verdichtung, immer schwieriger, Kooperation durchzusetzen. Deshalb schaffen wir mehr und tiefere Institutionen, Gesetze, Regeln, Normen. So etwas wie ein moderner Staat, als diffuses Gebilde, als Vertrag seiner Bürger untereinander, auf bestimmte Freiheiten zu verzichten, um andere garantiert zu bekommen, funktioniert nur (oder jedenfalls viel besser), wenn man die Familie als kleinste Einheit klar definieren, eingrenzen und damit steuern kann. Die Christdemokratischen Parteien der Gegenwart argumentieren heute mehr oder weniger genau so: Wir müssen die Familie stärken, um die Gesellschaft als ganze zu stärken.

Aus diesem inneren wie äußeren Zwang zu kleinen, autonomen Familien entwickelte sich, so die Autoren von »Sex. Die wahre Geschichte«, über die Jahrtausende der Zivilisation unsere Vorstellung von lebenslanger Treue, die uns heute »natürlich« vorkommt. Obwohl diese relativ monogame Zeit nur fünf Prozent der Menschheitsgeschichte ausmacht. Wir versuchen also heute, wenn man so rechnen will, in wenigen Minuten zu bekämpfen, was sich in uns einen ganzen Tag lang entwickelt hat. Deshalb hegen wir unsere Sexualität ein wie kein anderes Lebewesen. Obwohl fast kein anderes Tier auf dieser Erde so viel Sex zum Spaß hat wie wir, obwohl wir spürbar und messbar Lust auf mehrere Geschlechtspartner haben. Ryan und Jethá schreiben: »Das Ideal der monogamen Ehe kollidiert mit unseren angeborenen Trieben, und ausgerechnet auf diesem brüchigen Fundament gründen wir unsere heiligsten Beziehungen.«

Das Fundament stärken kann nur eine Sexualmoral, die alles außerhalb der Kernfamilie verbietet. Wenn jeder herumhurt, wie er oder sie will, hat die Obrigkeit weniger Kontrolle, muss sie mehr Lebensformen anerkennen, kommen die Bürger womöglich noch auf die Idee, sonstige Freiheiten einzufordern. Wenn die Obrigkeit aber durch eine (kirchliche) Sexualmoral quasi den Trieb der Menschen monopolisiert, besitzt sie ein wirksames Machtinstrument. Deshalb ist Sex seit der Sesshaftigkeit, spätestens seit der weiteren Zivilisierung der Antike, in der Hand der Mächtigen. Deshalb wurde er bis heute unterdrückt. Deshalb sah die Sexuallehre zu allen Zeiten unserer »Zivilisation« in den meisten großen Gesellschaften etwas anderes vor als das, wofür wir gebaut waren. Und bekämpfte die natürliche Sexualität. Fast immer, fast überall, in fast jeder Gesellschaft.

Man muss es sich noch einmal ganz klarmachen: Die eine große Konstante der menschlichen Zivilisation ist, neben technologischer Entwicklung und Krieg: der unterdrückte Sex. Quer durch die Menschheitsgeschichte gingen wir mit unbarmherziger Härte gegen alle vor, die »sündigen« wollten. »Für keine Sache hat der Mensch mehr Kühnheit und Raffinesse, mehr Schläue und Bosheit, mehr falsche Moral und Lüge investiert als für die Verdrängung des Eros. Für keine hat er schönere Kathedralen gebaut, tiefere Philosophien entworfen und grausamere Gesetze erlassen. Keine Sünde hat er brutaler, sadistischer, geiler und ausführlicher bestraft als die ›Sünden‹ des Fleisches«, schreibt Dieter Duhm. Durch die gesamte Menschheitsgeschichte zieht sich ein roter Faden: Der Kampf gegen, die Machtergreifung über, die Kapitulation vor dem Eros.

Wenn die Sesshaftigkeit als größte Katastrophe der Menschheit umstritten sein mag, weil sie uns auch auf den Pfad zu Fortschritt, Frieden (nach ziemlich viel Krieg) und längerer Lebensdauer, medizinischer Versorgung und geistiger Aufklärung setzte, so kann man vielleicht die sexuelle Unterdrückung als große Selbstverstümmelung der Menschheit bezeichnen. Höchstwahrscheinlich waren wir schon einmal sexuell sehr frei. Und versklavten uns dann selbst.

Der Trick der Sex-Tyrannen dabei ist die perverse Umdeutung von Sex als schmutzige, tierische, also für den Menschen unnatürliche Sünde. Nicht die Moral, die ihn unterdrückt, ist wider unsere Natur. Nicht die Liebe ist falsch. Nicht eine Gesellschaft, die sie verurteilt. Sondern der Mensch, der fühlt und will, was er eben fühlt und will.

Die Sexualmoral der Anständigen tut etwas Paradoxes: Sie deutet den natürlichen Vorgang von Verhüllung und Enthüllung um in etwas Schambehaftetes. Auf einmal ist die Enthüllung nicht mehr Erfüllung einer natürlich Sehnsucht, sondern »Sünde«. Sex, ursprünglich quasi-magische, fast transzendente Begegnung zweier Menschen, wird zu etwas Unreinem. Der Mensch schämt sich eines der heiligsten Geschenke, die er von der Natur bekommen hat. Wie paradox die gewaltsame Durchsetzung des »Natürlichen« ist, fiel lange niemandem auf. Keine Kreatur der Welt muss unter Androhung der Todesstrafe dazu gezwungen werden, sich »natürlich« zu verhalten. Es geht also bei den konventionellen Diskursen über Sex um etwas anderes als Natur. Es geht um Macht.

Durchgesetzt wurde diese selbstzerstörerische Manipulation von den Mächtigen, und das waren Männer. Unsere Vordenker, was Sexualität angeht, waren fast allesamt selbst erotisch völlig ausgetrocknet. Egal, ob Kirchenmänner, die sexlos starben, Sigmund Freud, der mit dreißig jungfräulich in die Ehe ging – Freuds Vater drohte, den Penis des jungen Sigmund abzuschneiden, wenn dieser nicht mit seinem ewigen Masturbieren aufhörte – oder auch Charles Darwin, der wahrscheinlich wenig oder kaum sexuelle Erfahrungen hatte, als er seine Cousine einen Monat vor seinem dreißigsten Geburtstag heiratete. Laut einer Anekdote war er der einzige Mann auf der »Beagle«, seinem Schiff, der sich nach der monatelangen Enthaltsamkeit auf hoher See nicht mit den einheimischen Frauen einließ, denen die Männer auf ihrer mehrjährigen Forschungsreise begegneten. Darwin blieb an Bord und katalogisierte die Insektensammlung.

Ganz zu schweigen von Hardlinern wie dem sadistischen Amerikaner John Harvey Kellogg, Schöpfer der berühmten Cornflakes (die übrigens wirklich gegen die Krankheit namens Masturbation erfunden wurden) und zu seiner Zeit einer der führenden Pädagogen auf dem Gebiet der Sexualerziehung, der einmal voller Stolz sagte, er habe in den vierzig Jahren seiner Ehe niemals Geschlechtsverkehr mit seiner Frau gehabt. Einläufe ließ er sich hingegen gern geben. Und empfahl, Jungen die Vorhaut mit Silberdraht zunähen zu lassen, um die Erektion zu verhindern. Mädchen ließ er die Klitoris mit Karbolsäure verätzen.

Jahrhundertelang haben wir uns die Regeln, was man sexuell dürfen sollte und was nicht, von sexuell völlig unfähigen und unerfahrenen Männern vorgeben lassen. Der Bock war nicht nur

Gärtner im Garten der Lüste, er sagte auch allen Gärtnern, was sie zu gärtnern hatten. Kein Wunder, dass dabei sehr seltsame Ergebnisse herauskamen. Und kein Wunder, dass Frauen besonders darunter zu leiden hatten. Aber, ganz ehrlich: Ist das heute besser?

9. SCHLAMASSEL IM SCHLARAFFENLAND

»Von allen sexuellen Perversionen ist die Keuschheit vermutlich die Perverseste.«

RÉMY DE GOURMONT

Einen Tag lang war unsere Sexualität unterdrückt. Seit fünf Minuten ist sie frei. Es waren bis jetzt fünf sehr turbulente Minuten. Und nicht sehr erfolgreiche. So frei, wie wir sind, könnte man meinen, wir würden endlich glücklich werden mit unserer sexuellen Natur. Aber ebenso wie wir frei wären, uns genug zu bewegen, um glücklich mit unserem Bewegungsdrang zu werden, und viele Menschen trotzdem kaputte Rücken haben und künstliche Hüften brauchen, weil sie es eben *nicht* tun – ebenso ist auch das sexuelle Glück heute oft nur ein Konjunktiv.

Also: Was ist *wirklich* natürlich? King James von England war der erste Hobbyforscher, der herausfinden wollte, was natürlich ist. Er ließ einige Kinder nach der Geburt in totale Isolation stecken, um wenigstens die natürliche Sprache herauszufinden. Am Ende brabbelten sie unverständliches Zeug. Plato behauptete vor 2500 Jahren, Menschen wären natürlicherweise einst androgyne Zwitter gewesen, glücklich in ihrer Auto-Monogamie. Zeus fand das aber lächerlich und teilte uns in Hälften. Seitdem muss jeder Mensch seine natürliche andere Hälfte finden. Poetisch, ja. Aber wohl eher nicht wahr.

In »The Myth of Monogamy« von Barash und Lipton heißt es: »Die Belege sind überwältigend, dass Monogamie für Menschen nicht natürlicher ist als für andere Lebewesen.« Und dass Tiere eher polygam unterwegs sind, würde kaum jemand bestreiten. »Ganz sicher aber«, so die Autoren weiter, »gibt es keine Belege, weder aus der Biologie, der Primatologie oder der Anthropologie, dass Monogamie in irgendeiner Weise ›natürlich‹ oder ›normal‹ für Menschen ist. Im Gegenteil gibt es viele Belege, dass Menschen lange Zeit mehrere verschiedene Sexpartner hatten.«

Was also tun, um wieder »natürlicher« zu leben? Gegen Bewegungsmangel haben wir den Sport erfunden. Was erfinden wir für natürlicheren Sex? Polyamorie? Offene Beziehungen? Kommunen gründen, in denen wir leben wie unsere Vorfahren in der Savanne? Ryan und Jethá hüten sich davor, fertige Lösungen anzubieten. Ihr Ansatz blieb nicht ohne Kritik, denn die Autoren sammeln Belege natürlich selektiv. Spermakonkurrenz und andere Ideen sind heftig umstritten. Alles kann auch ganz anders gewesen sein, damals. Bis zur überfälligen Erfindung einer leistungsstarken Zeitmaschine werden wir nie ganz herausfinden, wo genau wir herkommen. Aber dass früher vieles anders war als heute, das ist ziemlich sicher.

Das bedeutet aber wiederum auch nicht, dass Monogamie im Umkehrschluss »unnatürlich« ist. Menschen sind sehr flexible, adaptive Lebewesen, vor allem was ihren sozialen Kontext angeht. »Natürlich« ist für uns womöglich einfach das, was in einer bestimmten Situation am besten passt. Eine sehr lange, prägende Zeit war das die Polygamie. Dann ergab die Monogamie in gewisser Hinsicht zumindest ökonomischen Sinn. Die Nuklearfamilie als ihre Institutionalisierung half entscheidend, unsere großen, sich schnell entwickelnden Gesellschaften zu formen. Damit war sie nur natürlich für einen Menschen, der sich entwickeln wollte.

Und was wäre heute *natürlich*?

Man braucht keine der vielen Studien zitieren, wonach Menschen sexuell nicht erfüllt sind, schlechten, falschen, gar keinen Sex haben. Und zwar nicht »schlecht« im Auge irgendeines Experten. Sondern schlecht, weil sie dauerhaft nicht zufrieden, nicht befriedigt sind. Man braucht nur ins Zeitschriftenregal zu schauen. Ins Fernsehprogramm. In die Gesichter an den Stammtischen. Oder in den Spiegel. Ganz ehrlich: Wer kann von sich schon behaupten, alle sexuellen Wünsche erfüllt zu bekommen?

Der Psychologe Dieter Duhm schreibt in »Der unerlöste Eros« sogar: »An unbewältigter Sexualität leiden und erkranken heute mehr Menschen als an Umweltgiften.« Man muss es keine Krankheit nennen. Nur einen Mangel, der manchmal krank machen kann. Sex war immer ein Mangel. Heute müsste er das nicht sein. Wir aber scheinen akzeptiert zu haben, mit der Muttermilch aufgesogen, auswendig gelernt und verinnerlicht: Sex ist Mangel. Dabei bleiben wir. Zu weit zurück reicht wohl unsere Urerfahrung von Sehnsucht und Verlangen, das nicht gestillt wird.

Kaum kann der Mensch zeichnen, zeichnet er Sex. Die ältesten Funde von erotischen Zeichnungen gehen bis zu 20000 Jahre zurück. In abgelegenen französischen Höhlen fand man Darstellungen von nackten Körpern, Geschlechtsteilen und, naja, Sex.

Sex, vor allem aber die Sehnsucht danach, das unerfüllte Verlangen lebt in Mythologie, Literatur, in fast aller Kunst und Kultur. »Die Literaturgeschichte vom Gilgamesch-Epos bis zu Kafkas Schloss ist untergründig beherrscht vom Thema der unerreichbaren sexuellen Frucht«, schreibt Dieter Duhm. Das Objekt der Begierde liegt in einem weit entfernten Land, wird gehütet von Dämonen. Wer sie erreichen will, muss viele Gefahren auf sich nehmen und Hindernisse überwinden – wie die Spermien auf dem Weg zur Eizelle. Der Mensch scheint diese Sehnsucht, diesen Konflikt zwischen Soll-Zustand (Trennung) und Ist-Zustand (Vereinigung) immer wieder zu wiederholen. Inwieweit *Mangel* oder, romantischer ausgedrückt, *Sehnsucht* die essenzielle Erfahrung aller

Lebewesen ist, ohne die es kein Leben geben könnte; inwieweit Natur immer zuerst ein ungestilltes Verlangen impliziert, egal, ob wir es Hunger, Begierde oder Sehnsucht nennen, wäre ein Thema für ein anderes Buch.

Der Mensch kann nicht anders, denn er kennt nichts anderes. Die Erfüllung unserer Wünsche scheint uns manchmal nicht voranzutreiben, sondern zu ängstigen.

Wir haben einen Mangel verinnerlicht, den wir uns vor allem selbst auferlegt haben und immer noch auferlegen. Wir haben eine »Preis gleich Wert«-Mechanik eingesetzt, um den Mangel in etwas Gutes zu verwandeln. Wir machen uns glauben: Erst wenn mich etwas viel kostet, beispielsweise den Verzicht auf alle anderen Angebote, dann ist es etwas wert. Nur dann macht es mich glücklich. Nur dann ist es gut.

Zu Paul und Jelenas Geschichte, die am Beginn dieses Buches steht und im November 2015 zuerst im SZ-Magazin erschienen war, kommentiert eine Lila auf Facebook: »Wieso hat ein Teil dieser Welt nicht begriffen, dass der Schlüssel zum Glück nicht ›alles zu haben‹ ist, sondern manchmal ›Verzicht‹ heißt.« Sie überträgt damit eine Logik der selbst motivierten Verknappung, wie sie bei Ernährung oder Arbeit heute in ist, auf Sex und Liebe. Der Schlüssel zum Glück soll ein spürbares *Weniger* sein – statt einer Auslotung und Befriedigung möglichst aller Bedürfnisse. Diese Problematisierung von Sex hat eine so lange Tradition, ist so fest in unserer Kultur verwurzelt, dass es uns schwer fällt, sie noch von unseren tiefliegenden Wünschen zu unterscheiden. Die aber legt die gute alte Wissenschaft langsam frei.

Wir, Frauen wie Männer, wollen Sex. Eher mehr als weniger. Und zwar mit mehreren Partnern. Weil das aber unserem monogamen Beziehungsideal widerspricht, sind wir ratlos, unglücklich, unbefriedigt. »Chronisch untervögelt«, wie der Volksmund sagt. Kaufen Gadgets in Sexshops, lesen Ratgeber, üben Kamasutra.

Wollen uns partout nicht eingestehen, dass da eigentlich viel mehr ist. Und haben statt mehr tendenziell sogar eher weniger Sex. Die sogenannten Millennials, also Menschen, die rund um 1990 geboren wurden, haben (in den USA) laut einer Befragung weniger Sex als junge Erwachsene dreißig Jahre zuvor. Die Zahl der erwachsenen Jungfrauen in diesem Alter stieg von sechs Prozent 1960 auf 15 Prozent!

Sex könne aus der Mode kommen, behauptet der Autor Malte Welding in seinem Buch »Frauen und Männer passen nicht zusammen – auch nicht in der Mitte«, und momentan passiere genau das. Er könnte falscher nicht liegen. Sex ist niemals in und niemals out. Sex ist immer die Nummer Eins. Sex, so fragt sich Welding selbst, ist höchstens »wie McDonald's – jeder macht's, aber keiner gibt es zu?«

»Aus der Mode kommen« ist die Fehlinterpretation der Konflikte, die zwischen Soll und Ist aufbrechen, zwischen Trieb und Vernunft und Moral, nicht zuletzt zwischen polygamer Natur und monogamer Kultur, und die heute unübersehbar geworden sind.

Es gibt eine Konstante: Unseren Trieb. Er war hoch, ist hoch, wird hoch sein. Dieter Duhm schreibt: »Man erfinde eine Infrarotkamera, die in der Lage ist, die heimlichen Gedanken und Phantasien der Menschen aufzunehmen, zum Beispiel beim Bummel durch die Stadt, beim Gang durch den Supermarkt, in der Pause eines Theaters, bei der Frankfurter Buchmesse usw. Wenn wir sehen könnten, was da überall an allen Ecken und Enden aufblitzt an sexuellen Gedanken, meist nur für Sekunden, bis es sogleich wieder verdrängt wird – wir befänden uns in einem Inferno der Sexualität, das unsere kühnsten Vorstellungen weit übersteigt.«

Vielleicht, nein: ganz sicher übertreibt Duhm etwas. Nicht jeder hat eine so blühende Phantasie. Nicht jede hat einen gleich starken Trieb. Viele Menschen sind in ihrer Beziehung sexuell zufrieden. Und manche Menschen haben auch einfach andere Sorgen und Träume. Die Zahlen variieren: mal denken Männer angeblich 100 Mal, mal nur 20 Mal, Frauen sogar »nur« elf Mal täglich an Sex. Mal ist Essen und Schlafen häufiger mentales Thema, mal nicht. Aber wenn wir diese drei Grundbedürfnisse – Schlafen, Essen, Sex – als mehr oder weniger gleichberechtigte Tagesordnungspunkte unserer inneren Agenda nehmen, stellen wir fest: Wir alle schlafen ein Leben lang ausreichend und die meisten so, wie er oder sie es am liebsten mag. Wir alle essen ein Leben lang, worauf wir Lust haben und was gesund für uns ist (was sich manchmal widerspricht, dann müssen wir uns entscheiden). Der inzwischen völlig unüberschaubare Diskurs um die »richtige« Ernährung, um Nahrungsmittelunverträglichkeiten und Diäten ist ein sehr gutes Beispiel für Aufklärung, die erst einmal in Unsicherheit führt. In den letzten 10, 15 Jahren hat Essen und seine medizinische Dimension einen solchen Stellenwert in westlichen Gesellschaften gewonnen, haben Diäten wie die Paleo-Steinzeiternährung oder Veganismus großen Zulauf erfahren, sind alte Gewissheiten (»Kohlenhydrate sind wichtig«) überprüft und abgeschafft worden, dass momentan niemand mehr so wirklich weiß, was richtig und was falsch ist. Man könnte meinen: Ernährung ist der Nahostkonflikt der Lebensstile. Jeder hat recht, alle sind schuld.

Und nun, Hand aufs Herz, wie viele von uns haben ein Leben lang den Sex, den sie gerne hätten? Es bleibt, seit wir denken können, bei einer Tatsache: Alle machen und wollen und suchen Essen, Schlafen, Sex. Diese drei Dinge werden nicht langweilig. Und sind zum Glück für uns heute zugänglich. Aber nur den Sex erlauben wir uns selbst nicht.

Deswegen ist Weldings Beobachtung an unserer Gesellschaft, Sex käme aus der Mode, so zutreffend, wie an einer muslimischen Gesellschaft im Ramadan festzustellen, Essen käme aus der Mode. Wo immer wir keinen Sex haben, üben wir den Verzicht aus eigenem, manchmal uns selbst widersprechendem Antrieb. »In der

Mitte zusammenpassen« tun wir sehr, sehr gut. Männer und Frauen, Frauen und Frauen, Männer und Männer. Das Problem liegt oben herum, wo unpassend gemacht wird, was eigentlich passt.

Dass Menschen, wenn sie denn können, weit mehr Sex haben, als es für die Fortpflanzung nötig wäre, zeigt seine Bedeutung weit über das rein Geschlechtliche hinaus. Sex bekam vermutlich eine wichtige soziale Nebenfunktion zur Stärkung der Netzwerke der Horde. So kommen Menschen auf (an sich unnötige) Hunderte oder Tausende von Kopulationen pro Geburt. »Wir sind ein Tier, das dafür gebaut ist, regelmäßig zu kopulieren«, sagt Helen Fisher. Selbst wenn wir sämtliche Phantasien, Träume und Masturbationen nicht mitzählen, übertreffen sie alle ihre verwandten Menschenaffen. Wir sind der erzählende, liebende, rammelnde Affe.

Was würden der arme James Britton und die arme Mary Latham dazu sagen, dass wir zwar endlich dürfen, was sie umbrachte – aber uns dennoch so schwer tun, vielleicht sogar schwerer denn je? Was würde wohl ein Bauer aus dem Mittelalter zu unserem Sexualverhalten sagen? Ein Leibeigener, der sich in seinem ganzen Leben maximal einen Sexualpartner leisten konnte? Eine rechtlose Frau, die irgendwann vor unserer Zeit zwangsverheiratet wurde? Was sind wir für eine komische Spezies, die das Beste, was sie hat, nicht feiert, sondern darum herumschleicht wie ein Einbrecher um ein Haus in der Nacht? »Nirgends werden wir so von klein auf zur Lüge gezwungen wie in der Sexualität. Nirgends hat sich die Unwahrheit so tief in uns eingefleischt und ist uns so sehr zur zweiten Natur geworden wie im sexuellen Bereich«, schreibt Dieter Duhm.

Unser heutiges Problem liegt in einer tiefen Ambivalenz: Sex wird einerseits viel zu ernst genommen. Und andererseits nicht ernst genug. Es wird wahnsinnig viel *über* Sex geredet. Aber nicht davon erzählt. Wir wissen gar nicht genau: Was ist Sex eigentlich? Warum und Wozu?

Ist er eine Notdurft, ein Zwang, dem wir nachgeben, den wir

aber am liebsten einfach ausschalten würden? Ein Instrument, durch das »Wesen auf dieser Erde bedingt miteinander in Kontakt treten können, ohne einander aufzufressen« (Anand Buchwald)? Ein soziales Medium, das von der Evolution auf die reine Fortpflanzungsfunktion aufmontiert wurde? Die »Weltmacht Nummer Eins« (Dieter Duhm), ein »allerfeinstes Nervensystem«, das den gesamten Körper einer Gesellschaft durchzieht, ein »ungeheurer Starkstrom«? Ein riesiger Haufen Spaß? Die Vereinigung zweier Menschen als der eigentliche Sinn des Lebens?

Von allem ein bisschen?

»Ich merkte, dass die Menschen voller Schuld und Scham sind«, sagt der berühmte zeitgenössische Künstler Jeff Koons. »Es fällt ihnen schwer, sich zu akzeptieren. Sexualität hat so viel mit dem Mangel an Selbstakzeptanz zu tun.« Wir merken: Sex ist fast immer da. Sex ist wie Atmen. Aber diese Atmung scheint an vielen Stellen gehemmt.

Vor allem in Bezug auf Beziehungen laden wir Sex immens mit Bedeutung auf. Er ist der Gradmesser, Schiedsrichter und die Münze, die wir werfen, um über unsere Beziehungen zu richten. Mit so viel Projektion wird Sex zum Symbol für eine umfassende, lebenslange Treue, wird er aufgeladen mit Wünschen, Idealen und Ängsten. Wir betreiben eine nahezu metaphysische Überhöhung von Sex. Aber nicht ins Positive. Nicht um unsere Freude daran zu steigern. Sondern um uns selbst wieder Grenzen zu setzen. Um unsere Angst zu kontrollieren.

Wir sind schizophren: Einerseits ist uns Sex so wichtig, dass wir hierfür unsere Partner belügen oder verlassen. Er rumort in uns und den geliebten Menschen, lässt uns keine Ruhe. Er bestimmt unsere Leben.

Und andererseits schätzen wir ihn gering als etwas Schmutziges, Niederes, Lässliches. Würden ihn am liebsten wieder ins Private verbannen und vergessen. Lügen uns selbst vor, dass er nicht so wichtig ist. Tun so, als wären wir, zivilisiert und intellektualisiert, darüber erhaben. Als wäre der Trieb etwas, das man sich wie Brutalität irgendwann abgewöhnt, wenn man nur die Evolutionsleiter hoch genug klettert. Es war ja »nur Sex«, heißt es abfällig über einen One-Night-Stand oder eine »Affäre«. Als ob darin nicht auch eine Bedeutung läge. Und gleichzeitig reicht uns dieser »nur Sex« völlig aus, um Beziehungen zu zerstören, Eltern auseinanderzubringen, Prozesse zu führen.

Wie viel Sexglück braucht also ein gelungenes Leben? Was soll man sich erlauben, was darf man verlangen, was muss sein? Wann ist man zu bescheiden, wann zu gierig?

All das diskutierte ich mit einer sehr schlauen, schönen Freundin. Sie brachte das Dilemma auf den Punkt: »Steht Sex überhaupt in Zusammenhang mit Beziehung – jetzt mal abgesehen von der Fortpflanzung???«, schrieb sie mir aufgebracht. »Wenn Partner statistisch gesehen mit den Jahren weniger Sex haben – ist das nicht ›normal‹, also im Sinne von: Ist die Dopaminausschüttung und der regelmäßige Sex nicht die biologische Notwendigkeit für Familiengründung und Beziehung, und ist der Normalzustand, nicht der Zustand ohne Dopamin und mit eher wenig Sex, weil es ja SCHLIESSLICH AUCH NOCH ANDERE SACHEN IM LEBEN GIBT ALS SEX!!!! Und ein stabil unglücklich und resignierendes Gefühl in Beziehungen – ist das jetzt bei Singles anders!?!?! Ist das nicht NORMAL? Muss ich zur THERAPIE?«

Das ist die entscheidende Frage: Was ist denn jetzt »normal«, im Sinne von: ein gesunder, machbarer Anspruch? »Ich wünsche euch ewige Begierde«, gab ein Freund auf einer Hochzeit dem Brautpaar einmal mit auf dem Weg. Ist das ein neues Ideal? Noch mit 60, 70 übereinander herzufallen? Zur Not eben immer wieder neue Menschen zum Übereinanderherfallen finden? Oder ist das kurze

Aufflammen und die Erinnerung daran, fleischgeworden in gemeinsamen Kindern, nicht mehr als genug?

Ich glaube, die Antwort liegt in der Frage nach der Familie. Ist denn die einmalige Familiengründung, wie wir sie kennen (bzw. heutzutage ja fast eher 1,4 malige, weil Patchwork) das »Normale«? Wenn *eine* Familiengründung normal ist, ist auch einmal wirklich tief verlieben normal und natürlich, *einmal* diese vier Jahre Dopaminflut, und *einmal* danach in eine sanfte Flaute, und dann sitzt man zusammen am Meer und isst Fisch und wird langsam alt und ist zufrieden. Dann wäre der Anspruch auf mehr oder länger oder gar lebenslang Dopamin durch Sex usw. überzogen, schädlich gar, weil er das »in Würde zusammen langweilig werden« fast sabotiert, mindestens aber dabei stört. Und das »stabil unglückliche und resignierende Gefühl« in Beziehungen, das meine Freundin scharf erkannte, und das eben auch Singles haben, nur allein, wäre so normal wie der normale Bauch außerhalb der ein bis fünf Schwangerschaften, die man aus der *einen* Liebe erlöst. Dass wir uns meist mehrmals verlieben, Beziehungen eingehen und wieder auflösen, vor dieser *einen* zentralen Familiengründung und heutzutage sogar oft noch ein paar Mal danach, ist ein Geschenk einer immens verlängerten Lebensspanne. Aber eben reiner Bonus.

Und jetzt kommt das *aber*: Ich glaube, wenn man ausgeht von »natürlich« im Sinne von »was hat die Evolution und ihre Gehilfin, die Biologie, mit uns vor«: Wieso sind dann ausnahmslos! alle Menschen in der Lage, mit mehreren Partnern mehrere Kinder zu bekommen? Und zwar mit immer wieder gleich großer Freude? Wieso schüttet das alles theoretisch immer wieder massenhaft Dopamin aus wie ein Barkeeper Freibier? Sex und Verlieben und Kinder kriegen und wieder von vorn – ist es das? Müsste dann nicht unser Belohnungssystem darauf ausgerichtet sein, mit dem *einen* Partner und der *einen* Familie etwas zu entwickeln, das stärker ist als der neue Reiz?

Was will die Natur von uns?

Ich glaube, die Indizien sind klar: Ursprünglich war unser Liebesleben lebenslang ein reines Dopamin-Karussell. Verlieben, fortpflanzen, neu verlieben. Warum? Weil wir es können. Weil es auf allen Ebenen gut für uns ist. Weil selbst die negativen Gefühle dabei, das Balzverhalten, die Eifersucht, das Besitzdenken, uns als Individuen und Spezies stärker gemacht haben. Weil die sozialen Aspekte, die mehrfach verschränkten Bindungen, die nötige Kommunikation, uns als Horde stärker gemacht haben. Weil es gut für uns war.

Dann kam die Idee der Monogamie. Und jetzt stellen wir uns paradoxerweise die Fragen, die meine Freundin formuliert hat: Ist denn die resignierende, unglücklichere Variante nicht auch okay, vielleicht sogar »normal«? Und muss sie zur Therapie, um ein unnatürliches Unglück, das wir nicht akzeptieren können, irgendwie ertragen zu können?

Wir haben in den letzten Jahrzehnten das alte Modell so modifiziert, dass es für uns besser lebbar wird. Wir nennen es die serielle Monogamie. Wir erlauben uns, schizophren zu sein. Einerseits einen Partner nach dem anderen auszuprobieren. Und dabei immer nach dem lebenslangen Glück zu suchen. Das ist okay so. Sex und Liebe sind heute eine Frage des Lebensstils. Fortpflanzung ist keine Existenzsicherung mehr. Die serielle Monogamie nutzt die Freiheiten, uns wenigstens ein bisschen zu befriedigen. Sie ist ein Kompromiss, der für manche besser, für viele nicht so gut funktioniert.

Wenn Sex im ersten Schritt ursprünglich eine Quelle für allerlei natürliche Drogen, für Dopamin und Adrenalin und nicht zuletzt Oxytocin war, das uns einander näherbringt; und leider, im zweiten Schritt, auch ein gesellschaftlich normiertes Schlachtfeld der Konditionierungen, Ideologien und Ängste, ist das, was wir brauchen, ein neues *Dazwischen.*

Wir müssen verinnerlichen, dass Sex magisch sein kann, aber nicht muss. Dass er wichtig ist, sehr wichtig, aber nicht alles. Dass er wichtig genug ist, dass man drüber redet, und zwar *wirklich* redet, über *alles*. Aber nicht wichtig genug, um deswegen Menschen und Beziehungen kaputt zu machen. Dass wir zwar befreit sind. Aber noch lange nicht frei.

Freier, selbstbestimmter, glücklicher Sex ist keine Erniedrigung, sondern eine Erhöhung des Selbst. Die Zeit, die wir mit Sex verbringen, ist deshalb so kostbar, weil dabei etwas sehr, sehr Seltenes passiert: Wir werden eins. Wir überkommen den Fluch der Trennung. Wir übertreten diesen unendlich tiefen Graben zwischen uns. Wir treffen uns in der Mitte. Das Wunder dabei ist: Jeder für sich wird mehr er oder sie selbst. Man transzendiert diese Welt, hinüber in eine andere. Man ist für einige Augenblicke eindimensional, man ist nur noch Lust. Keine Metaebene. Kein Glaube. Keine Angst. Man ist weder Beruf noch Biographie, noch Stärken, noch Schwächen. Noch einmal Dieter Duhm: »Sex, sinnliche Liebe, Lust, Wollust ist ein umfassender organischer Vorgang, der weit über den Begriff einer physiologischen Triebbefriedigung hinausgeht. Man hat wunderbar gefickt, und man strahlt wie eine Pfingstrose, weil man gerade eine Welt im Arm hatte und an der Quelle war.«

Dass Sex als evolutionäres Wunder, als Geschenk der Natur oder von mir aus von Gott (wenn es ihn denn gibt) an uns selbst etwas ist, das wir feiern, nicht mit gerunzelter Stirn totanalysieren sollten, haben wir fast vergessen. »Sie machen aus Sex ein Problem, weil ihnen die Liebe fehlt«, schrieb Jiddu Krishnamurti, ein indischer Philosoph. Ich glaube, er meinte damit nicht die Liebe zwischen zwei Menschen, mit Heiraten und Kinder kriegen und so weiter. Sondern die Liebe zu uns selbst, zu unseren Körpern, unserer Natur. Die Eigenliebe jedes einzelnen und die Eigenliebe der Spezies Mensch für sich selbst als soziale Wesen.

Wir brauchen nur eine Folge »Sex and the City« schauen, und wir merken: Wir leben in einem sexuellen Schlaraffenland. Und sind dennoch unzufrieden. Die Probleme, die mit unserer Freiheit einhergehen, das Dilemma, noch zu wissen, was man wollen soll, wenn man nahezu alles darf, was man will, ist so groß, dass wir eine wichtige Frage nicht mehr stellen: Wie will ich *wirklich* leben? Louise, die uns ihre Liebesgeschichte erzählt, sagt: »Wie will ich leben? Wie will ich lieben? Das ist doch das Wichtigste auf der Welt. Da ist nichts, wofür ich mich schämen muss.«

Sexualität wird nicht mehr unterdrückt wie früher. Obrigkeiten und Kirche haben uns nicht mehr viel zu sagen. Also unterdrücken wir uns selbst. Auch, weil wir uns von unseren Ängsten leiten lassen, nicht von unseren Wünschen. Vor allem von der Angst, bei dem Spiel der Sexualität zu verlieren. Und diese Angst nennen wir: Eifersucht.

Jakob & Francesca

Francesca ist blind. Ihre Augen sind verbunden. Sie spürt die anderen Menschen im Raum nur durch sanfte Berührungen. Finger auf ihrer Haut. Umarmungen. Atem an ihrem Hals.

Auf einmal eine vertraute Hand. Und diese langen Locken. Sein Geruch.

»Jakob«, denkt sie. Sie atmet ein. Wieder aus.

Dann entfernt er sich von ihr. Sie wird berührt und umarmt. Sie hört Musik und Bewegungen. Die Dunkelheit schärft ihre Sinne. Sie riecht und hört mehr. Fühlt mehr. Die Dunkelheit wird zu Wasser, in das sie sich fallen lässt. Sie schwebt.

Wo ist Jakob? Kommt er wieder? Wann?

Francesca befindet sich in Level 1 von *Secret Service*, einer Performance des Künstlers Felix Ruckert. Hier sollen Besucher wie Francesca nicht Tanz anschauen, sondern selbst tanzen. Nicht nur Kunst *anschauen*, sondern selbst zu Kunst *werden*. Deshalb die Augenbinde. Deshalb die Umarmungen, die Nähe.

Als er sie in der Dunkelheit berührt, wissen Jakob und Francesca seit einigen Monaten voneinander. Sie lernen sich in einer Klasse der Choreographin Sasha Waltz kennen. Beide sind ausgebildete Tänzer. Francesca, die Italienerin mit den Haselnussaugen und dem warmen Lächeln, das strahlen kann wie ein Morgen am Meer, war Jakob schon in anderen Klassen aufgefallen. »Man ist in diesen Cliquen, geht auf die gleichen Partys, man kennt sich«, erzählt er.

Aber erst nach einigen Wochen treffen sie sich bei Starbucks auf einen Kaffee. Francesca, gebürtige Sizilianerin, nach Berlin gekommen um zu tanzen, findet diesen wilden Mann anziehend. »Aber ich hatte auch ein bisschen Angst vor ihm. Die langen Haare, die Lederklamotten, die intensiven Blicke!«

Wenn sie heute davon erzählen, in ihrer chaotischen Erdgeschosswohnung in Berlin, das eine Kind mit der Oma draußen, das andere auf Francescas Arm, beide in Trainingshosen, überall Teetassen, Brei für das Baby, Spielsachen, wenn sie wie eine ganz normale Familie in ihrem Zuhause wirken, glücklich und gestresst gleichzeitig, dann lachen sie beide über die wilden Anfangszeiten. Sie scheint ihn gezähmt zu haben oder er sie, oder sie sich gegenseitig ein bisschen. Auch wenn ihnen dieses Wort nicht gefallen würde.

Damals sind Jakob und sie in der Berliner Tänzerszene unterwegs. Er beschäftigt sich viel mit Sexualität, BDSM, Polyamorie. »Das war und ist Teil meiner Arbeit«, sagt er. »Und private Neugier zugleich. Ich vergleiche Sex gerne mit Tanz. Jeder kann tanzen, im Club, zum Spaß. Und dann gibt es Leute, die Tanz als einen Prozess begreifen. Sich bewusst damit auseinandersetzen, lernen, eine Ausbildung machen wollen. Nicht um besser zu werden, sondern bewusster. So hat jeder eine Beziehung zur Sexualität. Aber die einen gehen bewusster heran als die anderen. Ich wollte mich erfahren. In jeder Hinsicht.«

»Jakob kann sehr eindrücklich sein«, sagt Francesca. »wenn er mit seinen starken, behaarten Armen gestikuliert. Wenn er von Macht und Unterwerfung spricht. Wenn er sich zu mir lehnt, die Augen aufreißt. Und er wollte mich ›massieren‹. Das war mir fast zu viel am Anfang.«

Er ruft sie an, schreibt SMS, aber sie reagiert nicht. »Ja klar, er will eine ›Massage‹, dachte ich.« Sie bleibt erst einmal die stolze Südländerin. Lässt den Mann kommen. Doch als sie mit Jakob, ihrem Mitbewohner, und einer Freundin essen geht, macht Jakob die Freundin an. Francesca ist sofort eifersüchtig. »Der gehört doch mir!«, denkt sie, obwohl sie ihn noch gar nicht kennt. Aber da ist etwas, was sie gern hätte. Eine Chance. Eine Möglichkeit. Eine Variante einer Zukunft, die sie neugierig macht. Und die niemand haben soll, außer ihr.

Ein paar Tage später muss sich Francesca einer ambulanten Operation unterziehen. Sie braucht jemanden, der in der Nacht vorher bei ihr ist. Keiner ihrer Freunde und Mitbewohner ist in der Stadt. Also fragt sie Jakob.

»Er war sehr präsent in meinem Kopf. Spätestens seit den Berührungen bei *Secret Service*. Es fühlte sich natürlich an, dass er zu mir kam.«

»Ich wollte die Situation nicht ausnutzen«, sagt er. »Ich war als Unterstützung da. Mehr nicht. Aber dann hat sie die Initiative ergriffen.«

»Es war klar, dass er die Nacht bei mir verbringt, aber nicht bei mir im Bett«, sagt sie.

»Es gab ja nur ein Bett«, sagt er.

»Na gut, es war spät, ich war müde, und ich bin auf dich herabgesunken …«, lacht Francesca, und ihre Augen glitzern.

Sie spürt wieder seine Locken, seine Berührungen. Aber diesmal auch: Ein Kuss. So bleibt er bei ihr. Schläft bei ihr im Bett. Hält sie fest. Gehört er jetzt ihr? Kann man einen Menschen besitzen? Kann jemand *diesen* Mann besitzen?

Jakob hat eigentlich eine Affäre mit Sophie, einer Tantra-Masseurin. Als er wenig später von einem Familienbesuch in New York zurückkommt, will er lieber von Francesca als von Sophie vom Flughafen abgeholt werden. Eine erste kleine Entscheidung. Zusammen fahren sie nach Sizilien in ihre Heimat. Für ihre Familie ist er ihr Freund. Aber »offiziell« sind sie noch nicht zusammen. »Es war Berlin, wir sind Tänzer. Niemand war damals *richtig* zusammen« sagt Jakob. Besitz, Ausschließlichkeit, Ansprüche – alles Begriffe, die sie und ihre Freunde eher meiden. Damit will niemand etwas anfangen können. Sie versprechen sich erst einmal, sich zu erzählen, wenn einer etwas mit jemand anderem hat. Dann haben sie zusammen Sex mit Sophie.

»Das war gut«, sagt Francesca. »Ich war eifersüchtig, bis wir uns zu dritt getroffen haben.«

Sie holen einfach so jemanden dazu?

»Ich empfehle das sehr, wenn es Spannungen zwischen Ex-Freundinnen gibt«, sagt Jakob.

Es scheint, als wäre es für beide völlig normal. Als stünden sie beide auf derselben Seite, ganz selbstverständlich, auf der man einfach tut, was man will.

Francesca interessiert sich auch für Tantra, für bewusste Sexualität, geht zu Workshops. Sie will einen Prozess durchleben, nicht nur lesen. Aber sie kommt auch aus dem katholischen Sizilien. Sie hat »die Idee von dem Prinz und der Prinzessin, die klassische Vorstellung. Ein Mann fürs Leben. Nur einen. Das ist bis heute schwierig für mich.«

Gemeinsam wollen sie sich ausprobieren. Etwas erleben. Miteinander.

Also gehen sie in einen Swinger-Club, die »Tempel-Oase«. Der »Swinger-Club für tolerante Paare« bewirbt sich auf seiner Homepage als »Quelle sinnlicher Lebensfreude, ca. 1000 qm auf mehreren Etagen. Hier können Sie in ein Zeitalter antiker Kulturen tauchen, die Verführung durch den Zauber des Nahen Ostens spüren, eine Erlebnisreise fürs Auge, imposante Lichteffekte im Bar- und Discothekenbereich schmeicheln der Seele.«

»Das war ganz spießig«, sagt Jakob und schüttelt den Kopf wie über schlechtes Wetter. »Wir waren die jüngsten Menschen dort. Nur ein anderes Paar war in unserem Alter. Mit denen haben wir auch was angefangen.«

»Es war schon gut«, sagt Francesca, als erzähle sie von einem komischen, aber angenehmen Traum. »Diese seltsame Swinger-Szene.

Wir dachten: *know your enemy*. Wir haben uns zusammen darüber lustig gemacht.«

Irgendwann später, erst nach Monaten, definieren sie einen Tag im April als den Beginn ihrer festen Beziehung. Zusammen experimentieren ist erst einmal wichtiger.

»Wir wussten nicht genau, wo wir hingehen. Also haben wir viel ausprobiert«, sagt Jakob.

»Aber wir haben viel zu lange darüber gesprochen«, sagt Francesca heute. »Ewig.«

Sie wollen es *richtig* machen, ohne Besitzdenken, ohne Eifersucht. Sie wollen besprechen, was schwer zu fassen ist. Ausgerechnet sie, die leichtfüßigen, ungebundenen, freien Menschen, geben ihren Luftschlössern eine Schwere.

»Tänzern fällt das Tanzen schwerer als anderen, weil sie so viel darüber nachdenken«, sagt Jakob.

»Und Leute, die sich entscheiden, ihre Beziehung zu öffnen, sind eigentlich die, für die so etwas viel schwieriger ist. Die monogam lebenden Menschen tun sich leichter mit Regeln und so weiter.«

»Wir sehen aber das Potenzial«, sagt Francesca. »Es ist gut für uns.«

»Das Ego loslassen, nicht an Sachen festhalten müssen, das ist auch eine spirituelle Praxis«, erklärt Jakob in dem nasalen, fast akademischen Ton des Forschers zwischen den Welten. »Es ist wie emotionales Yoga.«

Beim Yoga geht es darum, sich wiederholt in eine schwierige Position zu begeben – zu entspannen. In einer Spannung zu bleiben. Nicht zu fliehen, weil etwas unangenehm ist. Sondern bewusst diesen sanften Schmerz zu spüren, kennen- und einschätzen zu lernen. Zu unterscheiden, welcher Schmerz mir schadet. Und welcher mich weiterbringt.

»Beim Yoga denkt man oft: Es geht nicht mehr. Ich halte es nicht mehr aus«, erklärt Jakob. »Und dann atmet man einmal tief durch. Kann es doch. Und profitiert immens davon. Emotional ist es ähnlich. Wenn dein Partner gerade mit jemand anderem intim ist, eine gute Zeit hat, Sex hat, und du denkst: Wie soll ich das aushalten?« Er hat diesen Blick, lehnt sich vor, will etwas.« Dann atmet man kurz ein, versucht eine andere Perspektive zu bekommen – und auf einmal entspannt sich etwas. Es ist total in Ordnung. Man muss es nur probieren. Alles, ob Tanzen, Yoga, Lieben – alles lebt von der Praxis. Man ist gut in dem, was man wirklich *macht*. So kann man sich erweitern.« Seine Hände, fertig mit dem Untermalen seiner Worte, sinken wieder auf seinen Schoß.

Heute wissen Francesca und Jakob, dass sie diese Freiheit trainieren müssen. Dass niemand von allein ganz locker ist. Dass es sich lohnt, auszuhalten.

Damals jedoch sprechen sie »viel zu lange«, sagt Francesca, »theoretisieren alles durch.«

All die Worte kommen nicht an die Wurzel, wo ihre Eifersucht, ihre Unsicherheit sitzt. Bis Francesca einfach eine Freundin, Sarah, einlädt, die sie von der Heilpraktikerschule kennt.

»Im Nachhinein war das wie ein schlechter Porno«, lacht Jakob heute. »Der Sex war super! Aber der Plot …«

Sarah beichtet Francesca: »Ich glaube, mein Freund mag meine Blowjobs nicht wirklich. Ich will meine Technik verbessern. Kannst du mir was beibringen?«

Jakob sitzt mit seinem Vater beim Mittagessen, als sein Handy klingelt.

Francesca ist dran: »Meine Freundin Sarah will von mir lernen, wie man richtig bläst. Dafür brauchen wir dich. Kannst du nach Hause kommen?«

Jakob legt auf. Denkt drei Sekunden lang nichts.

Dann sagt er zu seinem Vater: »Sorry, Dad. Aber ich muss weg. Sofort.«

Heute lacht er bei der Erinnerung: »Von einem hetero-männlichen Standpunkt aus denkt man: es geht nicht besser. Und so ähnlich war das dann auch.«

Die drei beginnen eine Affäre. Weil Sarah in einer geschlossenen Beziehung ist, bleibt es geheim. Sie geht quasi mit den beiden fremd. Die Eifersucht? Francesca sagt: »Wir haben das zusammen erlebt. Sarah war Teil unserer Beziehung. Es war gut. Wir wollten mehr.«

Auf einem Festival lernen sie vor fünf Jahren Johanna kennen. Mit ihr bauen sie eine Art Dreieck auf. »Das war mehr als *nur* Sex«, sagt Jakob. »Das war sehr fließend und schön«, sagt Francesca. Johanna wohnt in Frankreich, besucht die zwei öfter in Berlin.

Die Eifersucht? »Manchmal gab es Spannungen«, sagt Francesca. »Wenn ich mich ausgeschlossen fühlte.«

»So ging es mir aber manchmal auch«, sagt Jakob. Einmal gehen die zwei Frauen gemeinsam ins Museum und dann ins Bett. Wenn sie viel allein machen, fühlt Jakob sich nicht gut. Vernachlässigt. Ausgeschlossen. Einsam.

Gemeinsam erforschen sie, was *okay* ist und was *nicht*. Die Fragen sind dabei manchmal seltsam technisch. Wann ist eine Grenze überschritten, was ist erlaubt? Penetration ja oder nein? Mit dem Penis oder nur mit Spielzeugen?

»Viele Leute haben gewisse klare Abmachungen«, sagt Jakob. »Weil bestimmte Sachen negative Gefühle auslösen, andere nicht. Darüber hat man Kontrolle. Und deswegen sind diese Grenzen so wichtig.«

Auch sie haben klare Grenzen. Eine sowieso: »Ein Kind mit jemand anderem – das wäre für uns sicher schwierig.«

Stück für Stück bewegen sie sich vorwärts. Wer wollte das alles zuerst? Francesca lacht: »Das wird immer unklar bleiben. Jakob hatte schon Erfahrung, durch die Workshops und das Tanzen.«

Sie lässt sich gern beeinflussen, allein wäre sie nicht darauf gekommen. Doch in ihren Dreiecken übernimmt sie den aktiveren Part. »Francesca und die jeweilige Frau haben das meist entschieden«, sagt Jakob. »Wenn ich versucht habe, etwas zu initiieren, hat das eher nicht funktioniert.«

Er zuckt mit den Schultern. Was soll ich tun?, scheint er damit zu sagen, dann lasse ich mich eben führen.

Nach einigen glücklichen, unbeschwerten Monaten wird Francesca schwanger, aber schon nach einem Monat verliert sie das Kind. Sie fallen in eine Krise. Wer sind wir?, fragen sie sich. Ein Paar? Ein Teil eines Dreiecks? Mehrere Dreiecke? Was sind wir wirklich füreinander – und zwar *nur* für *uns?*

Sie wollen ein Zeichen setzen, sich zueinander bekennen, etwas Bleibendes.

Fünf Jahre nachdem sie sich kennengelernthaben, wartet Jakob mit einigen Freunden im Park auf Francesca. »Es war so etwas wie ein Projekt. Ich habe ein Lied gesungen, es gab eine kleine Choreographie.«

Auf dem Video kann man sehen, wie einige Menschen in einem kleinen Park stehen, zwischen Bäumen. Zwei spielen Gitarre, einer trommelt. Jakob steht, ganz in schwarzes Leder gekleidet, mit dem Rücken zur Kamera und beobachtet, wie Francesca von einer Freundin zu ihm geführt wird. Als sie einige Meter entfernt ist, bewegen sich die Tänzer jeweils zu zweit aufeinander zu, lächeln sich an, bilden Paare. Jakob beginnt zu singen, von der »Origin of Love«, dem Ursprung der Liebe.

Last time I saw you
We had just split in two.
You were looking at me.
I was looking at you.
You had a way so familiar,
But I could not recognize,

Cause you had blood on your face;
I had blood in my eyes.
But I could swear by your expression
That the pain down in your soul
Was the same as the one down in mine.
That's the pain,
Cuts a straight line
Down through the heart;
We called it love.
So we wrapped our arms around each other,
Trying to shove ourselves back together.
We were making love,
Making love.
It was a cold dark evening,
Such a long time ago,
When by the mighty hand of Jove,
It was the sad story
How we became
Lonely two-legged creatures,
It's the story of
The origin of love.
That's the origin of love.

Am Ende des Liedes kniet er vor Francesca. Seine Haare fallen ihm über die Schultern. Er lächelt zu ihr hinauf.

»Oh god«, sagt sie, halb lachend, halb weinend.

»Will you marry me?,« fragt er.

»Of course«, sagt sie, »yes!«

Dann fallen sie ineinander.

Am selben Abend gibt Jakob eine seiner »Friends & Lovers«-Partys. Eine »soziale Plastik«, mit denen er sich schon in seinem Choreographiestudium beschäftigt hat. »Wenn du den Film *Short-*

bus gesehen hast, weißt du ziemlich genau, was da abging«, erklärt er lächelnd.

Der Film, eine Geschichte über die sexuelle Selbstfindung mehrere junger New Yorker, endet mit einer angedeuteten Orgie, bei der alle Protagonisten endlich ihre Freiheit finden – die Hauptfigur Sofia in einem Dreier mit einem Pärchen. Ihr Gesicht beim lange ersehnten Orgasmus, den sie den ganzen Film über erfolglos zu erreichen versuchte, ist das letzte Bild des Films. Die erotische Erlösung, das sagt der Film, ist möglich. Die Grenzen setzen wir uns nur selbst.

»Diese Serie von sechs oder sieben Abenden war bisher das beste, was ich an Sex-Partys erlebt habe«, sagt Jakob über *Friends & Lovers*. Über anderthalb Jahre verteilt passiert bei ihnen zu Hause an manchen Abenden »alles und nichts«. In ihrer Küche versammeln die beiden Freunde, »Leute, von denen wir dachten es könnte gut passen«. Jakob hat eine Botschaft: »Mir ging es darum, die klare Unterteilung zwischen Freunden und Liebhaber, *Friends and Lovers*, aufzuheben. Viele sexuelle Räume sind bevölkert von Fremden, die Sex miteinander haben wollen. Wir wollten aber Menschen hier versammeln, die wir kennen und gern haben. Der Raum sollte offen sein für sexuelle Erfahrungen. Und alles andere, was zwischen Freundschaft und Sex liegt.« Das alte Swinger-Club-Motto »alles kann, nichts muss« findet er selbst abgedroschen, »aber es trifft es ganz gut.«

Friends and Lovers. Ein kleines Ritual zu Anfang bringt alle Anwesenden zueinander. Es wird gegessen. Dann wird es intimer. Manche nehmen gar nicht teil. Manche berühren sich vorsichtig. Manche haben Sex miteinander. Auch Jakob und Francesca, gemeinsam, mit anderen. »Ohne diesen Druck, dass jetzt etwas passieren *muss*, entstanden sehr schöne Bilder«, erinnert sich Jakob.

Einer dieser Abende wird also »quasi zu unserer Verlobungsfeier, eher zufällig. Das war unsere offenste Phase«, sagt Jakob. Sie sind jung, haben keine Kinder. Sie können tun was sie wollen. Es ist ihr *Summer of Love.*

Die Hochzeit findet im Dezember in Berlin statt. Sie schwören sich Treue. Und Freiheit. Johanna, ihre Affäre, ist Blumenmädchen. Auf Sizilien geben sie ein Dinner für Francescas Familie. Eigentlich wollen sie auch in New York feiern, mit Jakobs Familie dort. Aber Jakob fliegt allein, um seine Familie zu sehen. Vier Tage vor dem Flug macht Francesca einen Schwangerschaftstest.

Er ist positiv.

Neun Monate später wird Eleniel geboren, ihre Tochter.

Sie wollten Kinder, wollten Eltern werden. Aber es wirklich zu tun, verändert vieles. Ihre Beziehung bleibt zwar offen, auch mit Kind. Aber während Francesca zu Hause mit dem Baby sitzt, ist Jakob viel unterwegs, gibt Workshops, arbeitet, verdient das Geld. »Ich habe viele Menschen kennengelernt. Und ja, auch Sex mit ihnen gehabt«, erzählt er. »Aber wir hatten die Abmachung, dass ich alles erzähle.«

Er ist einen ganzen Monat in Finnland. Beginnt eine Affäre mit einer Kollegin. Und erzählt Francesca nichts davon. Die Eifersucht, die sie überwunden glaubten, kommt mit voller Wucht zurück.

»Ich hatte Angst, dass sie sich trennt. Weil mir das Vertrauen fehlte, dass sie das noch möchte«, sagt Jakob.

Doch Francesca erfährt trotzdem davon. Der Vertrauensbruch trifft sie tief.

»Mir ging es auch nicht gut damit, dass ich viel mehr Möglichkeiten als sie hatte«, sagt Jakob. »Aber ich dachte, ich müsse da jetzt durch.«

»Ich hätte mir gewünscht, dass er, aus sich selbst heraus, nichts mit einer anderen gemacht hätte. Aber das war auch Teil seines Prozesses.«

Eleniel ist ein Jahr alt, und ihre Eltern sprechen von Trennung. Um die Beziehung zu retten, verbringen sie einen Sommer in Sizilien. Nur sie zwei. Sie kommen sich wieder näher. Und Francesca wird noch einmal schwanger. Jetzt wissen sie: Wir bleiben zusammen. Und die Beziehung bleibt geschlossen.

»Wenn man Polygamie oder was auch immer unbedingt durchziehen will, wenn man unbedingt die Priorität auf Erkundungen und den Prozess setzen will, geht das auch mit Kindern«, sagt Jakob. »Aber für uns sind die Kinder am wichtigsten. Alles andere kommt danach.«

Freunde von ihnen, Tänzer wie sie, leben auf einem großen Bauernhof, mit anderen Familien, einer Großmutter. Sie leben dort weiter polygam.

»Sie wohnen in einer Community, das ist wirklich etwas anderes«, sagt Francesca. »Die haben sich sicher auch ein wenig eingeschränkt. Aber sie haben auch viel Unterstützung.«

»Manche Leute wollen auch einfach keine Beziehung haben und nennen sich dann polyamor«, sagt Francesca. »Manche sind einfach Singles mit vielen Liebhabern. Das ist einfacher als eine Beziehung, ein Haushalt, eine Familie. Kinder macht man zusammen und hat man zusammen«, sagt sie. »Nicht die Mama alleine zu Hause.«

»Kinder kriegen allein ist kein Grund, das aufzugeben«, sagt Jakob. »Man kann auch Milch abpumpen, theoretisch. Man kann es organisieren.«

»Für mich wäre es wirklich cool, mit anderen Menschen zu leben«, sagt Francesca. »Dann würde ich auch wieder Experimente starten. Aber so ist alles viel zu anstrengend.«

Das Gefühl des emotionalen Yoga haben sie heute immer noch, aber jetzt eher als junge Eltern. »Gestern dachte ich mal wieder: es geht nicht mehr. Ich kann nicht noch mal aufstehen«, sagt Francesca. »Aber es geht doch.«

Seit sie zwei Kinder haben, also seit knapp einem Jahr, sind sie also »monogamisch«. Also tendenziell monogam, mit Offenheit für gemeinsame Abenteuer. Die Regel: »Egal was, Hauptsache zusammen.« Momentan ist Francesca viel zu Hause bei den Kindern. Jakob eher unterwegs mit seinen Tanzprogrammen. Für Francesca ist die monogame Phase wichtig, weil sie mit zwei kleinen Kindern keine wirkliche Freiheit haben kann. Diese klassische Rollenverteilung nimmt ihr die Freiheit zur Auseinandersetzung und zur Ausübung. Jakob unterrichtet, geht auf Festivals, reist in Städte, die nicht wie Berlin überlaufen sind mit solchen Angeboten. »Wäre die Beziehung offen, wäre sie in diesem Aspekt wieder sehr unausgeglichen«, sagt Francesca.

»Wir haben wenig Privatleben momentan, die Kinder sind immer da. Die Gelegenheiten sind rar. Das fehlt uns.«

Francesca will, dass sie gleichberechtigt begriffen wird. »Gerade wegen meines kulturellen Hintergrundes will ich nicht, dass jemand denkt, der Mann hätte per se mehr Macht oder Recht auf sexuelle Freiheit.«

»Eine offene Beziehung ist eine Männer-Phantasie, und wenigen ist klar, was das eigentlich bedeutet«, sagt Jakob. »Wir kommen aus zwei unterschiedlichen Hintergründen. Die müssen wir erstmal verstehen. Auch jeweils unsere eigenen erstmal. In meiner Familie zum Beispiel gibt es die große Tendenz zur Selbstreflexion.«

Jakob verdient sein Geld mit Tanz-Workshops. In seinen Choreographie-Performances geht es um sexuelle Energie. Dabei fasst er Menschen an. Aber in diesem Rahmen ist es nicht problematisch.

»Privat und Arbeit sind zwei verschiedene Dinge«, sagt Francesca. »Und am liebsten wäre ich gar nicht in der Position, zu sagen: Das ist okay, das ist nicht okay. Sondern: Fahre, erlebe, mach, was du machen willst. Aber ich habe nicht mehr das Vertrauen, dass er das nicht ausnutzt. Dass ich loslassen kann, ohne mich schützen zu müssen.«

Inzwischen gibt sie selbst Workshops in dieser Richtung. »Ich frage mich dann: Wäre das okay, wenn er das machen würde? Das ist der Gradmesser.«

»Es gab viele Höhen und Tiefen. Und Freiheit wird immer ein

Thema für uns bleiben«, sagt Jakob. »Vielleicht ist es noch nicht zu spät, endlich weniger darüber zu reden. Und mehr zu machen. Das hat auch mit meiner Arbeit zu tun, meiner Kunst, die ich nicht einschränken möchte. Aber die Kinder sind mir wichtiger.«

Während sie das alles erzählen, schreit Eric, ein halbes Jahr alt, auf Francescas Arm. Die Wohnung sieht aus, als hätte das Baby hier Putzdienst. Man merkt ihnen die Belastung an. Dass sie alles für ihre Kinder tun und dabei nicht selbst zu Sklaven ihres Lebensstils werden wollen. Aber ihre zwei kleinen Kinder sind momentan das wichtigste Abenteuer.

»Wie sollen wir an unsere Grenzen und darüber hinaus gehen«, fragt ihre Mutter, »wenn wir ohnehin, durch die Kinder und den Alltag, an unseren Grenzen sind? Wir brauchen das momentan nicht.«

»Wir reden immer noch viel. Meiner Meinung nach zu viel«, findet Francesca. »Was einerseits sehr gut ist. Andererseits eben auch nicht fruchtbar. Wir kennen uns jetzt. Es ist immer gut, miteinander zu reden. Doch manchmal ist es besser, zu machen.«

Sie hat eher Probleme mit Eifersucht als er, was durch das viele Reden eher schlimmer wird. »Hätte ich eine zweite Chance, es von Anfang an zu machen, diesen Prozess zu starten – ich würde weniger reden wollen. Und mehr probieren. In die Erfahrung gehen und merken, dass eigentlich nichts wirklich schlimm ist. Das Theoretisieren pumpt die Probleme auf. Polarisiert uns zwei in den ›offenen‹ und den ›ängstlichen‹ oder so. Und bringt nichts. Man muss es erfahren.«

»Es ist nur eine Frage der Zeit, bis wir uns wieder damit beschäftigen«, sagt Jakob. »Als du neulich zum ersten Mal seit Monaten wieder zum Yoga gegangen bist, da hast du sofort darüber gesprochen, die Beziehung vielleicht wieder zu öffnen. Es wäre schön, wenn das Thema irgendwann keines mehr ist, wir uns einfach entspannen können. Wir eine Stabilität haben.«

»Die hatten wir nur manchmal. Während der Verlobung zum Beispiel. Da war alles perfekt. Dynamisch stabil.«

Damals, ganz am Anfang, als sie sich noch kaum kannten, ist Francesca von der Dunkelheit, dem Kontrollverlust, der Intimität bei *Secret Service* hin- und hergerissen.

Es gibt auch ein Level 2. Wer Level 1 gemacht hat, kann hier mehr erfahren über Macht und Unterwerfung. Sich sogar peitschen lassen. Aber alles läuft kontrolliert ab.

»Es gab wie bei jeder Performance natürlich Regeln, dass man gewisse Grenzen nicht übertritt«, sagt Jakob. »Wobei sich nicht alle immer daran gehalten haben.«

Dass er Francesca berührt, sich länger bei ihr aufhält, war vielleicht gegen die Regeln. Aber vielleicht sind Regeln auch nur da, um gebrochen zu werden. Vielleicht ist Angst nur da, um überwunden zu werden. Vielleicht müssen wir einmal blind sein, blind wie Francesca in Jakobs Armen, um wirklich zu vertrauen. Um einander wirklich zu sehen.

III. EIFERSUCHT

10. PEAK EIFERSUCHT

Now they're going to bed
And my stomach is sick
And it's all in my head
But she's touching his chest now
He takes off her dress now
Let me go!
And I just can't look
It's killing me

THE KILLERS, MR. BRIGHTSIDE

Wir leben im Zeitalter des »Peak Eifersucht«. Niemals war die Angst vor Betrug, Verletzung, Verlust größer. Niemals war der Gipfel höher, von dem wir zu stürzen drohen. Aber nicht, weil jemand uns diese tiefe Schlucht gegraben hat. Wir sind selbst so hoch geklettert. Die schwindelerregende Eifersucht ist die logische Konsequenz aus mehreren Faktoren, die uns wie emotionale Fahrstühle auf den Gipfel schießen. Und in die wir bereitwillig einsteigen.

Erster Schuldiger: unser romantisches Liebesideal. Es verlangt bedingungslose Hingabe an *den einen* oder *die eine*. Die meisten von uns, inklusive mir, wollen fest daran glauben, dass es irgendwo da draußen jemanden gibt, der für immer zu mir gehört. Und zu dem ich gehöre. Dieses Bündnis entsteht aus Liebe. Nicht aus Vernunft. Nicht wegen Geld. Sondern aus freiem Willen.

Auf dem Markt, auf dem wir nach *dem einen* oder *der einen* suchen, herrscht große Auswahl und starke Konkurrenz. Alle suchen. Wenige finden. Wie viele Menschen kennen Sie in Ihrem Bekanntenkreis, die so dermaßen glücklich sind in ihrer Beziehung, dass sie als Konkurrent sicher und unter allen Umständen ausfallen? Wahrscheinlich sehr wenige.

Die Versuchungen sind also unzählbar. Facebook, Arbeit, U-Bahn, Konzert, Oper, Club: Überall Gelegenheiten. Jeder weiß, dass jedem Menschen heute viele attraktive andere Menschen begegnen. Täglich. Überall. Ob man will oder nicht. Hinzu kommt die Ambivalenz der Heimlichkeit: Einerseits sehe ich die unendlichen Gelegenheiten. Andererseits kann ich relativ heimlich anbandeln. Und unmöglich jede Anwandlung verhindern. Ich kann kaum alle realen und virtuellen Umtriebe, jede E-Mail und jede SMS, dazu die Arbeit und die Freizeit meines Partners überwachen. Und wenn ich es versuche, wächst dadurch eher noch die Eifersucht. Denn selbst bei der treuesten Seele werde ich irgendwann eine lockere Konversation entdecken, in die man »mehr« hineininterpretieren kann. Die früher vielleicht nur flüchtig verbal auf dem Büroflur, heute aber schriftlich bei Whatsapp geführt wurde. Und quasi schon als Beweis gelten kann: Da muss doch noch mehr passiert sein!

Hinzu kommt die postmoderne Omnipräsenz von Sex: Filme, Werbung, Musik, Fernsehen, Theater, Zeitung. Überall wird von der Liebe und ihrer praktischen Umsetzung gesungen. Das Thema ist wie Luft: Immer da. In jedem. Überall.

Hat man also jemanden gefunden, der das Potenzial hat, *der eine* oder *die eine* zu sein, herrscht durch Angebot und Verlockung zumindest gefühlt die permanente Gefahr, ihn oder sie wieder an jemand anderen zu verlieren. Oder mindestens kurzfristig ausleihen zu müssen.

Zweiter Fahrstuhlfaktor (und seine existenzielle Bedeutung): Unser Selbstwertgefühl. Es speist sich heute überwiegend aus der

Anerkennung, die wir bekommen. Wo man früher durch die Einhaltung von Codes seiner Klasse im eigenen Selbst bestätigt wurde, sucht man heute die Bühnen der fremden Bewusstseine. Auf ihnen tanzt man vor, auf dass man gemocht und geliebt wird. Und nur in der Liebe findet man, so Niklas Luhmann, »eine unbedingte Bestätigung des eigenen Selbst, der personalen Identität. Hier, und vielleicht nur hier, fühlt man sich als der akzeptiert, der man ist (...), der man sich zu sein bemüht.«

Diese innere Casting-Show bringt neue Unsicherheit. Denn die Kriterien der Beurteilungen sind intransparent und subjektiv. Wer mich warum wie gut findet, kann ich nie genau wissen. Ich kann nur Zuneigung und Abneigung zu deuten versuchen. Jedes Lächeln, jeder Blick und jeder halbe Satz kann ein Signal sein. Ratgeberprosa (nicht nur für Teenager) ist voll von dieser emotionalen Astrologie: Woran merke ich, dass *sie* auf mich steht? Was bedeuten *seine* Blicke? Was tun, wenn *ich* von meinem Schwarm nicht genug Aufmerksamkeit bekomme?

Liebe ist laut Eva Illouz ein »ununterbrochener Fluß von Zeichen und Signalen, die den Wert eines Selbst absichern«. Mein Selbstwert steht damit auf den denkbar wackeligsten Füßen: meiner Einschätzung eines fremden Bewusstseins. In diese nur von flackernden Teelichtern beleuchtete Dunkelheit blitzt ein Betrug wie eine Blendgranate. Auf einmal ist alles schmerzhaft hell. Die Illusion, ich sei etwas Besonderes, Einzigartiges – sie explodiert. »Längst ist die Welt entzaubert. Man hat dich verlassen«, dichtete Borges.

Diese Helligkeit erleuchtet das Drama auch für ein Publikum. Das ist der dritte Fahrstuhlfaktor: Die ultimative Abwertung des Betrugs ist hochgradig öffentlich. Heute erfährt schnell ein weites Umfeld von Verletzung und Verlust. Wenn zum Beispiel Jelena oder Jakob innerhalb einer gewissen Szene wildern, wissen sofort alle für Francesca oder Paul wichtigen Menschen davon.

Und wird beim Betrügen auch nur halbwegs »fair« gespielt, also nicht gerade die Schwester oder der Vater akquiriert, ist zu allem Überfluss der Gehörnte mitschuldig. »Zu einem Betrug gehören immer zwei. Einer, der es macht, und einer, der es mit sich machen lässt«, so spricht der gnadenlos postmoderne Volksmund. Hinter dieser Schuldumlage steckt die Illusion der Selbstwirksamkeit, die besagt, dass unser vergangenes Verhalten unseren gegenwärtigen Zustand beeinflusst. Irgendetwas muss der Betrogene ja getan haben, sonst würde der Partner ihm nicht so rücksichtslos übel mitspielen. Diese Logik macht uns implizit mitschuldig an jedem Vertrauensbruch. Es besteht keine moralische Klarheit, sondern die Beschuldigung eines Selbst, »das an seiner eigenen Niederlage spinnt« (Eva Illouz). Aua.

Die befürchtete Abwertung ist brutal. Wer es nicht wert ist, geliebt zu werden, ist wenig. Und wer es nicht einmal wert ist, dass man ihm gegenüber den banalsten Vertrag einer Beziehung einhält, nämlich die Treue, ist weniger als nichts. »Aber am schlimmsten [am sitzengelassen werden] ist der Gedanke, dass er einen ausprobiert hat, um einem am Ende doch nur den Stempel ABGELEHNT aufzudrücken«, sagt Renee Zellweger alias Bridget Jones in *Schokolade zum Frühstück*. Frauen sind noch schneller bereit, sich selbst die Schuld zu geben. Aber auch Männer können sich masochistisch quälen. »When she's saying that she wants only me, Then I wonder why she sleeps with my friends. I'm just a sucker with no self esteem«, singen The Offspring. Wer betrogen wird, ist also offiziell am Anspruch der Postmoderne und ihrer Individualisierung gescheitert: ein liebenswertes, einzigartiges Individuum zu sein. Die psychischen Symptome des Betrogenen gleichen laut Studien denen einer Vergewaltigung. Es ist die denkbar größte persönliche Katastrophe. Es ist ein emotionaler Tod.

Weit über dieser brutalen Fallhöhe, auf einer einsamen schmalen Klippe, packt uns die nackte emotionale Höhenangst: Eifersucht.

Auch, weil wir sie nicht mehr so drastisch und dramatisch ausleben können.

Früher wurde Liebesleid leichter psychologisch abgeleitet. So müsste die christliche Heilslehre eigentlich »Leidenslehre« heißen. Sie sieht Leid als theologisches Zeichen der Erlösung. Jesus, Gottes Sohn, litt für uns. Leiden ist quasi göttlich. Die höfische Liebe des Mittelalters idealisierte Leid zu einer Seelenveredelung. Kein Minnesang ohne großen Schmerz, kein wertvolles Selbst ohne ertragene Verletzung. Ähnlich lief es in der Romantik: Liebesleid war ihr Charakterideal. Wer nicht einmal schlimm gelitten hatte, war nicht echt. Und medizinisch galt Liebeskummer durch all diese Epochen als geistige oder körperliche Krankheit. Nicht mehr und nicht weniger. Man konnte ihn heilen, eingrenzen, überstehen, zur Not durch Zeit. Aber anders als heute kratzte schmerzvolle Liebe nicht am Selbst. Man war nicht *selbst schuld an*, im Gegenteil. Man war *etwas wert durch* das Leid.

Und zur Not blieben noch handfestere Ventile. Wer einen Nebenbuhler wie im 18. Jahrhundert zum Duell herausfordern oder eine Konkurrentin wie im Mittelalter durch ein paar wohl gestreute Gerüchte als Hexe auf den Scheiterhaufen bringen konnte, fraß die Eifersucht vermutlich weniger in sich hinein. Wer sich wenigstens ordentlich prügelte, konnte immerhin Dampf ablassen.

Heute ist Eifersucht ein Monster, mit dem jeder selbst fertigwerden muss. Und es wird alles nur schlimmer. Roland Barthes schreibt in seinen »Fragmenten einer Sprache der Liebe«: »Als Eifersüchtiger leide ich vierfach: weil ich eifersüchtig bin, weil ich mir meine Eifersucht zum Vorwurf mache, weil ich fürchte, dass meine Eifersucht den anderen verletzt, weil ich mich von einer Banalität knechten lasse: Ich leide darunter, ausgeschlossen zu sein, aggressiv zu sein, verrückt zu sein und gewöhnlich zu sein.« Eifersüchtig sein bedeutet konformistisch zu sein, »sie ist bürgerlich, die

Eifersucht: sie ist unwürdige Betriebsamkeit, ist *Eifer* – und eben diesen Eifer lehnen wir ab«.

Scheinbar zivilisiert und gezähmt, potenziert sich die Eifersucht also in uns eher noch, statt zu verschwinden. Unsere schwachen Seelen sind wie Brutkästen für diese Verlustangst. Denn ihr Ursprung liegt mitten in uns selbst. Die Eifersucht ist nichts anderes als eine Projektion.

Wir alle wissen, dass man nie aufhört, anderen gefallen zu wollen. Wir alle haben uns schon einmal über die erotische Aufmerksamkeit eines Fremden gefreut. Selbst wenn unser Partner ein Engel zu sein scheint, wissen wir aus der besten Quelle, dass Eifersucht angebracht ist. Wenn ich mich gehetzt umblicke, zu dem Monster, das mich auf den *Peak Eifersucht* hinauftreibt – sehe ich mir selbst ins Gesicht.

11. WARUM EIFERSUCHT?

When a man loves a woman
Deep down in his soul
She can bring him such misery
If she plays him for a fool
He's the last one to know
Loving eyes can't [ever] never see […]
Yes when a man loves a woman
I know exactly how he feels

PERCY SLEDGE,
WHEN A MAN LOVES A WOMAN

Eine Freundin, nennen wir sie Julia, erzählte mir, sie könne endlich wieder sehen. Also, nicht wörtlich *sehen* wie eine tatsächlich Blinde. Sondern eher wieder *erkennen*, wie schön und bunt und groß die Welt ist.

»Auf einmal sind die Farben zurück«, sagte Julia. »Wo mein Leben vorher oft grau war, glänzt und blitzt es jetzt. Die Sonne ist tiefgelb, das Gras tiefgrün, meine Haut leuchtet tiefbraun. Ich rieche morgens die Luft und könnte Bäume ausreißen. Ich höre anders. Musik berührt mich wieder in meiner Seele. Wie ganz früher, als wir jung waren, weißt du noch? Mein Körper fühlt sich stark an, frisch, fest, kugelsicher. Meine Hände sind voller Kraft, nicht nur wenn ich IHN berühre, aber vor allem dabei und danach. Ich weiß jetzt, wo der Ausdruck ›wie neugeboren‹ herkommt.«

Diese Schwärmerei war Teil ihrer Beichte. Sie hatte seit einem Monat eine Affäre mit einem Arbeitskollegen. Zusammen hatten sie einen wichtigen neuen Kunden an Land gezogen. Waren nach dem Abendessen mit Kollegen noch weitergezogen. Hatten noch einen getrunken. Noch einen. Und noch einen bei ihm. Der Klassiker.

Ihrem Freund erzählte Julia nichts davon. Sie wollte ihn weder verlassen noch verletzten. Sie will ihre Beziehung, eine seit fünf Jahren recht harmonische, ausgeglichene Partnerschaft, auf keinen Fall riskieren. Sie hat ein schlechtes Gewissen, wenn sie lügen muss, wenn sie von besonders anstrengenden Projekten erzählt, die sie abends noch länger im Büro halten. Sie hasst sich für diese klischeehaften Ausflüchte. Aber sie lebt im Rausch. Sie empfindet ihr Leben ohne Treue als doppelt so lebenswert wie mit. Sie kann fast nicht anders, als es wieder zu tun.

Julias Geschichte ist erfunden. Oder besser: Zusammengebastelt. Aus dutzenden Geschichten, die ich schon gehört habe. Seitenspringer und Fremdgänger, aus meinem Umfeld wie auch in den Medien, erzählen meist das gleiche: Schlechtes Gewissen, ja. Ein moralischer Kompass, der klar anzeigt, dass man auf dem falschen Weg ist, sicher. Angst um den Partner und die Beziehung, natürlich. Aber auch: BOOOOM!!! WOHOOO!!!!!!

Der Seitensprung ist eine Droge. Er führt – das ist wissenschaftlich belegt – zu High-Zuständen. War vorher das Level an Glücksstoffen im Laufe einer Beziehung stetig gesunken, explodiert es jetzt auf ein unbekanntes Hoch. Man riecht, sieht, hört besser. Farben sind greller. Die Welt bebt. Negativer Coolidge-Effekt hoch X.

Wenn die Liebe in einer Beziehung oder Ehe fast zwangsläufig immer mehr zu (geschwisterlicher) Freundschaft wird, ist der Seitensprung wie ein Schwung frischer Luft in einem vor Jahren gesunkenen U-Boot. Hinzu kommt: Gegensätze ziehen sich an. Arthur Aron spricht von »Selbsterweiterung«, die jeder Mensch sucht. Wir wollen Neues kennenlernen, um unser Selbst weiterzuentwickeln, wir sind eben »neugierige« Wesen. Diese »fatal attractions« sind spannend, eben weil sie bedingt alltagstauglich sind. Meistens schaffen wir es nicht, einen Kompromiss zu finden, der lange hält. Also: Neustart. Kein Wunder, dass dieser mächtige Rausch eine anthropologische Konstante ist, quer durch alle Zeiten und Kulturen hindurch. Und mit ihm die Eifersucht.

Schon der Gott des alten Testaments gibt offen zu: »Du sollst dich nicht vor anderen Göttern niederwerfen und dich nicht verpflichten, ihnen zu dienen. Denn ich, der Herr, dein Gott, bin ein eifersüchtiger Gott« (Ex 20:5; Dtn 5:9). Auch die wichtigsten Mythen der alten Griechen waren nahezu alle Geschichten eines Seitensprunges. Und der durch ihn ausgelösten Eifersucht. Was Zeus so treibt und Hera versucht herauszufinden, weiß heute noch jedes Kind. Alle großen griechischen Mythen beginnen ähnlich: Zeus geht fremd. Hera rächt sich. Erst aus dem zweiten Schritt entstehen Konflikte. Die Tat an sich ist nicht problematisch. Sie ist reiner Trieb, einem Gott erlaubt. Man darf sich nur nicht erwischen lassen.

Hera war, das wissen wir alle, zu Recht eifersüchtig. Sie ist das Vorbild bis heute für alle, die ihren Partnern hinterherspionieren, ihre Wut sowohl auf den Partner als auch die möglichen Verführungen richten. Hera als ein (vermeintlich typisch weibliches) Bündel Emotionen ist das eine Extrem. Aber auch vorgeblich rationale Köpfe, wie der Wiener Psychologe Wilhelm Reich, in den 1920ern ein Schüler Sigmund Freuds, kommen nicht um die Eifersucht herum. Und das, obwohl er in seinen Schriften darauf bestand, dass Monogamie an sich eine eher ungesunde Art sei zu leben, da sie die sexuelle Gesundheit und den emotionalen Haushalt verkrüppelt. Und dennoch, berichtet seine Frau, war Reich wahnsinnig eifersüchtig: »Er stritt immer nachdrücklich ab, dass er eifersüchtig sei, aber er beschuldigte mich der Untreue mit jedem Mann, der ihm als möglicher Rivale erschien, egal, ob Kollege, Freund, Verkäufer oder zufällige Bekanntschaft.«

Reichs Lehrer Sigmund Freud, ansonsten ein Vorbild in Sachen rationaler Einsicht in psychische Prozesse, stand ihm darin in nichts nach. In einem seiner hunderten Briefe an seine Verlobte schrieb Freud: »Wenn die Erinnerung an deinen Brief an Fritz zurückkam, verlor ich alle Kontrolle, und ich hatte die Kraft die ganze Welt zu zerstören … und ich würde es auch ohne Zögern tun.«

Damit entspricht er nur allen möglichen Spezies, die auf dieser Welt leben, und seiner eigenen, dem vielleicht gefährlichsten Killer: dem Menschen. »Der häufigste Grund, dass ein Ehepartner den anderen tötet, ist sexuelle Eifersucht«, so Barash und Lipton in »The Myth of Monogamy«. Eifersucht kann rasend machen, brutal, kalt oder wahnsinnig. Sie wird oft als Synonym für verschiedene Emotionen benutzt, von Wut bis Neid, von Unsicherheit bis hin zu Hilflosigkeit und Einsamkeit. Eigentlich ist sie im Kern eine Angst, aber sie tritt in verschiedenen Formen auf. Eifersucht ist also wie ein Dämon: Vielköpfig und wandelbar. »Und Jesus fragte ihn und sprach: Wie heißest du? Er sprach: Legion.« [Lukas 8,30]

Eben jener eifersüchtige Freud vermutete, dass Eifersucht ihren Ursprung in der frühen Kindheit hat. Sobald einem Kind bewusst wird, dass eines seiner Geschwister die begrenzte Aufmerksamkeit der Mutter für sich gewinnt, entwickelt es Eifersucht. Mit oder ohne Geschwister (Einzelkinder erleben den Vater oder andere Personen im nahen Umfeld eher als Konkurrenten): Die erste Erfahrung von Liebe, nämlich die elterliche, ist immer eine der Knappheit. Denn sie ist an Bedingungen geknüpft und endlich. Von klein auf lernen wir, dass Liebe sich auch abwenden kann. Diese Programmierungen sitzen tief. Glaubenssätze, so die Psychologin Stefanie Stahl, Autorin u.a. des Buches »Das Kind in dir muss Heimat finden«, eingeübt in frühester Kindheit, bestimmen unsere Ängste. »Unsere ganze Entwicklung geht von Bindung – im Mutterleib, an der Nabelschnur, dann die ›Ent-Bindung‹ – über komplette Abhängigkeit von den Eltern in der Frühkindheit hin zu immer mehr Autonomie«, sagt sie. Auf diesem Weg kann die Erfahrung von knapper Liebe den Glaubenssatz einprogrammieren, dass Liebe ein Verlustgeschäft ist. Dass überall Konkurrenz lauert. Dass Vertrauen missbraucht wird.

Eifersucht ist also die eigentliche Ökonomisierung der Liebe und des Zwischenmenschlichen, lange bevor (und anders motiviert als) Eva Illouz es in ihrem Buch »Der Konsum der Romantik« beschrieb. Der Eifersüchtige benimmt sich wie ein feilschender Geschäftsmann kurz vor der Pleite, schlimmer: als lauerte elendiges Verhungern direkt um die Ecke. Polyamore Menschen nennen dieses Denken »Stagnation Economies«. Solche vermeintlichen Knappheiten nehmen wir in vielen Lebensbereichen wahr; Kinder mit vielen Geschwistern sogar wortwörtlich durch Hunger, wenn es einmal nicht genug zu essen gab und die anderen schneller waren. Der einprogrammierte Glaubenssatz lautet: »Wenn jemand anders etwas bekommt, ist weniger für mich da.«

Natürlich gibt es legitime Formen der Verlustangst. Wie immer sind die wirklich tiefen Ängste – vor der Einsamkeit, dem Sterben, dem Schmerz – einerseits nicht gänzlich ohne Grund. Es *kann* passieren, dass man emotional verhungert. Oder besser: dass es sich so anfühlt. Es *kann* passieren, dass Liebe knapp wird, woanders hinfällt, mir bitterlich fehlt. Und aus einer berechtigten Angst ergibt sich oft eine Kaskade an weniger realistischen, aber ungleich bedrohlicheren Ängsten. Aus der Angst, der Partner könnte sich für jemand anderen interessieren (gut möglich), mit dieser Person Zeit verbringen, die mir abgeht (auch gut möglich), ergibt sich die Angst, dass bald GAR KEINE Zeit mehr für mich übrig bleibt, dass ich verlassen werde, abgeschoben, abgestempelt, dass ich dann allein sein werde, einsam, und zwar FÜR IMMER! Was eher weniger gut möglich ist, aber Menschen denken eben in Dystopien, Alarmismen und Worst-Case-Szenarien. Schuld daran ist unser Reptiliengehirn, wie Daniel Kahneman es in seinem Buch »Schnelles Denken, Langsames Denken« nennt. In Stresssituationen, zu denen Eifersucht sicher zählt, übernimmt der Notfall-Teil unseres Gehirns das Kommando. Und oft spielen Menschen mit diesen Ängsten und erhöhen sie noch, weil sie wissen, dass der andere um ihre Zuneigung bangt. »Liebe«, sagt seine Freundin Vera zum Erzähler in Bov Bjergs »Auerhaus«, »Liebe ist doch kein Kuchen, der weniger wird, wenn man ihn teilt.« Dann schläft sie mit einem anderen.

Man kann es nicht bestreiten: Es gibt *echte* Knappheiten. Zeit zum Beispiel. 24 Stunden hat der Tag? Sex ist knapp, denn zumindest Männer sind rein anatomisch sexuell eingeschränkt. Unsere Lust ist endlich. Unsere Lust auf – mit einem Menschen – essen, trinken, schlechte Serien auf VOX schauen und dabei Chips essen auch. Aber Gefühle? Kann man wirklich immer nur eine Person lieben? Und was qualifiziert diese Person für das vermeintliche Monopol? Was muss sie leisten oder bringen, um exklusiv geliebt zu werden? Welchem Anspruch muss sie genügen, damit neben ihr niemand bestehen kann? Und geht es denn in einer Beziehung um ein Genügen im Sinne von »ansonsten brauche ich nichts und niemanden mehr«?

Und selbst wenn die Verletzung passiert, was bedeutet sie denn für die unantastbar geglaubte, totale Liebe? Ist sie nicht der Beweis, dass etwas Grundsätzliches nicht stimmte?

Was ist Eifersucht anderes als die Angst vor einer Enttäuschung, die entweder ausbleibt (also jede Angst unnötig macht), oder zwangsläufig kommen muss? Ist etwas oder jemand, der mir weh tut, diese Eifersucht wert? Anders gefragt: Warum Angst haben vor dem Verlust eines Partners, der verloren gehen will?

Rational können wir diese Fragen durchdenken, beantworten, entlarven. Wir können unsere Eifersucht als von vorn bis hinten widersprüchlich entblößen. Rein chemisch sind wir aber besessen von einem Menschen. Und von der Angst, ihn zu verlieren. Helen Fisher sagte in einem Interview mit der Berliner Zeitung: »Interessanterweise kann man bei Menschen, die eifersüchtig sind, ähnliche biochemische Abläufe im Gehirn beobachten wie bei Menschen, die unter einer krankhaften Form von Besessenheit leiden. Die Anteile von Dopamin steigen, gleichzeitig sinkt der Serotonin-Spiegel, das nimmt ihnen die Ruhe und Ausgeglichenheit, macht sie wütend und unsicher. Eifersüchtige sind besessen. Das müssen sie sein, sonst schaffen sie es nicht, den anderen wieder zu gewinnen.« Wozu dieser biologische Aufwand? Wovor will uns die Evolution warnen? »Hinter sexueller Eifersucht«, schreiben Barash und Lipton in »The Myth of Monogamy«, »lauert die Sorge der Elternschaft«.

Außerpartnerschaftlicher Sex, so die Sexualforschung, kommt häufiger vor, je fruchtbarer die Frau ist. In einer Umfrage unter 4000 Frauen, so berichten Barash und Lipton, gaben 30 Prozent zu, schon einmal innerhalb von 24 Stunden mit zwei verschiedenen Männern geschlafen zu haben. Sich Sorgen zu machen, ob ein mögliches Kind von ihnen ist, hat für Männer also eine solide statistische Grundlage. Sich Sorgen zu machen, ob das Kind einer anderen von »ihrem« Mann ist, ergibt für Frauen ebenso Sinn. Schließlich bindet das andere Kind potenziell Aufmerksamkeit des Vaters. In den Jäger-und-Sammlergesellschaften waren »uneheliche« Kinder aus allen möglichen kurz- wie langfristigen Verbindungen wahrscheinlich üblich. Aber ohne Vaterschaftstest merkte es niemand. Es war auch egal. Schließlich kümmerte man sich gemeinsam, jagte gemeinsam, lebte und starb gemeinsam. Eifersucht, so Barash und Lipton, wäre damit ein langsam ausschleichender Anachronismus, und zwar schon vor 200 000 Jahren. Die Jäger und Sammler brauchten sie nicht über ein gewisses Maß hinaus, welches innerhalb der Gruppe zu produktiver sexueller Konkurrenz führte. Vielleicht regierte eine milde Eifersucht, die Männer und Frauen innerhalb der Gruppe dazu antrieb, nett zueinander zu sein, sich Gutes zu tun, aufeinander aufzupassen. Vielleicht hatten die Steinzeitmenschen sie auch schon viel weiter überwunden als wir. Vielleicht hatten sie akzeptiert, was Barash und Lipton als Fazit ziehen: »Es braucht zwei, um den Fremdgeh-Tango zu tanzen«, schreiben sie, »und Menschen lieben es zu tanzen«. Sicher auch in der Steinzeit.

Vielleicht war die Sesshaftigkeit die Geburt von Eifersucht, wie wir sie heute kennen. Vielleicht begann erst damals, analog zum ökonomischen Kapitalismus, der sexuelle Kapitalismus. Denn erst, wenn ich als Mann etwas zu vererben habe, wird es wirklich wichtig, welches mein Kind ist – und welches ein Kuckucksei. Erst wenn ich als Mutter an ein Stück Land und die dort gezeugten Kinder gebunden bin, wird es wichtig, dass mein Mann mich nicht wegen einer anderen im Stich lässt. Aus diesem Zwang zu kleinen, autonomen Familien entwickelte sich über die Jahrtausende der Zivilisation unsere Vorstellung von lebenslanger Treue, die uns heute »natürlich« vorkommt – und die diesen enormen Gipfel der Verlustangst erst errichten konnte.

Ist Eifersucht also *natürlich*? Kommt darauf an, wie weit man zurückblickt. »Es ist menschlich, das zu suchen, was uns schmerzt«, schreibt Marcel Proust. Angst ist sicherlich natürlich. Eifersucht als eine speziell erotisch-romantische Verlustangst ist jedem von uns genetisch und psychologisch einprogrammiert. Sie ist messbar, als Absinken des Serotoninspiegels, was uns in einen Tunnelblick versetzt. Wir nehmen nur noch die Bedrohung wahr. Eine evolutionäre Strategie, um Nebenbuhler frühzeitig zu erkennen und auszuschalten. Wir dürften deshalb eher Nachkommen der eifersüchtigeren Exemplare unserer Spezies sein.

Auch kulturell singen uns die Lieder vor: Wahre Liebe ist immer ein bisschen obsessiv und possessiv. *When a man loves a woman*, will er sie für sich allein, und wenn das nicht klappt, geht es ihm schlecht.

Liebe ist immer ungerecht, und diese Ungerechtigkeit schafft ein Risiko. Der slowenische Philosoph Slavoj Žižek schreibt in »Die politische Suspension des Ethischen«: Die anderen sind zunächst eine »ethische« indifferente Vielheit, und Liebe ist die gewaltsame Geste, in diese Vielheit hineinzuschneiden und eine Eins als den Nächsten zu privilegieren.« Und weiter: »Gerechtigkeit und Liebe sind daher strukturell inkompatibel: Die Gerechtigkeit, nicht die Liebe, muss blind sein, sie muss die privilegierte Eins, die wir ›wirklich verstehen‹, vernachlässigen.« Der Dritte außerhalb eines Liebespaares wird verraten – »dies ist die Erbsünde, die Urentscheidung der Liebe«. Wir spüren die Konsequenz dieser Erbsünde, wir wissen, dass der verschmähte Dritte die Liebe bedroht.

Dabei reicht es manchen Menschen, wenn nur der Hauch, die Andeutung, eine Ahnung von Untreue auftritt, und den besonders Eifersüchtigen reicht es sogar, wenn die Untreue innerlich ist. Der Paartherapeut Wolfgang Schmidbauer, der im ZEIT-Magazin Leserfragen zur Liebe beantwortet, bekam einmal folgende Geschichte erzählt:

»Die Kinder sind an einem Wochenende bei den Großeltern, Christine geht mit Franz essen, alles könnte perfekt sein … da bekommt Franz eine Mail. Christine liest statt der erwarteten Botschaft von den Kindern Schwärmerisches von einer fremden Frau: Sie kenne ihn vom Sport, er sei

ihr Traummann. Franz behauptet, er bekomme von dieser Frau manchmal solche Botschaften, er nehme das nicht ernst. Christine kontrolliert den Familiencomputer, findet heraus, dass er die Fremde gegoogelt hat, dass es weitere Nachrichten gibt. Jetzt ist Christine untröstlich. Warum hat Franz nicht sofort gesagt, dass er glücklich verheiratet ist, und die Absenderin gesperrt?«

Was erwartet Christine? Welche Art von Treue fordert sie hier ein? Wie weit geht ihr Besitzanspruch? Und wie sehr lässt sie sich von der Eifersucht treffen, warum ist sie »untröstlich«, als diese Grenze virtuell überschritten wird? Was sagt es über sie aus, dass sie nicht ein kleines bisschen teilen kann? Wäre es nicht auch denkbar, sich über die Attraktivität *ihres* Mannes zu freuen, statt sich zu ängstigen?

Roland Barthes vergleicht Werthers Lotte, das Objekt literarischer Eifersucht schlechthin, mit einem Kuchen. »Und dieser Kuchen wird aufgeteilt: jedem sein Stück: ich bin nicht der einzige – ich bin in gar keiner Hinsicht der einzige, ich habe Brüder, Schwestern, ich muss teilen, muss mich in die Teilung fügen.« Mensch sein bedeutet teilen zu müssen, von klein auf, selbst als Einzelkind. Das einzig Unteilbare, das einzige, was ich allein habe als Mensch, ist der Tod.

»Überdies«, schreibt Barthes, »wenn ich die Teilung des geliebten Wesens nicht hinnehme, leugne ich seine Vollkommenheit, denn zur Vollkommenheit gehört es, dass sie sich teilen lässt. (…) So leide ich doppelt: an der Teilung selbst und an meiner Unfähigkeit, ihren Adel zu ertragen.« Und: »Die Eifersucht ist eine Gleichung mit drei Unbekannten (Unbestimmbaren): Man ist immer auf zwei Personen zugleich eifersüchtig: ich bin eifersüchtig auf den, den ich liebe, und auf den, der ihn liebt. Der *odiosomato* (so heißt der Rivale im Italienischen) wird von mir geliebt: er interessiert mich, lässt mir keine Ruhe, er ruft mich.«

Es geht, wie immer, letztlich um Teilen und Liebe. Ob das Sexleben eines geliebten Menschen in mir Angst auslöst oder nicht, kommt darauf an, wie Sex und Liebe in einer bestimmten Gesellschaft, Beziehung und individuellen Persönlichkeit definiert sind. Wie gut ich gelernt habe, zu teilen. Wie sicher ich mir der Liebe bin. Welche Erfahrungen ich mit ihr gemacht habe.

Jedenfalls ist der Gipfel, auf dem ich zitternd vor Angst stehe, keine absolute Konstante. Niemand hat mich gegen meinen Willen dorthin gebracht. Die drei Fahrstühle des exklusiven Liebesideals, des Selbstwertes und der öffentlichen Abwertung fahren in beide Richtungen – wenn ich sie mir nur bewusst mache.

Wenn Eifersucht ein Feuer ist, kann ich es anfachen.

Oder löschen.

12. DAS GEGENTEIL VON EIFERSUCHT

Happiness lies in your own hand
It took me much to long to understand
How it could be
Until you shared Your secret with me

MADONNA, SECRET

»Man denkt vielleicht, meine Geschichte sei einzigartig, weil sonst niemand zu 100 Prozent verbrannt wurde«, erzählte John O'Leary im SZ-Magazin. Der Amerikaner verbrannte als kleiner Junge, als er mit einem Benzinkanister spielte. Schwer verletzt und für sein Leben geschädigt überlebte er knapp. Große Teile seiner Haut blieben für immer vernarbt. Ihm fehlen mehrere Finger. Keinen Tag lebt er ohne Schmerzen. Und doch erzählt er offen davon, was die Verletzungen mit ihm gemacht haben. Wie sie ihn stärker machten. »Aber in gewisser Weise werden wir alle im Leben einmal verbrannt. Wenn Sie Ihren Partner verlieren, werden Sie verbrannt.«

Vielleicht hat O'Leary recht. Vielleicht ist die Eifersucht die Angst des Verbrannten vor dem Feuer. Denn jeder von uns hat schon einmal eine Liebe verloren. Wie soll man diese Angst jemals überwinden?

Hilfestellungen dafür sind rar gesät. Jedenfalls ist die Gegenseite, die uns erklärt, wie man Eifersucht zum eigenen Vorteil nutzen kann, stärker vertreten

So schreibt die Zeitschrift Instyle online unter der Überschrift:

»Seine Aufmerksamkeit lässt nach? So machst du ihn eifersüchtig«:

»Rede über andere Männer.

Erzähl ihm doch mal ganz beiläufig, dass du den Typen, der da gerade an dir vorbeigegangen ist einfach meeega süß findest. Rede über den Kerl, mit dem du dich neulich an der Bar so gut verstanden hast oder erwähne beiläufig einen männlichen Vornamen, den er noch nie gehört hat. Er wird mit Sicherheit die Ohren spitzen.

Sei geheimnisvoll. Geh einfach mal nicht ans Telefon, wenn er anruft. Bestimmt fragt er dich jetzt, was los ist, worauf du nur vage Antworten gibst und sehr beschäftigt tust. Tja, jetzt bist du eben nicht die ganze Zeit verfügbar. Das weckt den Jagdinstinkt des starken Geschlechts!

Get Social. Anstatt deine Abende wie gewohnt nach der Arbeit mit deinem Schatz zu verbringen, verplanst du dich plötzlich auffällig viel. Heute triffst du die Mädels aus dem Studium mal wieder, morgen bist du mit deiner Arbeitskollegin auf einen Cocktail verabredet. Am Wochenende bist du plötzlich feiern. Je weniger Zeit er von dir plötzlich geschenkt bekommt, desto mehr wird er wieder Zweisamkeit ei*nfordern und sich um dich bemühen.*«

Dieser zu Buchstaben geronnene Sadismus entspricht leider dem Stand der Forschung in Sachen Liebes-Handel. »Die Welt der Seele ist komplett zugemüllt von den gepanzerten Standards der Frauenzeitschriftenwelt«, schrieb Rainald Goetz einmal. Was im Folgeartikel der Instyle, den »8 Stufen der Eifersucht« steht, erspare ich uns allen. Es zeigt sich, dass Eifersucht auf Knappheiten beruht. Dass sie ein nur vermeintlich legitimer Weg ist, Aufmerksamkeit zu erheischen. Tatsächlich ist sie ein mieser Trick, eine Finte, ein Foulspiel.

Eifersucht ist ein giftiges Gefühl. Wenn ich eifersüchtig bin, geht es mir schlecht. Und doch wird sie nicht nur als Mittel zum Zweck, sondern oft sogar als notwendiges Zeichen von Liebe gesehen, gar als Liebesbeweis. Schon der Kirchenvater Augustinus meinte zu wissen: »Wer nicht eifersüchtig ist, liebt nicht.« Erstaunlicherweise misstrauen wir einer geliebten Person noch mehr als unseren Eltern. »Es ist die Eigenheit der Liebe«, schreibt Marcel Proust in »Auf der Suche nach der verlorenen Zeit«, »dass sie uns gleichzeitig misstrauischer und gutgläubiger macht, uns die Geliebten verdächtigen lässt, bereitwilliger als wir jeden anderen verdächtigen, und dann doch leichter von ihren Unschuldsbeteuerungen überzeugt sind.«

Wie gut wäre es, dieses Gift in drei Schritten loszuwerden?

Der nullte Schritt dabei ist, Eifersucht erst einmal zuzulassen. Sie bewusst zu spüren. Sie zu beobachten. Die Sätze, die sie mir einflüstert, laut zu sagen, aufzuschreiben, zur Not rauszubrüllen. Jakob und Francesca haben sich lange, vielleicht zu lange damit aufgehalten: Reden, zulassen, erklären. Licht ins Dunkel zu bringen. Denn der folgende erste Schritt gegen die Eifersucht ist wahrscheinlich die Erkenntnis, was genau sie ist. Und warum sie so viel weniger nötig ist, als wir denken. Warum sie weniger eine Vertrauensprobe als ein Beweis des Misstrauens ist. Warum diese Angst sinnlos, Eifersucht im Kern widersprüchlich ist.

Beziehungen sind ein Abenteuer. Wenn zwei Menschen zusammenkommen, passiert zwangsläufig einiges. Innere Alarmknöpfe werden gedrückt, Achillesfersen getreten, wunde Punkte mit Salz bestreut, Dämonen geweckt und Abgründe ausgelotet. Keine Beziehung ist jemals völlig sicher. Selten fühlt sie sich wenigstens so an. Es gibt immer offene oder verborgene Ursachen für Unsicherheiten, die sich zu existenziellen Problemen auswachsen können. Es gibt immer eine Alternative zu der Liebe, an der wir gerade hängen. Das wissen wir. Das fürchten wir.

Aber eigentlich fürchten wir dabei keine zukünftige, sondern eine vergangene Verletzung. Barthes schreibt unter dem Eintrag »Agonie«: »wie ein Psychotiker in der Angst vor einem Zusammenbruch versinkt, den er schon einmal erlebt hatte, versinkt der Eifersüchtige in der Angst vor einer Trauer, die schon passiert ist.« Der Ausweg? »Jemand müsste mir sagen: ›Haben Sie keine Angst mehr, Sie haben ihn (sie) bereits verloren‹.« Was meint Barthes genau damit? Will er uns sagen, dass jede Liebe eine Verletzung in sich trägt? Dass wir uns verletzlich machen, wenn wir lieben, und das reale Eintreffen der Trauer letztlich egal ist? Dass wir nicht Angst vor der nächsten Verletzung haben, sondern vor der letzten, die uns noch schrecklich präsent ist?

Barthes schlägt hier einen wichtigen Perspektivwechsel vor. Er richtet unsere Aufmerksamkeit auf die Ursprünge der Angst, auf Programmierungen, Traumata, Konditionierungen. Was in Zukunft passiert, wie es mir in Zukunft geht, meinen wir aus der Vergangenheit zu wissen. Und übersehen dabei, dass wir damit eine möglicherweise furchtbare Zukunft übertreibend vorwegnehmen bis zu einem Grad, der uns die Gegenwart furchtbar macht. Wir haben kein anderes Material als die vergangene Trauer, um eine zukünftige vorzufühlen. Und betrügen uns damit selbst um eine andere Zukunft. Wir haben ihn (sie) schon verloren, wenn wir über ihn (sie) denken wie über den letzten Verlust.

In diesem Perspektivwechsel steckt der erste wichtige Schritt, der Grundsatz der emotionalen *Selbstwirksamkeit*. Ihr Motto: Meine Gefühle gehören mir. Niemand »macht mich eifersüchtig«. Ich selbst mache mich eifersüchtig. Oder eben nicht. Emotionen entstehen in mir. Ich kann sie nicht an- oder ausschalten. Aber ich kann sie beeinflussen. Ich habe eine Wahl, selbst wenn mich jemand absichtlich verletzen will. Einen anderen Menschen dafür verantwortlich zu machen ist zwar wohltuend, nimmt mir aber Macht. Wenn ich hingegen eifersüchtig bin, bin ich nicht frei. Ich bin, nehmen wir es wörtlich, *süchtig* nach dem Partner. Ich entscheide nicht mehr, wie ich leben möchte. Dass Liebe immer und definitiv Kontrollverlust mit sich bringt, ist klar. Aber Eifersucht ist der masochistische Kontrollverlust ohne jeden Gewinn.

Statt blind in die Eifersucht zu stürzen, kann ich mich in eine andere Richtung leiten lassen, Hilfe und Rat suchen. Ich kann mich hinterfragen. Ich kann versuchen, die Eifersucht besser zu verstehen. Ich kann mit meinem Partner darüber sprechen. Ich kann mit einem Profi darüber sprechen. Ich kann mir aussuchen, was auch immer mir guttut. Eifersucht ist nur teilweise »natürliches« Verhalten. Sie ist zum größeren Teil erlernt. Sie kann, wie alles andere auch, ent-lernt werden.

Dazu muss ich genau wissen, was ich eigentlich verdammt noch mal *wirklich* fühle. Ohne Selbstreflexion keine Selbstwirksamkeit. Ich muss wissen, was ich will, brauche und fürchte. Je genauer und klarer ich auf mich selbst schaue, desto einfacher wird alles. Oft genug ist die Unsicherheit, die ich vom anderen empfange, nur Echo einer Unsicherheit in mir. Ohne zu tief in die Psychoanalyse einsteigen zu wollen: Eifersucht ist nie die Wurzel des Übels. Nur ihre entzündete Spitze. Die Wurzel liegt in mir. Ich muss wissen, wo.

Und ich muss wissen, wo ich aufhöre und der andere anfängt – und andersherum. Sein Verhalten kann Anlass sein, eine Ursache. Aber es ist immer noch *sein* Verhalten. Und es sind *meine* Gefühle. Meine Ängste. Und meine Motivation, etwas daran zu ändern.

Dazu gehört auch, dass ich jederzeit aufhören kann, den Nebenbuhler zu verteufeln. Die Vorstellung des Konkurrenten ist immer eine aggressive, ablehnende. Dabei ist die Wahrscheinlichkeit, dass man einander relativ ähnlich ist, sehr hoch. Wieso sollte sich sonst dieselbe Frau, derselbe Mann zu beiden hingezogen fühlen?

Man schreibt dem Nebenbuhler die denkbar schlechtesten Eigenschaften zu. Macht ihn zur Nemesis, zum dunklen Abbild des eigenen Selbst. Ein Negativ der eigenen Person. Weil man schon weiß, dass der andere irgendeine Attraktivität haben muss. Aber doch ist er böse, ein Dieb, der mir etwas wegnimmt.

Dass die Konkurrenz eine Ergänzung sein könnte, ist in diesem Kodex nicht vorgesehen. So wie man niemals die Verflossene oder Ex-Freundin eines Freundes anfasst. Schon auf der Schule, wo Freundeskreise und Milieus eng sind, das Angebot beschränkt, ist Ärger zwangsläufig. Warum denkt man nicht: Wenn sie und ich uns einmal gut fanden und jetzt mein Freund sie gut findet, und ich und mein Freund uns ja ähnlich sind und einander Gutes wollen, dann passen die zwei ja vielleicht zusammen und ich kann das nur unterstützen?

Denken Sie für den Anfang vielleicht mal darüber nach: Die Liebhaber Ihres Partners haben viel gemeinsam. Ihren Partner zum Beispiel. Gut möglich, dass sie sich sehr mögen, statt sich zu hassen. Und was ist Ihnen eigentlich lieber?

Der zweite wichtige Grundsatz ist jener der *Selbstliebe*. So geht es in Madonnas Song »Secret« nicht um einen Seitensprung, sondern um das Geheimnis, dass nur liebt und geliebt werden kann, wer sich selbst liebt. Diese Idee ist heute schon verbreiteter Konsens. Und sie nimmt der Eifersucht einen Teil ihrer Fallhöhe. Denn es gibt im Leben ohne Eifersucht, ohne das vermeintlich rettende Seil gegen den Hausbrand, ein Sicherheitsnetz: Mich selbst. Wer auch allein gut ist, kann viel leichter springen. Denn er hat weniger zu verlieren. Oder besser: nichts.

Der dritte und schwerste Schritt ist wirklich so etwas – der Tänzer Jakob hat mich auf diesen Ausdruck gebracht – wie emotionales Yoga. Es fällt schwer, spannt und zieht, tut manchmal auch weh. Aber ich kann in den leichten Schmerz, in die Dehnung hinein atmen, sie aushalten und die Wärme, die von ihr ausgeht, genießen. Ich kann die Grenzbegehung und -überschreitung als das sehen, was sie ist: eine Erweiterung meiner Möglichkeiten. Weg von der Verkrampfung und Eingrenzung. Hin zu emotionaler Beweglichkeit. Wenn Eifersucht die fremdgesteuerte, giftige Unbeweglichkeit meiner Seele ist, ist ihr Gegenteil eine geschmeidige, ausgeglichene, selbstbestimmte Ruhe. Und die entsteht nur durch positive Emotionen. Mein Partner hat, wenn er flirtet, begehrt wird, wenn er intim wird, positive Emotionen.

Es geht bei diesem Yoga also um die Ausweitung der Empathie auf die sexuelle Freude des geliebten Menschen. Ja, richtig gelesen: Es geht darum, sich mitzufreuen, wenn der andere ohne mich Sex hat. »Compersion« nennen die Polygamen und Polyamoren diese Mit-Liebe. Das Kunstwort, verwandt der »Compassion«, also der Mitfreude, entstand laut Tristan Taormino, Autorin des Polyamorie-Standardwerkes »Opening Up«, in der Kerista-Kommune in New York, später Los Angeles, einer bekannten New-Age-Vereinigung, in der bewusst auch nach neuen Vokabeln für die neu zu gestaltende Welt gesucht wurde. Compersion definiert ursprünglich »das Gegenteil von Eifersucht, also die Freude über Intimitäten des Partners mit anderen«. Mein Partner geht fremd, und ich soll mich also noch freuen? Klingt abartig, oder?

Compersion kennen viele von uns jedoch schon, als erotisches Echo, als Geilheit angesichts der Geilheit des Partners. Wir erinnern uns an Kapitel 6 und 7, an den erregenden Effekt, den es auf viele Menschen hat, ihren Partner beim Sex mit anderen Menschen zu sehen, oder eben mit ihm Gruppensex zu haben. In Taorminos Buch beschreibt es eine Claire so: »Ihn in Ekstase zu sehen, jemanden mit ihm in Ekstase zu sehen, lässt mich es mitfühlen … ich fühle mich als Teil davon. Das ist weder intellektuell noch emotional. Es ist Instinkt.«

Worum geht es mir also in meiner Beziehung? Um mich oder um den geliebten Menschen? Wessen Bedürfnisse sind wichtiger? Wenn ich ehrlich bin, muss ich mich fragen, wie ich zum Genuss, zum Wachstum, zur Selbstverwirklichung meiner Liebsten stehe. Sind die okay, solange meine Befindlichkeiten nicht tangiert werden? Oder sind sie wirklich wichtig, so wichtig wie alles, was ich will? Will ich, dass er oder sie prosperiert? Oder nur, solange ich ihre Höhepunkte exklusiv für mich habe? Und warum teile ich diesen besonderen Menschen ansonsten gern, wieso darf er oder sie intensive Gespräche mit Freunden haben, tiefe Erfahrungen machen, auf einen Berg klettern, spirituelle Einsichten suchen, alles ohne mich – aber auf keinen Fall Sex?

Sich für andere mitfreuen fällt uns in anderen Bereichen leichter. »Freu dich doch für deinen Bruder oder deine Schwester«, hört jedes Kind. Kleine Kinder können das besser und schlechter zugleich. Ihre Phantasie und ihr Ego lassen sie manchmal wie kleine selbstsüchtige Tyrannen, manchmal wie selbstlose kleine Jesuskinder erscheinen. Was sie jedoch haben, bezeichnet man auch als »muchness«. Sie verstehen oft leichter, dass die Welt besser wird, je mehr von etwas da ist. Egal, wer es warum mit wem hat.

Liebe, Sex, Zärtlichkeit. Es sind die schönste Dinge auf der Welt. Egal, wie diese Dinge gerade verteilt sind – je mehr, desto besser, das würden wir doch alle unterschreiben? Nur wir kleinen selbstsüchtigen Egoisten wollen immer maximal viel davon, und am besten exklusiv von mindestens einem Menschen, sonst denken wir, wir kommen zu kurz, wie eben ein bockiges Kind, das noch nicht teilen gelernt hat. Aber es ist so einfach: Sex ist etwas Gutes. Der geliebte Mensch ist etwas Gutes. Warum soll plus mal plus minus ergeben?

Compersion ist nicht einfach. Jakob und Francesca arbeiten auch nach Jahren daran, sie stärker zu fühlen als die Eifersucht. Aber es lohnt sich. Den Genuss eines geliebten Menschen positiv in sich nachhallen zu spüren, darüber zu reden und die sich widersprechenden Gefühle zwischen Empathie und Verlustangst auszusprechen, das alles ist emotionales Yoga. Sich dem Schmerz aussetzen, um zu merken, dass es geht. Dass man daraus lernt. Dass man seine Grenzen verschiebt. Dass man zusammen wirklich eins wird.

»Obwohl es die schwerste für mich ist, ist es auch die echteste Art, mit jemandem zu leben«, sagt ein Polyamorer in »Opening Up«. »Man formt seine Beziehung in jeder Sekunde.«

Oben auf dem Gipfel stehen, dem *Peak Eifersucht*, hinunterzuschauen und die Angst zu spüren, und dann durchzuatmen, die ersten Schritte ins Tal zu wagen und sich darüber freuen, dort den geliebten Menschen zu treffen – das ist echte Freiheit. Und bringt echten Frieden. Egal, was auf dem Weg wirklich passiert oder nicht. Egal, wie man die Beziehung sonst lebt. Weniger Eifersucht ist immer besser.

Ob das für jeden funktioniert? Keine Ahnung. Was für niemanden wirklich funktioniert, ist das Schweigen. Weil darüber reden schon verletzt, tun viele Paare so, als wäre nichts. Es ist ein Aberglaube, man würde die Untreue durch Ehrlichkeit heraufbeschwören. Wir bauen unsere Beziehungen viel zu oft auf der Täuschung auf, dass beide ach so gern »treu« sind. Und riskieren damit mehr, als wir gewinnen. Will ich denn mit jemandem zusammen sein, dem ich emotional ständig ängstlich Grenzen setze?

»Wenn du etwas liebst, lass es gehen. Wenn es wahr ist, wird es zurückkommen.« Ein Kalenderspruch. Aber nicht ohne einen wichtigen Punkt. Wie wäre es mit einer anderen, ehrlicheren Liebeserklärung: *Ich gebe dir alles. Ich lege dir alles hin, was ich bin und habe. Ich lasse mich von dir erkennen und durchschauen. Wenn Du mich dann verlässt, weil ein anderer für dich besser riecht, besser fickt, besser* ist –

dann soll es so sein. Dann war ich nicht der richtige. Aber immerhin war ich der echte.

Wirkliche Liebe besteht fort, auch wenn der Partner bei jemand anderem ist. Das andere (Attraktivität, Sex, Zeit, Aufmerksamkeit) ist teilbar. Wie und wann und mit wem, können wir jeder selbst bestimmen. Und das sollten wir auch selbst bestimmen. Nicht die Gesellschaft, nicht Hollywood, nicht ein Beziehungsideal, das wir ungefragt übernehmen. Die Alternative, die ewige Eifersucht, ist nicht echt. Sie trägt immer eine Lüge in sich. Sie ist unwürdig. Sie ist das Leben mit und unter der Furcht.

»Ich hätte mit 16 gern gewusst«, antwortete die Bestsellerautorin Cornelia Funke auf die Frage des ZEIT-Magazins, »dass das Einzige, was zwischen uns und dem Leben steht, die eigene Angst ist, und dass man sie nicht füttern darf, indem man ihr nachgibt. Ich hätte gerne gewusst, dass es keine Veränderung gibt, ohne dass man dafür mit Angst bezahlen muss, und wie wunderbar glücklich und frei es macht, Dinge zu tun, vor denen man sich fürchtet.«

Wie will ich mit der Angst umgehen, die mich und meine Beziehung lähmt? »Wahre Liebe schaut nicht auf sich selbst, sondern auf den Partner. Und darum ist sie glücklich, wenn der Partner glücklich ist«, schreibt Anand Buchwald. »Darum müsste man die Aussage des Augustinus eigentlich umdrehen: Wer eifersüchtig ist, liebt nicht.« Zumindest, so hart das klingt, nicht selbstlos und nicht umfassend.

Eifersucht und ihre Überwindung hängen von der Art ab, wie wir lieben. Wir sind eifersüchtig, weil wir so verliebt sind. Aber warum lieben wir eigentlich? Und wie? Womit wir endlich bei der Liebe wären.

Louise

Stellen wir uns eine Frau vor. Sagen wir, sie heißt Louise. Sagen wir, sie ist schön. Von einer Sorte schön, dass alle, Frauen und Männer und Alte und Junge, sie anschauen müssen. Und nehmen wir an, sie hat auch eine schöne Stimme. Eine schöne Art zu sprechen. Langsam. Bedacht. Mit langen Vokalen. Manchmal ein wenig undeutlich, die Worte diesig, wie ein Wolkenschleier vor der Sonne. Aber ihre Stimme ist immer da. Wenn man sie später auf dem Band hört, das man von ihr aufgenommen hat, in einer Bar, bei Gin Tonic und Zigaretten und Swing, hört man sie durch den Lärm. Sie ist gleichzeitig dort und hier. Und gleichzeitig noch weiter weg.

Sie ist in dieser Nacht vor neun Jahren, November, im Berghain, diesem Club in Berlin, von dem damals und heute alle reden. Louise, 25 Jahre alt, nach Berlin gekommen, um zu studieren, ist mit Freunden feiern. Betrunken. Ein blonder Mann, »er stand verdruckst und schüchtern mit seinem Babyface an einer Säule«, spricht sie an. Sie fragt ihn, ob er Koks hat. »Ich hab nur Pilze, im Auto.« Sie lehnt ab. »Gibst du mir deine Nummer?«, fragt er.

Dieser Mann, nennen wir ihn Nummer Eins, elf Jahre älter als sie, beginnt als Affäre. Sie findet ihn »niedlich, aber nichts weiter.« Sie treffen sich einmal, zweimal pro Woche in Berlin, machen lange Spaziergänge, erzählen voneinander. Dass er verheiratet ist, sagt er nie direkt. Aber sie weiß es.

Nach ein paar Monaten Spazierengehen gesteht er ihr, dass er sich verliebt hat. Dass er ausziehen will, seine Frau verlassen, mit ihr zusammen sein. Alles.

Sie antwortet: »Auf keinen Fall. Bitte nicht.« Er soll eine Affäre bleiben.

Für ein Kunstprojekt verschanzen Louise und er sich zusammen mit zwei anderen für 72 Stunden in einem Hochbunker. Sie kaufen vorher ein, kochen auf einer Kochplatte Pasta. Es ist ein bisschen wie Schullandheim für Erwachsene. Louise hat nichts Besseres zu tun.

»Ich war extrem gelangweilt damals, ich fand das eine gute Abwechslung.«

Sie beobachtet ihn. Dieses Mal steht sie an einer Säule. Er liegt auf einer Liege, in seiner grauen Jogginghose, die er oft trägt. Er spricht mit einem der anderen. Er sieht sie nicht. Sie sieht seinen Mund, seine Lippen, wie sie Worte formen. Seine Hände, die sich dazu bewegen. Sie sieht ihn. Etwas in ihr klickt.

»Ich dachte nur: Wow! Ich habe gerade miterlebt, wie ich mich verliebe.« Sie sagt es ihm sofort.

»Ab diesem Tag waren wir zusammen.« Alles geht schnell. Er verlässt seine Frau, sie fahren für sechs Wochen weg, nach Israel, Tel Aviv. In einer Wohnung eines Bekannten leben sie ein sehr langsames Leben, jeden Tag an den Strand, fahren nach Jerusalem, zum Toten Meer. Sie will eigentlich ihre Magisterarbeit schreiben, aber schon nach wenigen Tagen geht ihr Rechner kaputt. Also: Nichts tun. Lieben.

»Es war eine ultraromantische Flucht. Alle Brücken abbrechen, nur wir zwei. Für mich war es, mit 25 Jahren, das erste Mal, dass ich verliebt war. Nicht nur verknallt. Sondern dass ich richtig *geliebt* habe.«

Verknallt war sie oft, aber eher unglücklich, nicht erwachsen. »Ich habe mich oft in Männer verguckt, die ich nicht haben konnte. Aber das jetzt, das war sofort eine tolle Beziehung. Mit sehr viel Freiheit. Wir haben uns sehr viel Raum gelassen. Und trotzdem viel Zeit miteinander verbracht. Immer, wenn wir beide in Berlin waren.«

Er reist sehr viel. Wenn er unterwegs ist, sprechen sie nicht miteinander. »Das war okay. Ich habe den Abstand genossen. Das Wiedersehen war dafür das Tollste.« Er beeinflusst sie. Bestärkt sie, zu schreiben. »Ohne ihn wäre ich nicht das, was ich heute bin.«

Er fragt sie, ob sie Kinder will. Sie sagt: »Ja, aber nicht jetzt.« Er will keine. Niemals. Er hat sich längst sterilisieren lassen.

Für sie ist damit der Horizont gesetzt. Noch ist sie jung. Aber was ist in ein paar Jahren? »Mir war klar: Er will mir das nicht nehmen. Und ich werde und will ihn nicht umstimmen. Also wird eines Tages ein anderer kommen.«

Auf dem Geburtstag eines Bekannten sieht sie diesen Mann. Er schaut düster aus tiefliegenden Augen. Sie beobachten sich.

»Sofort war klar: Wir müssen jetzt miteinander reden.«

Es ist die körperliche Anziehung, schlagartig. Sie stehen so herum, draußen, fröstelnd, und sprechen. Dann fahren sie ein Stück miteinander auf dem Fahrrad heim. Schreiben sich auf Facebook. Treffen sich. Mittags, abends. Immer heimlich. Sie ist ja vergeben. »Es war aufregend. Das alte nicht mehr.«

Der neue will reinen Tisch. Nach einem Monat verlässt sie Mann Nummer Eins.

»Ich wollte zwar in Wahrheit immer noch keine Kinder haben. Aber statt an der schal gewordenen Beziehung zu arbeiten, dachte ich: Es geht ja sowieso nicht wirklich weiter. Also bildete ich mir ein, Kinder haben zu wollen. Einfach, damit etwas passiert.«

Und Mann Nummer Eins? Sie können nicht darüber reden. Sie will nicht darüber reden. Nach vier Jahren geht die Beziehung zu Ende.

»Und in dem Moment ist bei uns beiden die Hölle losgebrochen. Durch diese dritte Person war die Ödnis, die sich eingeschlichen hatte, plötzlich vorbei. Der Sex war auf einmal wieder großartig. Alles leuchtete wieder.«

Aber sie meint es auch mit dem Neuen ernst. Und der mit ihr.

Also sprechen sie darüber, wie es wäre, wenn sie einfach mit beiden zusammen wäre. Aber der neue Mann will das nicht. Er will sie allein.

»Ich war komplett hin- und hergerissen. Zwischen meiner großen Liebe und einer neuen Liebe, mit der ich Kinder haben könnte.«

Nachts um drei klingelt der Erste bei ihr. Er sagt: Komm runter! Wir müssen reden! »Es war ein Superdrama. Ich war komplett fertig.«

Er sagt: »Du wirst nicht lange mit ihm zusammen sein. Du wirst keine Kinder mit ihm bekommen.«

Und er hat recht. Eigentlich stimmte ja alles mit ihnen. Aber diese Kindersache! Die ist in ihrem Kopf. Die lässt sie nicht mehr los.

Der neue Mann ahnt, dass sie den anderen noch sieht. Dass sie nicht loskommt von ihm.

»Heute würde ich sagen: Der war nur da, damit wir weiterkommen konnten.«

Aber ihr Freund, oder nunmehr Ex-Freund, hat panische Angst, allein zu sein. Schon als er seine Frau für Louise verließ, durfte keinerlei Übergangszeit entstehen. Also hat er sich auch jetzt schon eine neue Frau gesucht. Falls sie ernst macht. Sie ist nicht überrascht.

»Er hatte schon früher einmal etwas mit ihr. Und kaum war ich weg, war sie da. Drei Monate später hat er sie schon geheiratet und ist mit ihr nach New York gezogen.«

Der Weg zurück ist für Louise damit verbaut. Die Liebe ihres Lebens ist über den Ozean. Mit einer anderen Frau. Ob er das länger geplant hatte? Louise weiß es nicht. »Vielleicht hat er ein inneres Casting gemacht, wer die nächste sein könnte.«

Der neue Mann merkt, dass sie nicht frei ist. Er macht Schluss.

»So toll wir uns fanden, so toll wir körperlich funktioniert haben, so wenig haben wir uns gemocht. Wir haben uns eigentlich gar nicht verstanden.«

Sie ist allein. Was tun? Ihre Therapeutin rät ihr: diesem einen ersten Mann, dieser starken Liebe muss sie nachgehen. »Also flog ich nach New York.«

Dort schreibt sie. Spaziert durch die Stadt. Trifft ihn. Seine Frau weiß von ihr, sieht sie sogar einmal. Es ist ihnen egal. Sie kommen sowieso nicht voneinander los. Das wissen sie jetzt. »So ist es seitdem. Fünf Jahre. Bis heute.«

Manchmal verreisen sie zusammen eine Woche. Ansonsten sehen sie sich in Berlin, wenn er dort ist. In dem Haus, das er einmal auf dem Land für sie beide gekauft hat. Gehen essen. Reden über Freunde und die Arbeit.

Ein paar Mal droht er nicht nur, alles zu beenden, sondern versucht es wirklich. Will sie nicht mehr sehen. Aus schlechtem Gewissen seiner Frau und ihr gegenüber. Aber er kommt immer wieder zurück. Sie kommt immer zu ihm.

»Wenn es ein zentrales Motiv bei allem gibt, dann ist es die Sehnsucht«, sagt sie. »Die immer da bleibt. Nicht gestillt wird. Vielleicht geht es genau darum, etwas nicht zu bekommen.«

Sie sehen sich zwar. Manchmal. Aber Louise leidet. Lange. Sie trauert um ihre erste große Liebe. »Mein Leben war abgefuckt. Ich war todtraurig. Am Ende.«

Vor zweieinhalb Jahren ist sie bei einer Lesung. Irgendwann steht ein Mann neben ihr. Er ist fünf Jahre älter. Genau ihr Typ. Sie unterhalten sich. Gehen auf die Dachterrasse. Sie riecht sein Parfum. Macht ihm ein Kompliment. Sie ziehen weiter auf eine Party, sie tanzen, er baggert und flirtet. Als sie vor ihrem Hotel angekommen sind, »saubetrunken«, gibt es diesen Moment. »Küssen wir uns jetzt?«, fragt sie sich. Es ist halb vier Uhr morgens, »ich konnte nicht mehr gerade gucken«.

Sie weiß, dass er verheiratet ist. Und zwei Kinder hat. Sie weiß, dass er am nächsten Morgen früh raus muss. »Also haben wir es dabei bewenden lassen. In dieser Nacht. Und für lange Zeit.«

Mehr als ein Jahr haben sie eine »Chat-Freundschaft«. Er flirtet, schreibt »romantisches Zeug«, ohne Rücksicht auf Verluste. »Was ist denn da mit dieser Ehe los«, fragt sie sich, »dass er diesen romantischen Kram auf mich ablädt?« Aber sie findet es gut, dass er sich verletzlich macht.

Und beginnt, selber loszulassen.

Wenn einer in der Stadt des anderen ist, treffen sie sich zum Trinken. Die Spannung ist immer da. Aber es bleibt bei zufälligen Berührungen, »ganz keusch.«

Sie sehen sich immer wieder, »wir haben quasi darum gebettelt, dass was passiert«. Sie hat noch Liebeskummer wegen des anderen, lehnt ansonsten alle Angebote ab, fühlt sich zu unglücklich. Der Gedanke, »auch nur mit einem anderen einen Kaffee zu trinken, widerte mich geradezu an. Ich habe mich in diesem Unglück gesuhlt.«

Irgendwann, endlich, verbringen sie einen ganzen Tag miteinander wie im Rausch, gehen essen, dann auf ein Konzert, ziehen weiter, tanzen, »es wurde immer kribbeliger«, bis die Spannung, die die ganze Zeit zwischen ihnen war, doch noch explodiert.

Sie küssen sich, landen im Bett. Es ist ihr erstes Wochenende als Liebende.

Er erklärt ihr, dass er seine Frau liebt und sie es toleriert, wenn er mit anderen Frauen schläft. Sie hat keine Lust auf andere Männer. Es geht nicht um Gleichgewicht. Sondern um Glück, erzählt er. Und Louise erzählt ihm von ihrem Dasein als Geliebte eines verheirateten Mannes.

Eine Woche später trifft sie Nummer Eins wieder. Und es ist, als wäre Nummer Zwei mit im Raum. Sie erzählt ihm davon. Er sagt, er freue sich für sie. Immer hat er gesagt: »Verliebe dich neu. Schluss mit dem Schmerz.«

Der Weg ist frei für Mann Nummer Zwei. »Es war klar: Wir sind verliebt. Wir wollen miteinander weitermachen. Aber niemand muss sein Leben dafür ändern. Und so ist es seitdem.«

Sie sehen sich einmal im Monat. Online sind sie in ständigem Kontakt auf Facebook. Morgens, wenn sie aufstehen. Abends, wenn sie ins Bett gehen. Der andere ist immer da. 53 000 Nachrichten haben sie sich in diesen zweieinhalb Jahren geschrieben.

»Das fühlt sich, trotz oder gerade wegen der Distanz, sehr nahe an. Und sehr gut.«

Seine Frau kennt sie, aus seinen Erzählungen.

»Ich habe aus der Distanz nichts als gute, warme Gefühle für sie.«

Dass er seine Familie nicht für sie verlassen will, gibt ihr ein gutes Gefühl. Macht ihre Beziehung eher stabiler. Und erlaubt den beiden, total offen zu sein.

»Es gibt keine Geheimnisse. Was sollten wir auch voreinander geheim halten?«

Auch dem Mann Nummer Eins erzählt sie oft von ihm, stellt sie einander sogar virtuell vor. Es gibt keinen Konflikt.

»Wir sehen uns nicht so oft, weil er Familie hat und sich kümmern will. Aber wir lieben uns und streben in dieselbe Richtung. Ich würde schon sagen, dass wir *zusammen* sind.«

So viele Leute wie nötig wissen davon. Sie verstecken sich nicht. Es soll so sein und so bleiben.

»Ich würde den zweiten niemals verlassen. Ich will nicht mehr exklusiv mit dem ersten zusammen sein. Ich habe gesehen, dass es auch anders gehen kann. Ich bin für so viel Exklusivität versaut. Ich will keine Monogamie, keine Eifersucht. Ich kann diesen Schritt nicht mehr zurückgehen. Dafür ist es einfach zu gut.«

Sie hat zwei nicht-exklusive Beziehungen. Sie könnte noch mehr haben. »Es ist besprochen, dass ich machen kann, was ich will. Dem ersten bin ich nichts schuldig. Der zweite findet toll, was auch immer ich mache. Er erfreut sich daran, er gönnt mir jede Freude.«

Der zweite Mann geht manchmal zu anderen Frauen. One-Night-Stands. Booty Calls. »Aber das gefährdet nichts von dem, was wir haben. Wir sind so wahnsinnig ineinander verliebt! Das ist manchmal kaum auszuhalten. Das kann keine Bettgeschichte berühren.«

Den ersten kennt sie lange, durch wichtige Lebensphasen hindurch. »Der ist mir so wichtig. Ich liebe den auch. Ich kenne ihn in- und auswendig. Finde ihn bescheuert, in mancher Hinsicht. Seine Sprachlosigkeit. Aber ich kann ihm auch nichts übel nehmen. Ich werde total weich bei dem.«

Einmal, als sie zusammen in einem See schwimmen, sieht sie sich und den Mann von oben. »Das war das perfekte Sinnbild. Wir sind auf Gedeih und Verderb zusammen. Ob wir wollen oder nicht.«

Die neue Beziehung nimmt Druck von ihm. Das System ist stabil, zu dritt.

»Es geht mir hervorragend«, sagt Louise.

Dass sie die Geliebte zweier verheirateter Männer ist? »Ich weiß, was man von mir denken mag. Und es ist mir egal.« Sie sieht sich nicht als schwaches Anhängsel. Sondern in genau der Position, in der sie sein will. Frei und doch gebunden. Geliebt.

Die zwei Männer sind einander keine Konkurrenz. Und Louise braucht keinen offiziellen Status. »Nur in schwachen Momenten stören mich manche Dinge.« Zu wenig Zeit, vor allem, die beide für sie haben.

Gleichzeitig leidet sie »sicher nicht an einem Minderwertigkeitskomplex. Ich weiß, was ich ihnen bedeute.« Auch das körperliche macht sie nicht mehr eifersüchtig. »Ich weiß: Manchmal liegt vielleicht nur ein kurzer Flug zwischen mir und einer anderen Frau. Aber das ist mir echt egal.« Seine Frau weiß nicht von Louise. Sie weiß, dass es andere Frauen gibt. Mehr nicht. Die Frau von Nummer Eins verdrängt es eher, hat sich aber auch damit arrangiert, dass es Louise gibt.

Drei bis zehn Tage im Monat ist Louise also die Freundin von jemandem. Immer zu wenig. »Ich bin nur eifersüchtig auf Zeit. Ich hätte gern mehr Zeit mit beiden. Vor allem auf Reisen. Aber das ist nicht zu ändern. Und eben irgendwie auch gut so.«

Sie arbeitet viel. Hat ihre Freunde. Wohnt mit ihrer besten Freundin zusammen. »Ich habe keine Langweile. Und keine Einsamkeit. Nur Sehnsucht.«

Die ersten Berührungen, der erste Sex ist immer unglaublich. Besser denn je. Die paar Tage zusammen: Immer großartig. Dazwischen vermisst Nummer Zwei sie sehr. Sie ihn nicht so. Er ist ja da. Sicher. Dass er seine Frau für sie verlässt?

»Das wäre eine Schuld, mit der ich nicht leben wollte. So sehr ich diese klischeehafte Frauenrolle der Geliebten hasse, so wenig möchte ich, dass er seine Kinder allein lässt. Und er will das am allerwenigsten.«

Nur ganz selten, wenn es ihr schlecht geht, wünscht sie sich jemanden, der da ist. Was wäre, wenn sie wirklich einmal ernsthaft krank würde? »Aber ich habe ja noch meine Freunde und meine Eltern.«

Über die Zukunft macht sie sich keine Gedanken. Es bringt nichts. Sie ist unberechenbar. »Ich hätte niemals gedacht, dass ich einmal so leben würde. Mit diesen beiden Männern.«

Was ist, wenn sie jemand neues trifft?

»Kann ich mir nicht vorstellen.«

Wenn sie nachts jemand nach ihrer Nummer fragt, sagt sie nicht: »Ich habe einen Freund.« Sie braucht keine lahme Schutzbehauptung. Aber sie kann »furchtbar arrogant sein«, sagt sie und lacht. »Es geht ja auch niemanden was an.« Interessiert ist sie sowieso nicht.

Abenteuer? Klar, die gibt es. »Neulich habe ich einen Typen kennengelernt, der ließ mich betrunken sein Cabrio durch Kreuzberg fahren. Das war ein gutes Abenteuer. Und hätte auch im Bett enden können. Wollte er aber dann doch nicht. Fand ich auch okay.«

Sie zuckt mit den Achseln.

»In dem Moment, wo Abenteuer erlaubt sind, auch sexuelle, sind sie nicht mehr so interessant. Der Jagdinstinkt lässt nach.«

Dazu musste sie erst mal herausfinden, dass sie die Regel selber machen kann. »Heute kann ich sagen: Das bin ich und so lebe ich halt und ich will mich nicht verbiegen – das sagen zu können, macht sehr zufrieden. Es ist so viel besser als die monogame Ehe zu behaupten und doch hinter dem Rücken zu betrügen. Diese Fragen: Wie will ich leben? Wie will ich lieben? Die sind doch das wichtigste auf der Welt. Da ist nichts, wofür ich mich schämen muss.«

Die Sehnsucht, ihre ständige Begleiterin, hat sie lieb gewonnen.

»Ich kriege immer ein bisschen zu wenig. Das ist gut.«

Was bleibt: ihr Kinderwunsch. Sie hatte eine sehr glückliche Kindheit. Ihr war immer klar: Ich will Kinder. »Durch den wahnsinnigen Schmerz, dass eine Beziehung daran zerbricht, war dieses Thema fast versaut. Ich konnte auch lange keine Kinder anschauen, ohne dass dieser Schmerz zurückkam.«

Aber jetzt? Nach wie vor hat sie weder den *einen* Mann noch die *eine* Beziehung, um Kinder zu bekommen. Aber sie hält es für eine gute Idee, Kinder außerhalb der romantischen Beziehung zu haben.

»Dass das nicht das Erfolgsmodell ist, ebenso wie die Monogamie, kann man empirisch feststellen. Das hat sich für mich erledigt.«

In ihrer Abschlussarbeit hat sie sich mit homosexuellen Paaren beschäftigt, die zusammen Kinder erziehen. Sie spricht mit ihrer besten Freundin und Mitbewohnerin darüber. Ob sie mit ihr ein Kind haben würde? Beide sagen: ja. Wir können das. »Fehlt nur noch ein Mann.«

»Die Konstellation wäre super. Nur: macht mich ein Kind glücklicher? Oder ist es dann so: Ich liebe mein Kind, aber hasse mein Leben?« Seit Stunden sitzen wir in der verrauchten Bar. Um uns kommen und gehen die Menschen. Louise hat alle Zeit, alles zu erzählen. Zeit für Gins und Zigaretten.

Sie liebt ihre Freiheit. Die Reisen. Das Arbeiten. Ihre zwei Männer.

»Die Frage ist doch: Kann ich mir ein gelungenes Leben vorstellen, ohne Mutter geworden zu sein?«

Noch lautet die Antwortet an den meisten Tagen: ja. »Vielleicht wache ich auch irgendwann auf und bin 45. Ohne Kind. Dann ist es eben so.«

Bald will sie Mann Nummer Zwei ihrer Mutter vorstellen. »Sie freut sich total. Und er sich auch.« Seinen Ehering wird er nicht abnehmen. Er gehört zu ihm. So wie Louise.

IV. LIEBE

13. AUF EINE PIÑA COLADA

»It is possible that longing for something is better than actually having it. I've heard it said that satisfaction is the death of desire.«

HANK MOODY

Der Typ, nennen wir ihn Jimmy, war seiner Lady müde. Zu lange waren sie schon zusammen. Die Beziehung kam ihm vor wie die abgenudelte Platte eines Lieblingssongs. Immer noch voller Liebe. Aber eben schon tausend Mal gehört und gefühlt.

Und wie seine Frau so schlafend neben ihm liegt, liest der Typ in den Zeitungsanzeigen etwas, das ihn elektrisiert. Da hat eine Frau die gleichen Vorlieben wie er! Mag Piña Colada, aber kein Yoga. Ist ein bisschen doof. Aber romantisch. Also antwortet der Typ. Und verabredet sich mit der geheimnisvollen, aber doch so vertrauten Fremden in einer Bar. Er ist gespannt: Beginnt jetzt ein neues Leben?

Als er dort sitzt und seine Lady längst vergessen hat, taucht sie auf: Seine Traumfrau. Das Gegenstück zu ihm. Seine alte, neue Liebe.

Seine Frau hat die Anzeige geschaltet. Seine Frau war noch vor ihm gelangweilt und suchte jemanden, etwas Neues. Seine Frau ist die, die ihn neu belebt hat.

Sie lachen. Beide betrogen. Beide daran erinnert, was sie aneinander haben. »Ich wusste nicht, dass du auch Piña Colada magst«, sagt er zu ihr. Und: »Du bist die Lady, nach der ich gesucht habe. Komm mit mir und wir hauen ab.«

So geht der 80er-Hit »Escape« von Jimmy Buffett, den viele nur als »The Piña Colada Song« kennen.

›If you like Piña Coladas, getting caught in the rain
If you're not into yoga, if you have half a brain
If you like making love at midnight in the dunes on the cape
I'm the love that you've looked for write to me and escape‹

Der Song ist erstens eine todsichere Partynummer. Zweitens erzählt er in vier Minuten die ganze Geschichte moderner Liebe. Und die geht wie folgt: Wir brauchen jemanden. Der zu uns passt. Mit dem wir viel gemeinsam haben. Der aber auch spannend bleibt. Möglichst lange.

Wir suchen eigentlich die meiste Zeit nach ihm oder ihr. Wir haben gewisse Suchbegriffe und Ausschlusskriterien: Piña Colada, ~~Yoga~~, Sex um Mitternacht in den Dünen. Wir wünschen uns ein gutes Leben (wie wir es definieren) mit dem Menschen, eine gewisse Form der Romantik. Dafür gewisse Dinge auch wieder nicht. Und wir haben Schwächen. Wir haben Mängel. Die soll der andere akzeptieren. Oder besser noch: lieben.

Wenn wir diesen Menschen dann gefunden haben – und es gibt ihn nur einmal, es gibt DIE eine Liebe nur mit bestimmtem Artikel – dann heißt es: »Escape«. Fliehen. Dem einsamen Leben von der Schippe springen. Hand in Hand in den Sonnenuntergang! Diese eine Liebe ist unser Fluchtauto aus der Einsamkeit.

Aber dieses Auto hat nicht unbegrenzt Benzin. Irgendwann wird die Liebe zwangsläufig langweilig. Wie alles, so gern man es auch mag, irgendwann nicht mehr neu ist. Dann sehnt man sich nach etwas Neuem. Dann werden wir zu Idioten. Wir sehen das Glück vor lauter Routine nicht mehr. Dann braucht es einen Anstoß, einen Perspektivwechsel. Und wenn sie oder er der richtige Mensch war, wird er oder sie es auch wieder werden. Ein kurzer Flirt mit dem

Neuen, dem Fremden reicht oft schon, um uns wieder zu zeigen, was wir haben. Einmal in der Pizzeria schnuppern, schon duftet der heimische Herd wieder wie das Glück allein.

Schöne Vorstellung, oder? Aber: Wie kommen wir auf diese Story? Wo kommt unsere Art, von der Liebe zu erzählen, eigentlich her?

14. EINE KURZE GESCHICHTE DER LIEBE

»Was du Liebe nennst, das haben Leute wie ich erfunden, um Nylonstrümpfe zu verkaufen.

DON DRAPER, MAD MEN

Bis Rupert Holmes anno 1979 von der Piña Colada singen konnte, bis Louise heute mit zwei Männern leben kann, mussten einige Hindernisse beseitigt werden. Die meiste Zeit vorher entschied man in der Liebe nicht aufgrund von Cocktailvorlieben oder Unsportlichkeit. Sondern mit dem Geldbeutel.

Die vormoderne Partnersuche war die wirtschaftlich mitunter wichtigste Entscheidung im Leben eines Menschen. Und damals waren wirtschaftliche Entscheidungen lebenswichtige Entscheidungen. Das Eigentum der Frau ging auf ihren Mann über. Der Mann war ab jetzt für seine Frau und ihre gemeinsamen Kinder verantwortlich.

Liebe? Vielleicht. Aber es ging, mindestens seit der frühen Antike bis ins 20. Jahrhundert hinein, eher um einen gemeinsamen Betrieb und Solidarität untereinander. Um eine funktionierende Gütergemeinschaft. Ums Überleben.

Ganz am Anfang hatte nicht einmal die Vokabel für Liebe etwas mit Gefühlen zu tun. Laut Niklas Luhmann ist das Grundwort für

Liebe in der älteren griechischen Literatur nur als das Adjektiv *philos* zu finden. Als Bezeichnung, die »Haus- und Verwandtschaftsverhältnisse einer nach Häusern, Geschlechtern und Stämmen differenzierten Gesellschaft und soviel wie nahestehend, zugehörig heißt (angewandt auch auf Dinge, Tiere, den eigenen Körper), also die Gesellschaftsstruktur unmittelbar zum Ausdruck bringt«. Erst später wird mit dem Hauptwort »Philia« auch ein Affekt gemeint. Liebe ist zuallererst ein »konstituierendes Merkmal der Gesellschaft« im Sinne von Solidarität, neben der politischen und religiösen »Liebe«. Solidarität untereinander, nicht gegenüber Fremden, aufgrund von Zugehörigkeit. »Passionierte individuelle Zuneigung kommt natürlich vor, macht sich gesellschaftlich aber eher als störende Kraft bemerkbar.« Siehe Romeo, Julia, und wie sie alle hießen.

So ist die Liebe auch in der Bibel etwas, das man Gott entgegenbringen muss, und der Gemeinde, in der man lebt. Ansonsten bitte eher unterdrücken. Das Weib soll dem Mann Kinder schenken, der Mann soll das Weib respektieren und es ernähren. Gefühle sind unbrauchbar und unwichtig. »Liebe deinen Nächsten« ist ein moralphilosophischer Solidaritätsaufruf. Keine Romantik. So heißt es in Epheser 5:25–28: »Ihr Männer, liebt eure Frauen, wie auch Christus die Gemeinde geliebt hat. (…) Wer seine Frau liebt, der liebt sich selbst.« Die Frauen? Sollen sich unterordnen.

Der Apostel Paulus befindet: »Die Liebe ist langmütig, die Liebe ist gütig.« Auch in seinen bei Hochzeiten oft zitierten Korintherbriefen geht es eher darum, wie man mithilfe der Liebe schwere Zeiten übersteht. Was sie einer Verbindung nutzt. Und dass alle Liebe von der Liebe zu Gott abstammt. Im christlichen Ehegelübde sagen die Brautleute dann: »Ich will dich lieben und ehren.« Wie nett von ihnen. Das ist eine Absichts-, keine Liebeserklärung. Jeder Handyvertrag ist romantischer. Immerhin verlängert der sich alle zwei Jahre von alleine.

Erst im Mittelalter, so Luhmann, wird »das Medium Liebe« auf eine einzelne Person eingegrenzt. Seine schicksalhafte Bestimmung stürzt den einzelnen in die Passion, ein Leiden an der krankheitsähnlichen Besessenheit der Liebe. Zwar ist das Subjekt kaum verantwortlich dafür. »Passion« ist ein passives Leiden. Doch hat man sich dazu moralisch zu verhalten. Liebe als Dauerzustand ist selbst für Eheleute moralisch und medizinisch illegitim. Im *Speculum Doctrinale* (»Spiegel der Grundsätze«), einem von dem Dominikaner Vinzenz von Beauvais 1256 verfassten Moralkodex des Mittelalters, heißt es: »Ein Mann, der seine Frau sehr liebt, begeht Ehebruch. Jede Liebe für die Frau eines anderen ist schändlich, genau wie zu viel Liebe für die eigene.« Erklären Sie dieses Konzept mal Ihrem Partner, wenn er oder sie das nächste Mal fragt, wie sehr Sie ihn oder sie lieben.

Gefühle waren also Mittel zum Zweck. Das heißt nicht, dass sie nicht existieren durften, oder dass eine zweckdienliche Heirat mit dem reichsten Bauern nicht auch eine emotional glückliche sein konnte. Auch ein unterdrücktes Huhn verliebt sich mal in ein Korn. Aber die Entscheidung wurde meist mit dem Geldbeutel, nicht mit dem Herzen getroffen. Und zwar oft von den Eltern, nicht von den Partnersuchenden. »Romantisch erfolgreich« war, wer sich innerhalb seines Standes verbessern konnte. Am besten mit jemandem, den er auch lebenslang ertragen, vielleicht sogar lieben können würde. Eine Zurückweisung jedoch war damals eine fehlgeschlagene Bonitätsprüfung. Nicht die schmerzhafte Abwertung des Selbst, wie wir sie heute deuten.

Objektive Faktoren entschieden: Der Wert einer Frau auf dem Heiratsmarkt war die Mitgift, der Wert eines Mannes sein aktueller und erwarteter Wohlstand. Diese objektiven Kriterien machten aus der Partnerwahl keinen privaten, intimen Akt. Sondern einen öffentlich-transparenten. Wichtig dafür war primär auch die Fähigkeit, sich an Versprechen zu halten. Wer dies konnte, hatte einen »guten Ruf«. Und steigerte seine Chancen auf dem Heiratsmarkt.

Wer ein Eheversprechen, womöglich nachdem er den zukünftigen Partner schon berührt hatte, brach, galt als moralisch Aussätziger. Leidenschaft oder Gefühlen nachzugeben war keine Entschuldigung, im Gegenteil. Ein moralisch ernstzunehmender Erwachsener definierte sich dadurch, seine Regungen hintenanzustellen. Eine gute Ehe definierte sich nicht dadurch, dass man sich und seine innersten Gefühle »verwirklichte«. Sondern dass sie erlaubte, die eigene Rolle gemäß des Standes zu spielen. Emotionen folgten Institutionen, Hunde folgten Menschen, Menschen folgten Regeln – nicht andersherum.

Natürlich hatten die Menschen immer schon ein Herz, liebten, hatten Liebeskummer. Dem Historiker Alan Macfarlane zufolge waren beispielsweise im 16. Jahrhundert zwar Bauern und Gesinde in den zehn Jahren zwischen Pubertät und Heirat »unentwegt mit Angeboten und Einladungen konfrontiert und befragten unentwegt ihre Gefühle. Angefangen mit leichten Flirts, hatten viele eine Reihe von Affären, bevor sie sich schließlich für einen bestimmten Partner entschieden.« Oder besser: entschieden wurden.

Aber: Bis weit ins 19. Jahrhundert war »Liebe« in den westlichen vormodernen und modernen Gesellschaften zuallererst ein Heiratsmarkt. Sie hatte mit dem Gefühlskomplex, den wir heute »Liebe« nennen und zur Grundlage unserer Partnerwahl machen, so viel zu tun wie ein Vertrag, beispielsweise ein Handyvertrag, mit echtem Vertrauen.

Erst die bürgerliche Gesellschaft des 19. Jahrhunderts stellt einen wichtigen Etappensieg dar auf dem Weg zur freien Liebe, analog der bereits beschriebenen sexuellen Befreiung. Denn hier wird Liebe noch einmal codiert als Empfindung, die zwar legitim ist, aber zugunsten eines funktionierenden Heirats-Deals hintangestellt wird. Die Liebesliteratur zitiert an dieser Stelle gern »Madame Bovary« von Gustave Flaubert. Wie kaum ein anderer Roman breitet dieses Buch die tragische Geschichte eine jungen Frau aus, die keine Lust hat auf die ihr zugewiesenen Rolle und Liebe. Und folgerichtig an ihrer Liebe zugrunde geht. So musste es allen widerspenstigen Liebenden ergehen, die sich erdreisteten, zu lieben, wie sie wollten. Flaubert wurde folgerichtig wegen »Verstoßes gegen die guten Sitten« angeklagt; unter anderem wurde ihm »Verherrlichung des Ehebruchs« vorgeworfen. Zum Glück wurde er freigesprochen.

Doch dann geschieht etwas, was Eva Illouz die »große Transformation« der Liebe nennt. »Die Kommunikationsmedien [Liebe, Macht, Geld usw.] lösen sich voneinander ab«, schreibt ihr Kollege Niklas Luhmann. Die individuelle Partnerwahl löst sich von gesellschaftlichen Regeln. Liebe schafft sich eine »wahrheitsunfähige, weithin fiktive Welt« und fügt sich den Befehlen der »Mächtigen, der Hausväter« nicht mehr. Ein »selbstregulierender Kontaktmarkt« (Illouz) entsteht. »Sexyness«, die vornehmlich körperliche Attraktion, kommt auf. Der Trieb, der vorher keinerlei Rolle spielt, drückt sich in Schönheitsidealen und Körperkult aus. Der Körper wird vom Arbeitsgerät zu einem ausgestellten Objekt der Begierde. Sex-Appeal und sexuelle Leistungsfähigkeit werden zu Idealen. Sexualität wird zu einem Wert, einer Dimension jeder Persönlichkeit, unabhängig von Ehe und Fortpflanzung. »Sexy«, bis circa 1920 laut Oxford Dictionary ein Attribut mit dem eher negativen Beiklang der Geilheit, wird zu einer Auszeichnung einer sowohl passiven Gefälligkeit als auch einer aktiv-autonomen Kompetenz hinsichtlich der Verwirklichung sexueller Wünsche. Sophia Loren sagt: »Sexyness ist eine Eigenschaft, die von innen kommt.« Und sie muss es ja nun wirklich wissen.

Vor allem aber wird diese Sexyness zu einem wichtigen Kriterium der Partnerwahl. Man will jemanden an seiner Seite, mit dem man sexuell werden möchte, sofort, immer wieder. Und zwar auch noch in Jahren. One-Hit-Wonder und One-Trick-Ponys, die durch eine bestimmte körperliche Eigenschaft, auf die »man steht«, gefällig sind, reichen uns nicht. Wir wollen jemanden, den wir nachhaltig sexy finden können. Und niemand würde uns darin widersprechen. Lediglich die Gewichtung der Faktoren sind strittig.

Jedenfalls vervielfältigt diese Legitimation von Sexyness die Optionen. Mehr Kandidaten treten – zumindest kurzfristig – in Konkurrenz. Den Bäcker, den Anwalt und den Feuerwehrmann jeweils für sich gleichermaßen sexy zu finden und mit ihnen sexuell zu werden, ist heute für eine Frau quasi kein Problem mehr. Diese drei Männer stehen also mindestens in sexueller, wenn nicht biographisch-emotionaler Konkurrenz. Der einst stark regulierte Heiratsmarkt wird durch das Kriterium der Sexyness endgültig entfesselt. Kurz: Wir können jeder selbst entscheiden, wen wir wollen. Gemäß dem alten Swinger-Motto: Alles kann, nichts muss. Zwei neue Kriterien übernehmen die Kontrolle: »psychologische Vereinbarkeit« und »erotische Anziehungskraft«. Also: Wie man »sich versteht« und wie sehr man »sich begehrt«.

Das führt zwangsläufig zu Widersprüchen und Konflikten in der Partnerwahl. Der »heiße« oder »geile« Flirt quer über alle intellektuellen, sozio-ökonomischen, moralischen Differenzen hinweg ist mittel- und langfristig Quelle endloser Kollisionen.

»Dumm fickt gut«, grölt ein alter chauvinistischer Spruch. Was auch immer für mich »gut fickt«, es *lebt* sich mitunter sehr schlecht. Folgen wir also viel mehr als früher dem Trieb, in einer weiterhin sehr komplexen Welt voller individueller Eigenheiten und Anforderungen, laufen wir womöglich ins Verderben. In Binsenweisheiten, dass der- oder diejenige »nur was fürs Bett« wäre, warnen wir uns gegenseitig davor, jenseits unseres Habitus' zu »wildern«. Die Sexyness, in häufigem Konflikt zur ökonomischen Ratio vergangener Zeiten, ist nur ein Beispiel für die unterschiedlichsten Bewertungsraster, die unsere Partnerwahl heute bestimmen.

Sie ist heute weitestgehend subjektiv. Ob man verliebt ist oder nicht, kann man nur selbst wissen. Und darf man selbst entscheiden.

Die *Verbotene Liebe* hingegen, einst Normalfall, ist heute so etwas Bemerkenswertes, dass sie für exakt 4664 Folgen einer Soap Opera taugt. Solche Serien sind also quasi ein Kollateralschaden der Befreiung der Liebe.

Das Gegenteil von verbotener Liebe, also die glückliche Liebe wird zum Ideal: Doris Guth und Heide Hammer sprechen vom »individuellen Glücksversprechen«, das einer der Pole in gegenwärtigen populärkulturellen Inszenierungen von Liebe ist. Liebe oder besser »normierte Liebespraktiken« sind ein individuelles Glückslabor. Jeder kann wie mit einem Chemiebaukasten ein wenig herumprobieren, was für ihn oder sie wirkt, was nicht miteinander reagiert und was explodiert oder ätzt. Dabei gelten jedoch immer noch viele geschriebene und eingeschriebene Regeln, was man wie zu mischen hat.

Wir merken: Die romantische Liebe mit lebenslanger Treue, gemeinsamer Familie und emotionaler wie körperlicher Verbundenheit – ist eine Erfindung wie das Auto. Für uns normal. Nicht mehr wegzudenken. Vielleicht die Welt zum besseren verändernd. Aber eben weder Naturzustand noch -gesetz.

Und wird mit dieser Erfindung alles einfacher? Im Gegenteil.

15. DIE QUAL DER WAHL

The more you suffer
The more it shows you really care
Right? Yeah, yeah, yeah

THE OFFSPRING, SELF ESTEEM

Eines Morgens wird David, ein untersetzter Architekt um die vierzig, plötzlich von seiner Frau verlassen. Sie hat einen anderen kurzsichtigen Mann gefunden. Also wird er abgeholt und in »Das Hotel« gebracht. Hier hat er 45 Tage Zeit, sich in einen der anderen Singles zu verlieben. Schafft er die erneute Verpartnerung nicht, wird er in ein Tier seiner Wahl verwandelt: Einen Hummer.

So erzählt es der Film »The Lobster« des griechischen Regisseurs Giorgos Lanthimos, eine dystopische Satire auf den heutigen Zwang zum Liebesglück. Allein zu leben ist falsch und gefährlich, so spielen es die Hotelbediensteten den unglücklichen Singles in grotesken Laientheaterstücken vor: Wer rettet mich vor dem Erstickungstod, wenn ich allein beim Essen eine Olive verschluckt habe? Wer schützt mich vor Vergewaltigung? Wer cremt die Wunde ein, die allen Singles an ihrer Stelle am Rücken zugefügt wird, an die man selbst nicht herankommt? Zur weiteren Motivation wird Masturbation drakonisch bestraft und die männlichen Gäste jeden Morgen von dem Zimmermädchen per Lapdance sexuell erregt, aber nie befriedigt. Also versucht David es, trotz Liebeskummer. Er sucht und sucht.

Aber er findet keine Frau, die wie er kurzsichtig ist und melancholisch. Das ist die erste Botschaft des Films: Beziehungen funktionieren nur zwischen Menschen, die etwas teilen. Am besten einen Mangel. Einer sucht eine Frau mit einem steifen Bein, weil er eines hat. Eine sucht einen Mann mit Nasenbluten, weil sie ständig aus der Nase blutet. Die beiden finden sich, weil plötzlich auch der

Lahme aus der Nase blutet. Dafür muss er nur mehrmals am Tag das Gesicht gegen einen Tisch schlagen, oder sich mit einem Messer in die Nase schneiden, erklärt er dem entsetzten David. »Was ist schlimmer: In ein Tier verwandelt zu werden, gejagt zu werden – oder sich ab und zu selbst die Nase blutig zu schlagen?«

Der Film überzeichnet unseren Liebeswahn, indem er von einer Gesellschaft erzählt, in der allein leben nicht verpönt, sondern schlichtweg verboten ist. Wer allein bleiben will, ist vogelfrei. In unsere zum Glück etwas freiere Gesellschaft übertragen bedeutet das: Wer nicht wenigstens vorgibt zu lieben, ist abnormal. Man *muss* sich für jemanden entscheiden. Man hat sich heute zu verlieben. Das liegt auch daran, dass Liebe, wie Luhmann feststellt, zwar individuell vermieden werden kann als gesamtgesellschaftlicher Mechanismus aber nicht zu ersetzen ist. Die Welt ist nur auszuhalten, wenn »Intimbeziehungen feste Haltepunkte bieten«, man gemeinsam »in spontanem Einklang« reagiert – weil man verliebt ist. Das muss zumindest das Ziel sein. Auch deshalb gilt Einsamkeit gesellschaftlich wie persönlich als ungesund. Einsame Menschen, weiß die Forschung, treiben weniger Sport, schlafen schlechter und neigen eher zu Depressionen. Die »alte Jungfer« und der »ewige Junggeselle«, frühere Euphemismen für alles mögliche »Abnormale«, von Homosexualität über Pädophilie bis eben Einsamkeit, bezeichnen heute nur noch letzteres. Allein sein ist inakzeptabel. Schließlich hat man ja heute alle Möglichkeiten. Wieso sie nicht nutzen? Es ist wie das Joghurtregal im Supermarkt: So viele Sorten! Nun liebe gefälligst eine!

Heute ist die Partnerwahl – im Vergleich zur Vormoderne, in der uns ein Partner wie ein harter Kanten Brot vorgesetzt wurde – ein Stochern mit einem Baguette im Universum auf der Suche nach einem Stück Butter. Spätestens die »sexuelle Revolution beseitigte eine beträchtliche Zahl von Verboten bei der Wahl des Partners«, so Eva Illouz, die sich ausführlich mit dieser »Ökologie und Architektur« unserer Wahl beschäftigt hat. Drei Dinge sind dabei wichtig: Eine große, gefühlt unendliche Zahl von realen und eingebildeten Optionen; ein Prozess der introspektiven Selbstprüfung; ein individualisierter Wille. Und das alles mal zwei, denn es muss ja mit dem anderen zusammenpassen. Dazu muss zwischen der freiwilligen Entscheidung und unfreiwilligen spontanen Empfindungen ein Kompromiss geschlossen werden. Die Verhaltensökonomie und Psychologie weiß jedoch längst: (zu viel) Auswahl ist nicht gut für uns. Wir sind hoffnungslos überfordert von 99 Joghurtsorten. Und erst recht von 999 999 möglichen Partnern.

»Wenn du einen Partner für's Leben aussuchst«, so ein vielgeteilter Spruch auf Facebook, »suchst du viele Dinge aus: deinen Erziehungspartner und damit jemanden, der deine Kinder tief beeinflussen wird, deinen Tischnachbarn für ungefähr 20 000 Mahlzeiten, deinen Reisegefährten für ungefähr 100 Reisen, deinen primären Freund für Freizeit und Rente, deinen Karriereberater – und jemanden, von dessen Tag du an die 18 000 Mal hören wirst. *Intense shit.*«

Das ist das Problem mit der Liebe: Sie ist immer unendlich gedacht. Der Philosoph Jean-Luc Marion weiß: »Zu sagen ›ich liebe dich für einen Moment, vorläufig‹ heißt ›ich liebe dich überhaupt nicht‹ und ist nicht mehr als ein performativer Selbstwiderspruch.« Zu lieben, sagt Marion, heißt, immer lieben zu wollen. Immer mit einer einmal getroffenen Entscheidung zufrieden zu sein. Søren Kierkegaard schreibt: »(…) denn das eben unterscheidet alle Liebe von Wolllust, daß sie ein Gepräge der Ewigkeit an sich trägt«.

Ewigkeit. Was für eine Herausforderung. Und wie wenig fähig wir dazu sind. In vielen Studien wurde bewiesen: Wir sind denkbar schlecht gemacht für so eine Entscheidung. Wir sind schlecht in fast allem, was man dazu braucht.

Wir sind schon schlecht darin, unsere Gefühle einzuschätzen und vorherzusagen. Wir sind schlecht darin, nur uns selbst vorherzusagen. Was fühle ich morgen? Ich kann es nur raten. Die Schönheitsforschung weiß: Trotz umfangreicher vorgeschalteter Persönlichkeitstests, die zeigen, wer zu wem hinsichtlich Persönlichkeit und IQ passen könnte, bewerten wir mögliche Partner zum großen Teil nach ihrem Aussehen. Nicht nach den Charaktereigenschaften, die sie langfristig zu uns kompatibel machen. Weil wir schönen Menschen automatisch gute Charaktereigenschaften zuschreiben. Und diese positiven Erwartungen werden zur selbsterfüllenden Prophezeiung, weil wir wohlwollender mit den Schönen umgehen, also »gutes« Verhalten stärker wahrnehmen und durch eigene Offenheit fördern. Wir sind also parteiische Richter.

Zudem sind wir schlecht darin, viele Informationen zu verarbeiten. Wir verschätzen uns und machen Denkfehler. Außerdem neigen wir dazu, ein Objekt der Entscheidung nicht mehr intuitiv, sondern anhand von vermeintlich rationalen Faktoren einzuschätzen, was in der Liebe kaum funktionieren kann. Je mehr wir diese Entscheidungsprozesse verbalisieren, und das ist in unserer Kultur heute üblich, desto schwächer wird unsere Intuition. Und wir neigen dazu, je mehr Objekte wir bewerten müssen, negativer in der Bewertung zu werden. Hinzu kommt bei Frauen der Einfluss des Eisprungs: In den fruchtbaren Tagen springen sie eher auf Testosteron und seine äußerlichen Merkmale an (breite Schultern, großer Wuchs, kräftiger Kiefer), außerhalb eher auf femininere, empathischere Männer. Und zu allem Überfluss auch noch das Doping mit unnatürlichen Substanzen: Was macht beispielsweise, fragen sich Forscher, die Pille und ihre simulierte Schwangerschaft mit der weiblichen Wahl? Wie so jemanden und sein auf meines komplementär abgestimmtes, deshalb perfekt passendes Immunsystem noch riechen können, wenn ich pharmazeutisch beeinflusst anders rieche?

Wir sollen also Gefühle in die Zukunft projizieren und darauf basierend eine wichtige Entscheidung treffen, die wir in der Gegenwart kaum sicher feststellen können. Und es macht uns unglücklich, bei dieser Entscheidungsfindung zu versagen. Das »Paradox of Choice« ist ein wohl beschriebenes Phänomen: Je mehr Auswahl, desto unglücklicher sind wir. In der Liebe wie vor dem Joghurtregal. Denn je größer die Auswahl, desto größer auch die »vorweggenommene Reue« einer falschen Entscheidung. Wir leiden schon im Jetzt an den Folgen einer womöglich zukünftig suboptimalen Entscheidung. Eigentlich wollen wir nur eine machbare Variante. Aber all die Optionen lassen uns gierig werden – und traurig angesichts der enormen Wahrscheinlichkeit, falsch zu liegen.

Ist dieser Mensch der richtige? Wird er es morgen sein? Bin ich der richtige für ihn? Unmöglich zu beantwortende Fragen. Hör auf dein Herz, sagen die einen. »Liebe vergeht, aber Acker bleibt Acker«, sagte meine Oma. Sie fasste damit das Dilemma der Transformation der Wahl perfekt zusammen. Ein Acker ist jedenfalls deutlich einfacher auszumessen als ein Herz.

Zum Glück ist Liebe nicht nur eine Wahl, sondern kommt auch über uns. Wir sind sicherlich in vielerlei Hinsicht zunächst machtlos, wen wir lieben. Wie heftig wir lieben. Was uns dabei erfreut. Was uns verletzt. Erst nach einiger Zeit setzt die bewusste Reflexion ein: Will ich diesen Menschen überhaupt lieben? Tut er mir gut? Tue ich ihm gut? Wie leben wir unsere Liebe?

Es gibt, genau so wie bezüglich des Objektes unserer Liebe, auch eine Wahl hinsichtlich des *Sujets,* also der praktischen Umsetzung und der Geschichte, die wir um unsere Liebe herum erfinden. Wie genau wir lieben, welche Regeln, Institutionen und Wünsche wir mit einer Liebe zu einem Menschen verbinden, ist uns heute weitestgehend freigestellt. Wir können heiraten oder nicht, Kinder zeugen oder nicht, uns gegenseitig Frühstück ans Bett bringen oder 1000 Kilometer getrennt voneinander wohnen, jeden Samstag zusammen ins Stadion oder sonntags in die Kirche gehen, *unser Lied* (von Jimmy Buffett oder Slayer) im Duett auf Mandolinen vorspielen oder es uns auf die Pinnwand posten, wir können Händchen oder Abstand halten, uns küssen oder lecken oder beißen oder kratzen oder streicheln oder alles gleichzeitig. Oder nichts von alledem. Das alles können wir vom Partner einfordern und bereit sein zu geben. Ohne dass es rechtliche oder andere soziale Normen gäbe, die uns das, zumindest in der Privatheit unserer eigenen Heime, verbieten würden.

Wer seine Liebe ausdrückt, indem er den Partner mit ihr überschüttet, der kann es tun. Wer gern Gedichte schreibt, die der andere dann laut in der U-Bahn vorlesen muss, darf auch das. Wer seinem Partner gern Schmuck schenkt, Blumen, Unterwäsche, Dildos, Kinder, Haustiere oder einen Dreier mit einem Stripper, der als Polizist verkleidet ist, nur zu. Jede Form der Zuneigung ist okay, und wenn der andere ihr zustimmt, ist sie genau das, was diese zwei Menschen ihre *Liebe* nennen. Mag sie Außenstehenden auch seltsam erscheinen. Wie Kosenamen, die für sich genommen peinlich, kindisch, tierisch oder auch paradox (»Pupsi«) erscheinen, findet Liebe heute so viele Ausdrücke, wie Menschen lieben. Auch, was das »Teilen« der Liebe oder nur des Körpers des Partners angeht. Wichtig sind die Wahlmöglichkeiten hinsichtlich des »Modells«, der Gestalt der Liebe.

Teilen gehört dazu. Immer. Wir teilen jeden Menschen, egal, wie nah wir uns ihm fühlen. Niemand, der bei geistiger Gesundheit ist, kann und will einen Menschen ganz und gar für sich haben. Jeder von uns braucht eine gewisse Autonomie vom Partner, egal, wie verliebt er ist. »Die hängen ja nur noch aufeinander rum«, beschwert man sich oft über frischverliebte Pärchen. Aber eigentlich heißt das: »Die verbringen so viel Zeit wie möglich miteinander«, niemals wirklich *alle* Zeit. Irgendwann muss einer arbeiten, an die frische Luft, Brötchen holen (für das Frühstück im Bett). Die richtige Wahl ist vielleicht gar nicht so sehr die richtige Wahl eines Menschen. Sondern eines Umgangs mit ihm oder ihr.

Wir sind frei. Wir können uns zwar nicht wirklich aussuchen, *wen* wir lieben. Aber wir können uns aussuchen, wen wir lieben *wollen*. Ohne Rücksicht auf Verluste. Eine Freundin sagte einmal: »Mit so einem Surfer, der nur an Wellen denkt, könnte ich niemals zusammen sein. Meiner muss die Berge mögen. Ich bin jedes Wochenende in den Bergen. Wenn er da nicht mit will, geht es eben nicht. Es sei denn, sie bauen eine Welle in die Alpen.«

Freizeitvorlieben, Geld, Aussehen, Humor, Marmeladengeschmack – wir können unendlich viele Parameter zu Faktoren in unserer Liebesgleichung machen. Ob sie am Ende beeinflussen, mit *wem* wir *wie* glücklich oder unglücklich werden, ist eine andere Frage. Sie wird wohl eher von den Data Scientists der großen Partnervermittlungen gelöst werden. Irgendwann. Vorerst sind wir noch selber dran. Aber wenn eine Wahl uns fertigmacht, weil sie so unmöglich und unendlich erscheint, wäre es eine total verrückte Idee, sie ein kleines bisschen zu entschärfen?

Die Feuerwehr-Frühstücks-Szene aus Sex and the City geht übrigens so weiter: Charlotte entlarvt Samanthas Phantasie als den uralten Wunsch der Frau, »von einem starken Mann gerettet zu werden«. Carrie ist entsetzt über diesen Satz, den »unabhängige Single-Frauen in ihren Dreißigern niemals denken, geschweige denn aussprechen dürfen«. Charlotte sagt weiter: »Ich habe Dates, seit ich 15 bin. Ich bin erschöpft. Wo ist er?«

»Wer, der weiße Ritter?«, fragt Miranda.

»Charlotte, Süße«, sagt Carry, »hast du mal überlegt, dass wir vielleicht selber die weißen Ritter sind, und uns selber retten müssen?«

Paul & Jelena III: Die höchste Form der Liebe

»Abenteuer erleben dürfen«, Paul und Jelena müssen lachen, als sie sich gegenübersitzen und sich die Hand darauf geben. Abenteuer, das klingt gut.

»Wir haben uns etwas ausgedacht, das größer ist als alles, was wir kannten«, sagt Paul. »Die höchste Form der Liebe.« Die Vorstellung fasziniert beide. Diese Idee bringt sie einander wieder näher. Sie finden sich verrückt. Sie sind berauscht von sich selbst. »Wir dachten: Wenn wir das hinkriegen«, sagt Paul, »kann uns keiner mehr was.«

Das »Fremdgehen« nicht als Verletzung, sondern das »Heimkommen« als Erhöhung der Beziehung sehen. Was für ein Projekt.

»Wir waren weiter als alle anderen«, sagt Jelena, »wir kamen uns ziemlich geil vor.«

»Und mit anderen Menschen zu schlafen«, sagt Paul, »macht, dass du dich attraktiver fühlst. Und diese sexuelle Kraft bringst du wieder in die Beziehung ein.«

»Das wirkt besonders, wenn man plötzlich Mutter und Vater ist«, sagt Jelena.

»Da spricht man ja nur noch über Wäsche und Windeln. Und sagt nicht mehr: Los, zieh dich aus!«

»Das geht nach beiden Seiten«, sagt er: »Sie kann andere haben, also bin ich gefordert, gebe mir mehr Mühe. Und sie fühlt sich wieder als sexueller Mensch. Damit ist jeder ›Fehltritt‹ ein Brocken Gold auf deinem Beziehungshaufen. Denn er zeigt dir, dass du richtig gewählt hast. Geprüft, weg damit. Also ist der andere besser. Wenn du wirklich an die Liebe glaubst, dann ist das die größtmögliche Offenheit und das höchste Risiko. Der maximale Wetteinsatz.«

Paul wechselt den Job, führt einen der angesagtesten Clubs der Stadt mit. Es ist gut. Sie wollen noch ein Kind. Dieses Mal will Paul es besser machen, für Jelena da sein. An einem Freitagabend ruft er aus dem Club den besten Freund an: »Ich trinke jetzt mein letztes Bier. Für neun Monate.«

Jeden Freitag, jeden Samstag arbeitet er die ganze Nacht. Trinkt keinen Schluck. Und geht dann heim zu ihr. »Ich war stolz auf ihn. Er war stolz auf mich«, sagt sie.

Vielleicht waren sie nie so glücklich. In ihrem vierten Winter wird Jonas geboren. Ein zweiter Sohn, genauso gesund und schön wie der erste. Er hat rote Locken, ein Gesicht wie der mutige Junge aus einem Kinderfilm.

Nach dem Abstillen langweilt sich Jelena. Sie fängt in einer Bar an. Pauls Club ist ein Erfolg. Er schmeißt sein Studium. Sie haben Geld, zwei Söhne, eine Liebe. Die Freunde bewundern sie: Wie die das schaffen, mit den Kindern, noch so cool zu sein! So frei und doch verbunden! Wo andere Paare sich eifersüchtig beäugen, Handys checken, sich verdächtigen, dürfen Paul und Jelena ausreißen. Haben sich trotzdem sicher. Kann es sein, dass sie alles richtig machen?

Wieder auf dem Oktoberfest. Paul küsst aus Spaß einen Freund, Max, auf den Mund. »Wenn ihr knutscht, will ich auch«, sagt Jelena. Also küsst auch sie Max. Es ist ja alles erlaubt. Max zögert, wehrt ab. Die Freundin von Paul? Aber es ist zu spät.

»Ich wollte Max erobern«, sagt Jelena. »Er wollte nicht. Also wollte ich ihn noch mehr. Ich war verknallt in ihn.« Sie und Max beginnen eine Affäre. Damit verletzt Jelena zwei Regeln: nicht im Freundeskreis. Und keine Gefühle. Aber was soll sie tun? Es kommt raus.

Pauls Schwester gibt Max vor allen Leuten eine Ohrfeige. Max entschuldigt sich. Aber was soll er tun? Nur Paul ist noch machtloser. Jelena geht wieder und wieder zu Max, erzählt Paul nichts.

»Dieses Mal konnte ich nicht ehrlich sein. Ich war ja nicht mal ehrlich mit mir selbst.« Davor fürchtet sich jeder Mensch, der liebt: dass der Partner jemand Besseren findet. Auch Paul und Jelena haben über dieses »Spiel mit dem Feuer«, das sie begonnen hatten, gesprochen. Abstrakt. Jetzt ist es schmerzhaft echt. Paul spürt: Da ist mehr.

»Ich dachte: Irgendwann kriege ich einen Herzinfarkt, und dann heiratet sie Max«, sagt Paul. Sein bester Freund fragt: Wenn du auf einen Knopf drücken könntest, und eine andere Frau käme, die dich glücklich macht, und Jelena wäre eben weg, bei Max, würdest du den Knopf drücken?

Nein, sagt Paul. »Auf der Brücke, damals nach meiner Bali-Reise, hat sie mich schon belogen«, sagt er. »Sie wollte mich eigentlich gar nicht. Sie wollte viel mehr als mich.«

»Wir haben immer gesagt: Es ist cool, solange es cool ist«, sagt sie.

Paul will das Feuer nicht meiden. Er will durch das Feuer. »Du hast Sachen mitgemacht, die waren zu hart«, sagt sie heute. Zu dritt liegen sie damals im Bett, mit Max. Paul sagt: »Vielleicht musste es sein. Ich wollte im Spiel bleiben. Aber ich habe es nicht ausgehalten, ihnen zuzusehen.«

Mit noch einer Freundin treffen sie sich zu viert, wollen endgültig alle Grenzen übertreten. Ist es noch Rausch? Ist es schon Exzess? Sie baden zusammen, schauen sich gegenseitig beim Sex zu. »Eigentlich wollte ich das auch nicht. Ich wollte entweder Max oder Paul«, sagt sie.

»Und wenn Max damals wirklich gewollt hätte, wäre ich wohl weg gewesen.«

Paul versucht alles, nimmt den Schmerz als Zeichen der Liebe. Genau jetzt entscheidet sich doch, ob das alles Sinn ergibt!

Silvester. Er trifft Jelena und Max, nach der Arbeit, irgendwann morgens an einer Bar. Sie sitzt auf Max' Schoß. Paul sagt zu Max: »Das wars. Wenn ich sterbe, musst du für die Kinder sorgen!« Er zieht weiter, hat Sex mit einer Bekanntschaft, auf einer Toilette, geht allein nach Hause. Er hat abgeschlossen. Sie ist rasend deswegen. Plötzlich doch: eifersüchtig.

Zwei Monate später stellt Jelena fest: Eigentlich will ich Max nur als guten Freund. Zu Paul sagt sie: »Ist halt so!« Paul verzeiht ihr. Was soll er auch tun?

»Ich bereue nichts«, sagt Jelena. Das Dream-Team bleibt zusammen. Aber es hat Schaden genommen. Jeder macht seins. Zusammen mit Freunden fahren sie nach Kuba, der Respekt ist noch da, »aber es ist schwierig seitdem«, sagt Paul. Sie schlafen miteinander, selten. Sie schlafen mit anderen, manchmal. Es ist seltsam egal.

»Das Feuer war zu heiß«, sagt Paul, »wenn die Regeln nicht eingehalten werden, wird es zum Flächenbrand.«

Aber ist es möglich, diese Regeln einzuhalten, so sinnvoll sie sein mögen?

Kann man Gefühle verhindern, kontrollieren?

Ist es nicht eine Frage der Zeit, bis man sich in jemand anderen verliebt, wenn man anderen so oft so nahe kommt?

»Vielleicht ist die offene Beziehung der Kommunismus der Liebe«, sagt Paul. Eine große Idee. Eine Utopie. Die nicht funktioniert. Weil der Mensch nicht gut ist. Weil er besitzen will, nicht teilen. Weil er, besonders in der Liebe, ein Kapitalist ist. Weil der eine immer mehr will, der andere ihn aber nicht hergibt. Die Freunde der beiden sagen: Wenn Paul und Jelena es nicht schaffen, mit all ihrer Liebe, all ihrer Offenheit, wer dann?

16. WAS IST LIEBE?

You enter in full blown Technicolor
Nothing is the same after tonight

If the world were to fall apart
In a fiction-worthy wind
I wouldn't change a thing
Now that you're here
And love is a verb
Here in my room

INCUBUS, HERE IN MY ROOM

»Liebe bringt dich zum Lächeln, wenn du eigentlich müde bist«, sagt Terri, vier Jahre alt. »Liebe ist, wenn du mit jemandem zum Essen ausgehst und du die meisten deiner Pommes Frites hergibst, ohne dass sie dir welche von ihren geben müssen«, sagt Chrissy, sechs Jahre alt. »Mutti sagt von Vati – selbst wenn er verschwitzt ist und schmutzig – dass er toller aussieht als Brad Pitt. Das ist Liebe.« Sagt Chris, sieben Jahre, so steht es zumindest tausendfach geteilt im Netz.

Nicht alle sind so liebestoll wie diese jungen Menschen. Die Soziologin Eva Illouz, 55 Jahre alt, nennt die Liebe eine »quälend schwierige Erfahrung« für die meisten von uns. Sie hört »eine lange und laute Litanei des Jammerns und Stöhnens«. Und wundert sich, wie unsere Kultur darauf beharrt, dass diese Klagen eine Folge »gestörter oder unreifer Psychen« sind. Wo doch fast jeder dieses Leid an der Liebe kennt. Die »Freud'sche Kultur«, so Illouz, legt nahe, dass »das Liebeselend im Großen und Ganzen unvermeidlich und selbstverschuldet« sei. Ihrer Meinung nach seien, grob verkürzt, eher die Gesellschaft, der Kapitalismus und die Geschlechterungerechtigkeit schuld. Das Buch, in dem sie das schreibt, und aus dem ich öfters zitiere als aus jedem anderen, heißt: »Warum Liebe weh tut«.

Glauben wir das? Dass etwas Großes, Wunderschönes, Magisches, Transzendentes wie »die Liebe«, was immer sie auch für jeden von uns genau sein mag, uns weh tut, weh tun muss? Dass Liebe entweder, nach Illouz wegen der gesellschaftlichen Umstände oder, nach Freud, wegen frühkindlicher Prägungen, nicht nur per se Quelle unermesslichen Leidens und Laborierens ist, sondern dass jeder Leidende direkt oder indirekt auch noch selbst daran Mitschuld trägt?

Beide Positionen, Freud wie Illouz, klingen verdächtig nach der perfiden Schuldlogik der katholischen Kirche, die wir aufgeklärten Postmodernen doch eigentlich längst überwunden geglaubt hatten. Wo die christliche Sündenlehre mir einreden will, dass ich schuldig und unrein bin, erzählt mir die Freud'sche Psychoanalyse, dass ich in der Liebe das (Miss-)Verhältnis zu meinen Eltern reproduziere, also ebenso schuldig und unrein ins Leben starte. Wo die Religionen die Freiheit einer säkularen Gesellschaft und die moderne Warenwelt als Ersatz-Götzen ablehnen, weil sie nur von Gott ablenken, legt Illouz dar, dass die Gesellschaft und der Kapitalismus, den ich mit stütze, mir nur eine tendenziell schmerzvolle Liebe bieten können.

Aber warum *genau* muss Liebe weh tun? Eva Illouz findet darauf die Antworten einer Soziologin. Sie beobachtet: »Selbst und Identität« werden in der Moderne von wirtschaftlichen und Geschlechter-Verhältnissen institutionalisiert. Liebe verstärkt das »Gefangensein« des Selbst in diesen Institutionen, schreibt sie. Man kann heute ohne Geld und Liebe ein unabhängiger, fröhlicher Mensch sein. Wenn man sich in den Wald zurückzieht und mit den Ameisen spricht.

Und: »Indem man liebt und sich nach einem anderen sehnt, geht man stets das Risiko ein, unbeachtet zu bleiben und zu erfahren, dass die eigene Liebe unerfüllt bleibt«. Das Leben ist eine lange Reihe an Körben, die man verpasst bekommt. Vor ihnen und ungleich tieferen Verletzungen durch Betrug und Trennung hat man einerseits Angst. Andererseits will man frei sein. Körbe verteilen dürfen. Sich trennen dürfen.

Das Ritual der Anerkennung des einen Partners kollidiert also mit dem Ritual der Autonomie des anderen. Beide sind für das Selbst(-wertgefühl) entscheidend. Man braucht viel Anerkennung, spart aber gleichzeitig mit dem Verlangen danach. Sonst macht man sich zu abhängig. Man möchte den anderen nicht zu mächtig machen. Und will doch Macht über ihn. Dieser Frontalaufprall zweier entgegenlaufender Dynamiken kann nur weh tun, sagt Illouz. Ist diese zum Schmerz verdammte Liebe also nun Teil der Lösung oder des Problems?

Der Systemtheoretiker Niklas Luhmann nennt Liebe ein »Kommunikationsmedium« und damit eine »Lösung« gesellschaftlicher Probleme. Weil die Welt furchtbar komplex ist, brauchen wir Kommunikation, um uns jeweils selbst und miteinander zu organisieren. Liebe gibt uns einen »Horizont des Erlebens und Handelns«, »färbt zunächst das Erleben« und motiviert zum Handeln. Liebe ist wie eine Brille, die wir uns alle aufsetzen, um die Welt ähnlich zu sehen. Neben der ultimativen Ich-Bestätigung bietet Liebe also laut Luhmann die »gemeinsame Konstitution einer Nahwelt der täglichen Lebensführung (...), des wechselseitigen Erwartens von Erwartungen und all dessen, was dies impliziert: die Fröhlichkeit der Schritte, die über die Schwelle kommen, und die Gewissheit des gemeinsamen Gedankens zur gleichen Stunde.« Immerhin geht es uns nach Luhmann allen gleich schlecht mit der Liebe.

Diese theoretischen Ansätze und ihre Vertreter sind heute weltberühmt. Und sicher, jeweils für sich genommen, nicht falsch. Aber sie bieten als disziplinär festgelegte Wissenschaft eine sehr eingeschränkte Sicht auf ein komplexes Phänomen. Biologie beispielsweise spielt bei Illouz quasi keine Rolle. Luhmann möchte explizit, so schreibt er in »Liebe – eine Übung«, das Gefühl nicht auf das

»organische oder psychische System von Menschen hin funktionalisieren«. Freud wiederum wusste damals nichts von Neurophysiologie. Liebe ist aber in uns, wo sie entsteht, zuerst ein biochemischer Prozess. Und als solchen kann man sie erst einmal begreifen. Weil es Spaß macht. Es geht nämlich um Drogen.

Helen Fisher zum Beispiel, die amerikanische Anthropologien und Ethnologin, erklärt: »Früher dachte ich, Liebe ist ein Gefühl oder eine Serie von Gefühlen. Heute weiß ich, dass Verliebtheit keine Emotion ist, sondern ein Drang, ein unheimlich starker Antrieb, so wie Durst und Hunger, der durch die gesteigerte Produktion des Botenstoffes Dopamin in unserem Gehirn verursacht wird.« Dazu kommen natürlich noch viele andere Gehirnaktivitäten wie Eifersucht, Neugierde und Hoffnung, Ärger, Ekel und alle möglichen Kombinationen daraus, die im Laufe eines Verliebtseins oder Liebens auftreten können.

Sie alle, also die Liebe insgesamt, basieren auf unterschiedlichen Ausschüttungen von chemischen Stoffen im Gehirn. Dazu gehören Testosteron (das »männliche« Sexualhormon), Östrogen (das »weibliche« Sexualhormon), Dopamin, Noradrenalin, Serotonin, Oxytocin und Vasopressin. Euphorisierende, glückspendende, Nähe herstellende Stoffe. Für die Lust sind vor allem Testosteron und Östrogen verantwortlich, für die Schwärmerei Dopamin und Noradrenalin. Oxytocin gilt als das Vertrauenshormon. Was an Serotonin ausgeschüttet und von uns erlebt wird, gleicht chemisch einer Zwangsstörung. Manche Studien behaupten auch, dass ähnliche Hirnareale aktiv sind wie bei einem Kokainrausch. Jedenfalls schaltet Liebe Hirnregionen ab, die mit negativen Gefühlen wie Trauer, Angst und Aggression einhergehen. Und Hirnregionen, die mit Glücksgefühlen einhergehen, springen an. Liebe ist wie ein Zaubertrank: Sie macht uns stärker, mutiger, besser.

Die Wirkung dieses lustigen Cocktails klingt gemeinhin nach zwei Jahren ab. Siehe Jimmy Buffett. Manche Stoffe wie Oxytocin oder Vasopressin bleiben auf einem mehr oder weniger hohen Niveau, fördern aber eher den Wunsch nach Bindung und Nähe, statt die totale Verknallung.

Für mich war Liebe lange Zeit so definiert: Ich will nur die eine einzige Frau. Weil ich von ihr berauscht bin. Sobald ich auch eine andere wollte, konnte es keine Liebe mehr sein. Das Monopol einer Person auf mein Verlangen – das war meine Definition von Liebe. Ich war jung und brauchte die einfache Wahrheit. Eins oder Null. Schwarz oder weiß. An. Aus. Pause. Neue Liebe. Aber warum verlieben wir uns eigentlich immer wieder neu? Warum reicht uns einmal nicht?

»Wissen Sie, warum die Liebe erfunden wurde? Sie wurde erfunden, damit wir ficken.« Das glaubt zumindest Steve Martin, der berühmte Komiker. Und die Wissenschaft gibt ihm teilweise recht. Evolutionspsychologen wie der Amerikaner Dylan Evans glauben, dass Gefühle von Zuneigung, Freundschaft bis hin zu romantischer Liebe, uns helfen sollen, kooperativ zu sein. Damit wir uns gern vermehren (vulgo: *ficken*) und danach so lange zusammenbleiben, bis unser Nachwuchs die relativ lange völlig hilflose Phase, bis er wenigstens laufen kann, übersteht. »Es reicht nicht aus, Kinder zu zeugen«, sagt Steve Martin, »man muss sie auch zusammen großziehen. Und dazu muss man eine Seelengemeinschaft bilden.«

Wenn nach ein paar Jahren die Verliebtheit zurückgeht, ist ein Kind immerhin so weit, dass es keine Dauerbetreuung mehr braucht. Die Eltern können wieder mehr ihre eigenen Wege gehen. »Das ist übrigens auch in der Tierwelt so«, sagt Helen Fisher. »Es ist eine unglaubliche Erfahrung, wenn man sich mit all den verschiedenen Arten beschäftigt und überall das Gleiche sieht.« Doch der Mensch hat von dieser Bindungslust, weit über die Sozio-Erotische Matrix (S.E.X.) von Ryan und Jethá hinaus, besonders viel abbekommen. Vielleicht, um besonders entwicklungsfähige Kinder zu bekommen. Um besonders starke, komplexe Netzwerke zu formen. Besonders gut zu kooperieren. Wie hätten wir auch sonst eine so großartige Zivilisation wie die unsere entwickeln sollen, mit Eiscreme und Raumfahrt und Seidenmalerei, an deren vorläufigem Höhepunkt wir im Park Pokémons jagen, statt Geschlechtsverkehr zu haben?

Liebe scheint also ein evolutionärer Vorteil wie ein Daumen oder ein großes Gehirn zu sein. Die erneuerbare Liebe umso mehr. Denn so können wir mit mehreren Menschen Nachwuchs zeugen. Sind nicht an einen gebunden, der eventuell stirbt oder wegläuft. Können unsere Gene verteilen, verschiedene Konstellationen testen und, womöglich, die Bande innerhalb einer Gruppe besonders stärken. Wenn wir mit lauter ehemaligen und potenziell zukünftigen Lieben zusammenleben, dann bricht entweder totaler Krieg aus. Oder eine tiefe Verbundenheit quer durch die gesamte Gruppe, eine gemeinsame Verantwortung für Nachwuchs und (Ex-)Geliebte helfen uns, gemeinsam zu überleben. Machen uns hilfsbereiter und sensibler, als wir eigentlich sind. »Liebe ist, wenn du einem Typen sagst, dass du sein Hemd toll findest, und er es dann jeden Tag an hat«, sagt Noelle, sieben Jahre. Was für eine großartige Erfindung!

Aber wie kommt eben diese Helen Fisher, die sich doch als Wissenschaftlerin mit einem nüchternen Blick zeigt, nun darauf zu sagen: »Es ist ganz normal, dass wir uns immer wieder neu verlieben, selbst wenn wir glücklich verheiratet sind. Aber man darf sich dem nicht einfach hingeben. Man muss immer wieder neu umeinander kämpfen.« Kämpfen statt neu berauschen? Hat die Natur uns nicht etwas anderes mitgegeben? Und was für eine Kultur haben wir stattdessen entwickelt?

Im Zentrum unseres Liebesideals steht das, was Illouz ein »Regime emotionaler Authentizität« nennt. Es fragt: Liebe ich sie/ihn *wirklich?* oder ist es »nur« Lust, Affektion, Interesse? Wenn es Liebe ist – wie stark, echt, wahr ist sie? Wie dauerhaft? Es gibt hunderte Möglichkeiten der »unechten« Liebe, die sich als echte Liebe zu tarnen vermag. Aber nur die *eine* echte Liebe.

Das erzählen wir uns seit langer Zeit auf unzählige Arten. Egal, ob *Sex and the City*, der neue Lovesong von Justin Bieber oder das Märchen von Aschenputtel – alle diese Storys haben eines gemeinsam: Liebe ist exklusiv. Und sehr langfristig angelegt. Wenn die Liebe schwindet, muss man »kämpfen«. Nur wenn man um sie gekämpft hat, möglichst schmerzhaft, ist sie etwas wert. Schon wieder sehen wir: Preis gleich Wert.

Eva Illouz untersucht die Einbildungskraft als Quelle dessen, was wir Liebe nennen. In Shakespeares »Sommernachtstraum« ist Liebe noch, dem medizinischen Diskurs des 16. Jahrhunderts folgend, eine Form von Wahnsinn, weil ihr jegliche Verankerung fehlt. Wir bekommen sie nicht in den Griff. Sie ist radikal und unabhängig von der geliebten Person. Heute ist es die Produktion und Rezeption einer »maßvollen Form des Tagträumens, die uns eindringliche Geschichten vom guten Leben vor Augen führt«, so Illouz. Mehr als alles andere (politische oder religiöse) betrifft das »Utopien des privaten Glücks. (…) Liebe und emotionale Erfüllung werden zum Gegenstand utopischer Phantasien«, in denen die Traumfrau, der Traummann ein wortwörtlich traumhaftes Leben ermöglichen. Alle haben wir einen quasi demokratischen Anspruch auf diese Glücksideale, die durch ihre Überverfügbarkeit fast obligatorisch werden. Jeder hat solch ein Lebensprojekt zu haben. Vom gedruckten Buch zum 3D-Film heute wird das Gefühl der Liebe zunehmend mit Technologien durchsetzt, die unsere Einbildungskraft gleichzeitig freisetzen und in eindeutige narrative Formeln gießen. Der Klassiker dabei ist Madame Bovary, dessen Heldin »vollgesogen ist mit imaginären Liebesszenerien« (Illouz), die an der Realität zerschellen.

Solche Liebesgeschichten und mehr noch ihre heutigen Versionen verwandeln die Liebe in ein »vorgreifendes Gefühl«, das empfunden und erträumt wird, bevor es überhaupt wirklich da ist. Dieser Vor-Hall entspricht dem körperlichen Vorgang: Wie in dem berühmten Brücken-Experiment Anfang der 1970er Jahre in Kanada erforscht, bei dem eine attraktive Frau Männer auf einer Hängebrücke ansprach, und der *aufregende* Kontext die Männer wahrscheinlicher für die Frau *erregen* ließ als eine normale Straße, basiert das erste Verlieben auf einer Interpretation des Gehirns eines anderweitig begründeten Adrenalin-Ausstoßes. Zugespitzt: »Wir haben kein Herzklopfen, weil wir uns verlieben, sondern wir verlieben uns, weil wir Herzklopfen haben« (Bas Kast). Dieser »Ovid-Effekt«, benannt nach dem römischen Dichter, der in seiner *Ars amatoria* den Liebeswilligen empfahl, gemeinsam in die Arena zu Pferdewettrennen zu gehen, weil dort die Herzen schneller entflammten, ist in vielen weiteren Experimenten nachgewiesen worden. Und die passende Erklärung dazu haben wir alle parat. So können wir nicht unterschieden zwischen der heiß in uns wirkenden Emotion der Liebe und ihren Abbildern und Projektionen in unserer Einbildungskraft, getriggert und geformt durch Narrative, die wir verarbeitet haben und wieder aufnehmen. Liebe besteht heute vor allem auch aus den Liebesgeschichten, die wir uns erzählen und an die wir glauben (möchten). »Das Vorstellungsvermögen«, so Illouz, »ist somit eine kulturelle und soziale Praxis, die einen erheblichen Teil dessen ausmacht, was wir Subjektivität – Wollen und Begehren – nennen. Sie formt das Gefühlsleben und beeinflusst die Wahrnehmung des Alltags.«

Diese Geschichten, die wir uns selbst von der Liebe erzählen, können zu selbsterfüllenden Prophezeiungen werden. Ihre Autosuggestion ist quasi magisch, denn sie zaubert in die leere Realität eine Liebe, die es noch gar nicht gibt. Wir erleben diese Liebe (wie alle anderen Gefühle), indem wir uns selbst davon berichten. Wenn wir also heute eine romantische Komödie sehen, *machen* wir dabei unsere Gefühle. Was auch immer Gefühle eigentlich genau sind – sie sind keine reinen Reflexe uralter Nervenverschaltungen. Sie sind beeinflussbar. Sie werden uns oft erst beim Reden über sie klar. Sie sind eine Geschichte.

Und eben daraus leitet Illouz das Leiden ab, die ewige Sehnsucht nach dem, was wir meinen, als Liebe erkannt zu haben. Die Vorwegnahme von Liebe durch Geschichten hindert uns, die Liebe akut zu spüren. Mit immer ausgefeilteren Technologien wird das Problem größer. Die Konsumkultur drängt uns, unsere Tagträume wieder zu kultivieren. Sie lebt von unserem romantischen Selbst, von seinen Sehnsüchten nach »echter Liebe« und nicht von der Erfüllung der Emotion. Die Trennung zwischen den Phantasien über eine Ware (ein Sportwagen) und dem Objekt (eine schöne Frau auf dem Beifahrersitz), mit dem sie in der Werbung assoziiert wird, fällt uns schwerer. Und schließlich ermöglicht uns das Netz unserer Einbildungskraft, aktiv nach Stimuli zu suchen.

Hat Illouz recht? Was für eine Geschichte erzählen wir uns über die Liebe? Tut sie uns gut oder schlecht? Wieso, frage ich mich heute, denken wir Liebe lebenslang, wenn unsere Körper und damit unsere Erfahrungen uns etwas anderes erzählen? Wenn biologisch/anatomisch/evolutionär eher »öfter mal was neues« belohnt wird, wieso versteifen wir uns alle auf Monogamie? Sind exklusive Liebe und damit Eifersucht nur kulturell bedingt? Und ist Kultur heute stärker als Natur?

Woran erinnern all diese exklusiven Vorstellungen von Liebe? Richtig, an monotheistische Religionen. Sie prüfen den Glauben an den einzig wahren Gott. Du sollst keine Liebhaber neben mir haben. Liebe ist heute Ersatzreligion. Der vielleicht größte Sinnstifter. Zweck und Ziel. Warum ist das Ur-Paar, Adam und Eva, ein monogames, heterosexuelles? Weil die Verfasser der Bibel in den Jahrhunderten vor und nach Christus nichts anderes kannten, oder besser: kennen wollten. Was für uns wie der Anfang alle Geschichte wirkt, ist eine Collage von Geschichten rund um Gott und Jesus, die mitten in einer langen, relativ stabilen Phase der Menschheit ansetzt. Die Stories sind von Menschen verfasst, die schon seit tausenden Jahren sesshaft in patriarchalischen Familienverbünden lebten. Die Bibel ist vielleicht Gottes Wort. Ganz sicher aber bildet sie der Menschen Welt zu diesem Zeitpunkt ab.

Vielleicht haben Freud und Illouz und all die Schwarzseher recht. Vielleicht bedeutet Liebe Leiden. Wenn man sie denn so definiert wie Helen Fisher und die meisten von uns. Vielleicht *muss* sie wehtun, wenn man sie zwanghaft über ihre natürliche Länge dehnen will, wie einen armen Sünder auf einer mittelalterlichen Streckbank. Wenn man sie quasi-religiös zu einer ewig währenden Superkraft phantasiert. Wenn man sie in einem masochistischen Zirkelschluss nur ernst nimmt, wenn sie richtig weh tut.

Was uns schwer fällt, ist nicht die Liebe. Was uns schwer fällt, ist das alltägliche Lieben. Oder besser: Die Geschichte davon, an die wir glauben, als gäbe es keine andere, nachzuspielen.

Und wir strecken die Liebe noch in einem anderen Sinn: Indem wir von einer Person erwarten, uns komplett auszufüllen. Wir erwarten von uns selbst, dass wir komplizierte, sich entwickelnde wunderbare Persönlichkeiten sind. Die lernen und reisen. Immer weiter. Und da soll jemand mithalten? Immer kompatibel bleiben, wie ein Chamäleon sich unseren verschiedenen Häutungen anpassen? Sexuell, romantisch, intellektuell, pädagogisch, moralisch, politisch usw. usf.? Mit diesem einen Menschen wollen wir alles: Feurige Nächte, Unterstützung in der Not, gemeinsame Werte, Kinder, Haus, Boot, Pferde stehlen. Und dabei soll stets ein wenig Sehnsucht nach mehr bestehen. Sehr romantisch, dieser Anspruch. Aber auch größenwahnsinnig.

»Die romantische Bewegung aus dem 19. Jahrhundert brockt uns bis heute viele Probleme ein«, sagt deshalb der Philosoph Alain de Botton. »Die Romantik lehrt uns, dass wahre Liebe ohne Worte auskommt und eine perfekte Beziehung aus einer mystischen Vereinigung zweier Seelen besteht. Das ist wenig hilfreich. Solch ein Denken führt zu einer Epidemie des Schmollens. Man denkt: Dieser Mensch sollte mich verstehen, aber er hat versagt, ich werde nicht erklären, was falsch läuft, denn wenn ich mich erklären muss, ist das ein Zeichen für fehlende Liebe.«

An dieser Stelle springt gerne der Zeitgeist nach vorne und behauptet lautstark: Wir sind eben alles Narzissten. Larmoyanz-Literatur wie die von Michael Nast (»Generation Beziehungsunfähig«) hat hocherfolgreich diagnostiziert, dass wir allesamt narzisstisch gestört sind. Malte Welding schreibt: »Jede zweite Serie hat einen Narzissten als Hauptfigur, Hank Moody, Dr. House, Stromberg.« Und weiter: »Der Narzissmus gilt als das Leitmotiv unserer Epoche. Jean Twenge (›The narcissistic Epidemic‹), Robert Pfaller (›Das schmutzige Heilige und die reine Vernunft‹), Richard Sennett (›Verfall und Ende des öffentlichen Lebens‹), Christopher Lasch (›Das Zeitalter des Narzissmus‹), um nur einige zu nennen, sind der Ansicht, dass narzisstische Eigenschaften die Werte unserer Zeit prägen. Das wäre allerdings ein Desaster. Denn der Narzisst kann nicht lieben.«

Er liebt nur sich selbst, so die klinische Diagnose des Narzissmus. Der Narzisst ist labil und hat eine Disposition zur Depression, »entwickelt jedoch auf dem Hintergrund veränderter kultureller und sozialer Bedingungen eine Abwehrstrategie, in der Grandiosität und Geltungsstreben zur Stabilisierung des mangelnden Selbstwertgefühls dienen«, erklärt der Mediziner Andreas Schröder in seiner Dissertation. »Diese Abwehrstrategie stellt einen echten Anpassungsprozess an das aktuell herrschende kulturelle Erfolgsmodell dar.« Schuld am Boom der Narzissten sei die Kultur. »Eine narzisstische Kultur belohnt Narzissten durch Aufmerksamkeit, lässt sie prominent werden und bringt so nach und nach in jedem narzisstische Charakterzüge hervor.«

Die Literatur der Küchenpsychologie hat schon einige Vulgär-

Diagnosen hervorgebracht. Keine scheint so hartnäckig wie die des global verbreiteten Narzissmus. Es ist das hysterisches Schlagwort für eine nicht ungesunde Entwicklung hin zum Selbst, die wieder Eva Illouz brillant zerlegt. Denn dieser Wandel »von der Anerkennung der Klasse zur Anerkennung des Selbst« hat mit Narzissmus so viel zu tun wie die Demokratisierung mit Agoraphobie.

Dennoch: Das Selbst ist heute »essenzialisiert«. Das heißt, das Selbstwertgefühl speist sich nicht mehr aus gesellschaftlichen Rollen und Codes und öffentlichem Status, sondern aus dem Selbst an sich. Und das wiederum durch Anerkennung der anderen.

Liebe ist daher, wie in den Kapiteln zu Sex und Eifersucht schon erklärt, heute so viel wichtiger als früher. Die Psychoanalytikerin Ethel Spector Person beschreibt Liebe als einzigen Ausweg aus der Achterbahn des Selbst. »Nur wenn wir geliebt werden, werden wir von *unseren Unsicherheiten erlöst*, wird uns *unsere Wichtigkeit garantiert.*« Ohne Liebe können wir nicht glücklich sein. Nicht weil die Liebe an sich uns sonst unglücklich macht. Sondern weil unser Selbst darauf angewiesen ist. Wer ganz sein will, muss fühlen. »Sich gut zu fühlen«, so Illouz, »ist gleichermaßen zu Grund und Zweck geworden, sich zu verlieben.« Und: »Die romantische Liebe ist zum Schauplatz der Aushandlung des Selbstwertgefühls geworden.« Die Liebe konstituiert heute den Wert einer Person. Zumal wir uns erst verlieben, wenn wir uns adäquat geliebt fühlen. Wir warten auf einen attraktiven Menschen, der uns attraktiv findet. Das ist auch Liebe: Richtige Resonanz.

Ironie ist, wie so oft, ein mächtiges Mittel. Sie kann die Widersprüche der Liebe vereinigen. »Die wahre Ironie [...] ist die Ironie der Liebe,« schrieb der Romantiker Friedrich Schlegel schon 1830. »Sie entsteht aus dem Gefühl der Endlichkeit und der eignen Beschränkung und dem scheinbaren Widerspruch dieses Gefühls mit der in jeder wahren Liebe eingeschlossenen Idee der Unendlichkeit.« Wir sind uns der Grenzen der Liebe, der psychologischen, biologischen, evolutionären, politischen und ökonomischen Beschränkungen bewusst. Der Anspruch der Ewigkeit wird uns tagtäglich als Quatsch vorgeführt. Nur mit Ironie können wir ihn beibehalten. Und verlieren dabei nach und nach die Fähigkeit zu unerotischer, totaler Liebe und Hingabe. »Die drei Kardinalerfahrungen, die die Ausschaltung der Ironie erfordern beziehungsweise die keine Ironie überstehen würden, sind nackte Trauer oder nacktes Leid, religiöse Entrückung und sexuelle Lust«, schreibt Schlegel. Alle diese Erfahrungen scheinen auf dem Rückzug. Weil wir uns nicht entscheiden können, ob wir nun die magische oder die rationale Liebe wollen. Wir wollen alles und irgendwie doch nichts. Wir sind keine Narzissten. Wir sind Angsthasen.

Wie wir doch noch Liebe bekommen? Durch Eigenliebe, sagt der zeitgenössische Life-Coach: »Nur wer sich selbst liebt, kann geliebt werden«. Ist das nicht schon wieder ein narzisstischer Gedanke? Oder genau das Gegenteil? Paradoxerweise wirft man Menschen in offenen Beziehungen oft vor, sie wären Narzissten. Dabei ist das Unsinn. Ein Narzisst teilt nicht. Er will besitzen. Der Zeitgeist aber spricht von Kompromissen, Kommunikation, Kooperation. Alle wollen sie mir erzählen, Liebe sei Arbeit. Planung. Auswahl. Also aus *mir* heraus. Nicht aus dem Gefühl zum geliebten anderen. »Aber genau das ist es, was wir lieben an der Liebe: das Selbstlose, das Unfassbare, das Unvernünftige, das Regellose«, schreibt Malte Welding. »Rein ist die Liebe, wenn sie nicht vom Alltag beschmutzt wurde, wenn sie kein Warum kennt und kein Wozu, keinen Grund und keinen Zweck.« Liebe macht uns zu besseren Menschen, als wir eigentlich sind. »Wahre Liebe besteht vor allem aus Vergeben und darin, schlechtes Verhalten gut zu interpretieren«, sagt der Philosoph Alain de Botton.

Liebe ist für mich heute etwas anderes als damals. Sie ist zuerst: das Nicht-Bedenken aller Folgen. Dann das, was ich dem anderen geben kann und will. Und drittens, was er im Gegenzug mir gibt.

Und meine Neugierde darauf. Völlig egal, wie lange, wie exklusiv oder wie vermeintlich *echt*. Und ja, Liebe ist auch immer ein wenig Sehnsucht, wie Louise sie erfährt. »Ein ganzes Leben, voller Lust auf immer mehr!«, singt Dagobert, der Schnulzensänger aus den Schweizer Bergen. Sehnsucht zuzulassen und zuzugeben, dem anderen zu sagen, dass man mehr von ihm will, egal, wie viel er geben will, ist Liebe. Schwäche ist Liebe.

Theodor W. Adorno sagte: »Geliebt wirst du einzig, wo du schwach dich zeigen darfst, ohne Stärke zu provozieren.« Billy, vier Jahre alt, sagt: »Wenn dich jemand liebt, sagen sie deinen Namen anders. Du weißt, dein Name ist in ihrem Mund gut aufgehoben«.

Ist Liebe vielleicht vor allem: Loslassen?

Loslassen von Idealen, Vorstellungen, Vorurteilen?

Ich will all diese Versionen und Geschichten von der Liebe hier nicht tiefer analysieren oder bewerten. Lieber stelle ich eine pragmatische Frage: Wenn Liebe weh tut – was darf ich dann alles probieren, um den Schmerz zu lindern?

»Liebe ist ein kleiner alter Mann und eine kleine alte Frau, die immer noch Freunde sind, obwohl sie sich doch schon so gut kennen«. Sagt Tommy, sechs Jahre alt.

17. WIE WIRD LIEBE WERDEN?

»It's all about a good fuck, honey.«

THIERRY MUGLER

Tinder scheint der neue Ego Shooter zu sein: In den Augen derjenigen, die es nur vom Hörensagen kennen, verantwortlich für alles Übel in der Welt. Egal, ob Journalisten, die das »Ende der Liebe« wittern, oder Autoren wie Michael Nast, der das Cover seines

Bestsellers »Generation Beziehungsunfähig« in Tinder-Optik gestaltet: Eine seltsame Faszination des Grauens scheint von einer App auszugehen, die Menschen nicht quälen oder entzweien, sondern eigentlich nur zusammenbringen soll. Deren Nutzung die wenigsten zugeben. Und die aber trotzdem oder gerade deswegen verantwortlich gemacht wird für alles, was je nach Meinung des Beobachters aktuell schief läuft in der Liebe.

Es ist die alte Hitsingle des Kulturpessimismus': Wenn irgendwo jemand unerwünschtes oder nur von der Norm abweichendes Verhalten zeigt, ist die Technik schuld. Nicht der Mensch, die Gesellschaft, die Umwelt oder gar die eigene Perspektive, die etwas für abnormal hält. Die Technik wird vergöttlicht, wenn das Gerät, die Software zum Schöpfer eines neuen Menschen, mindestens jedoch einer neuen Epoche hochgeschrieben wird. So trauen die Autoren des Buches »10 000 Jahre Sex« Tinder gleich eine »Neuerfindung der Romantik« zu. Sie irren.

Technologie funktioniert so nicht. Technologie verändert nichts sofort. Technologie kann unser »Dating-Verhalten«, unsere Sexualität oder gar unsere Liebe niemals, selbst mit keiner noch so erfolgreichen App umkrempeln. Egal, welches Feld menschlichen Lebens man genauer betrachtet: Technologie wirkt immer sehr langfristig und kompliziert. Vor allem aber parallel zu und verschränkt mit vielen anderen Faktoren. Nicht per Einbahnstraße (Technik beeinflusst Menschen). Sondern wechselseitig beeinflusst (Mensch schafft Technik, die ihn beeinflusst, weitere Technik zu schaffen, die nicht funktioniert, woraufhin er andere schafft, die ihn ein wenig beeinflusst, usw. usf.). Technik besteht immer aus vorhergehender Technik plus Erfindergeist mal unsere Wünsche minus unsere beschränkte Phantasie bei der Nutzung, oder so ähnlich. Und Technik verändert uns nicht *wirklich*.

Tinder macht aus uns keine sexsüchtigen kaltherzigen Narzissten, genau so wenig wie das Auto aus uns temposüchtige entwurzelte Nomaden gemacht hat. Es ermöglicht und vereinfacht, es schafft (oft künstliche) Knappheiten ab und senkt Kosten für ein bestimmtes Verhalten (unterwegs sein, Sex haben). Aber die grundsätzliche Nachfrage und das Ausagieren eines Bedürfnisses sind biologisch und kulturell tief programmiert. Kein Algorithmus, keine Benutzeroberfläche, kein Bit der Welt kann uns einfach so umpolen wie eine Software. Nichts, nicht einmal Tinder, kann uns Menschen zu etwas anderem machen, als wir sind.

Egal, wohin man schaut: Wie wir lieben und schnackseln, wird von Technologie und Medien und Pornos viel weniger beeinflusst, als wir instinktiv annehmen. Es gibt durch das Internet seit inzwischen circa 15 Jahren nahezu unbeschränkten Zugang zu allem möglichen herrlichen, ekligen, schönen und hässlichen Schweinkram. Schon Teenager kommen relativ einfach an quasi unendlich viel Deep Throatings und Gangbangs. Von zart bis hart, von Missionarsstellung bis Foltersex. Wächst also eine verrohte, völlig hypersexualisierte Generation von Pornojunkies heran? Im Gegenteil. Alle Studien sind sich einig: Jugendliche können sehr gut zwischen echtem Sex und der künstlichen Pornowelt unterscheiden. Vermutlich besser als ihre Vorfahren, die wir uns Sorgen machen deswegen. Die »Generation Porno«, von der man annahm, dass sie Sex früh und oft und gierig auslebt, gab sich in der Studie »Jugendsexualität 2015. Die Perspektive der 14- bis 25-Jährigen« eher zugeknöpft. Das Durchschnittsalter des ersten Mal Sex deutscher Jugendlicher stagniert bei 16 Jahren. Die ersten Erfahrungen sind meistens sogenanntes »Petting«, also langsames Herantasten an den harten Stoff. Von Orgien in Klassenzimmern ist weiterhin nichts bekannt. Alles und alle werden immer liberaler, freier, erotischer? Die jungen Leute sind sexuell verroht, frühreif, porno-versaut? Stimmt offenbar nicht.

»Annahmen, wonach immer mehr junge Menschen immer früher sexuell aktiv werden, bestätigen sich nicht«, betont Dr. Heidrun Thaiss, Leiterin der Bundeszentrale für gesundheitliche Aufklärung. »Positiv ist auch zu sehen, dass eine feste Partnerschaft jungen Menschen beim ›ersten Mal‹ wichtig ist.« Das Fehlen des oder der »Richtigen« ist unabhängig von Geschlecht und Herkunft der Hauptgrund für Zurückhaltung. Für Mädchen und junge Frauen aus Migrantenfamilien spielen daneben moralische Bedenken eine wichtige Rolle.

Beispielsweise geben 28 Prozent das Motiv »vor der Ehe finde ich das nicht richtig« an. Bei Mädchen und jungen Frauen deutscher Herkunft trifft das bei vier Prozent zu. Moralische Gründe für Enthaltsamkeit jedenfalls stehen hinter biographisch-emotionalen (»bin zu jung/schüchtern«) zurück. Obwohl sie sich nicht verpflichtet fühlen, warten junge Menschen mit dem Sex gerne. Und haben ihn mit ihrer ersten großen Liebe. So wie ihre Eltern und vermutlich auch Großeltern. Natürlich gibt es wie immer eine kleine Minderheit, die süchtig wird nach dem inflationär verfügbaren Reiz der Pornos. Aber auf der gesellschaftlichen Skala haben Pornos, nach heutigem Stand der Forschung, keinen großen negativen Einfluss auf unsere Sexualität.

Auch Netzwerke wie Facebook oder Whatsapp, nicht einmal Snapchat, bei dem Nachrichten sofort wieder gelöscht werden, verführen die Jugendlichen nicht zu massenhaften Peepshows, genannt »Sexting«. Nach einer ersten Welle an Warnungen scheint das Problem insgesamt im Griff zu sein. Natürlich testen junge Menschen ihre Grenzen, zumal im Sexuellen. Natürlich machen sie Fehler. Aber der Mensch ist ein vorsichtiges, schamhaftes Tier. Er wird nicht durch eine App plötzlich zum exhibitionistischen Sexmonster. Und auch mit uns älteren Nutzern passiert nichts Neues. Dating-Seiten für alle Schichten, Altersgruppen und Milieus gibt es nunmehr seit zwanzig Jahren. Sie erleichtern die Partnersuche. Sei es für Sado-Sex, Liebesheirat oder einen entspannten Lebensabend auf dem Alterssitz in der Provence bei Chardonnay und Foie Gras.

Aber sie verändern unsere Bedürfnisse nicht. Und die bestimmen letztlich die Welt.

Was hat die Technologie also tatsächlich mit uns gemacht? Natürlich gibt es Krankheiten und Süchte. Aber mit der breiten Masse machen die neuen Möglichkeiten seit 15 Jahren: fast nichts. Denn diese breite Masse bleibt sich ja im Prinzip gleich. Evolution ist träge.

Wenn man diese Technologie-Wechselwirkung einmal verstanden hat, kann man kühl auf diese neue Ära der Liebestechnologien schauen. Sie senken »Transaktions- und Informationskosten«, wie es der Netztheoretiker Clay Shirky ausgedrückt hat. Sie ermöglichen es uns, schnell und einfach und günstig mit Menschen zusammenzukommen, die wie wir sind. Wer gern in grünen Socken kurz nach Mitternacht auf einer Hängebrücke Sex hat, findet im Netz Gleichgesinnte. Wer ein wie auch immer geartetes Problem mit Sex hat, auch. Und wer einfach gern jemanden zum Heiraten und Kinderkriegen finden würde, findet im Netz genau die Menschen, die er auch im Beruf, in einer Bar oder im Fitnessstudio findet. Nur etwas schneller und vermeintlich besser vorselektiert. Damit setzen sie unsere Vorstellungen nur fort. Erfüllen nur unsere sowieso vorhandenen Wünsche. Sonst würden sie kein Geld verdienen. »Technologieunternehmen«, beschwert sich Alain de Botton, »erfinden Apps dafür, wie man jemanden finden kann für schnellen Sex oder eine Beziehung, aber sie entwickeln keine Apps, wie man mit dieser Person zusammenbleiben kann. Das Silicon Valley ist in gewissem Sinne also romantisch veranlagt: Sie machen uns glauben, das einzige Problem sei, die richtige Person zu finden. Alles andere regele sich wie von selbst.«

Die Algorithmen der Partnervermittlungen sind mächtig. Aber nicht allmächtig. »Alle elf Minuten verliebt sich ein Single bei Parship«, dieser schon berühmte Werbeslogan mag sogar stimmen. Aber verliebt sich der Geliebte auch in den Verliebten? Entsteht daraus eine glückliche Beziehung? Warum sollte diese Liebe frei von all den Problemen und Hürden sein, die eine nicht-virtuell angebahnte Beziehung kennt? So wenig wie ein Smartphone mit all seinen cleveren Funktionen und seiner Standleitung in den größten Wissensbestand aller Zeiten uns zu hyperschlauen Übermenschen macht, so wenig macht ein leistungsstarker Kuppelservice uns alle zu dauerverliebten Glücksbärchis. Denn es ist ja der gleiche Pool an Kandidaten, aus dem wir auswählen. Einer oder eine wird passen. Diesen Menschen gilt es zu finden. Der Weg dorthin ist eigentlich völlig egal. Hauptsache, er funktioniert.

Deshalb spielt in den Geschichten in diesem Buch das Netz zwar manchmal eine Rolle. Aber man könnte sie auch fast alle ohne jede moderne Technologie erzählen. Man könnte Paul und Anne, Viktor und Nadia auch mit ihren Geliebten per Telegramm oder Brief kommunizieren lassen. Die Gelegenheiten, ihre Beziehungen zu öffnen, hätten sich auch vor dreißig oder fünfzig Jahren ergeben. Das grundsätzliche Modell der offenen Beziehung entstand in einer – von heute aus gesehen – kargen Medienumwelt. Man las Bücher und Zeitungen und hatte drei Kanäle Fernsehen, maximal. Und dennoch suchte man in der Liebe etwas Neues.

Heute mögen gewisse Technologien die Organisation und Kommunikation, die eine offenere Beziehung verlangt, erleichtern. Nadia schaltet nicht ohne Grund erst eine Zeitungsannonce und verlegt sich dann auf die ungleich leichtere Kommunikation online. Jasper hat mit Maries Wissen spannende Tinder-Dates. Viktor streitet auf Blogs für die polyamore Sache.

Aber es wäre ein erstklassiger Wahrnehmungsfehler, daraus zu schließen, dass das Netz diese Beziehungen erst ermöglicht. »Wie hat man das früher nur gemacht?«, fragt man sich oft, wenn man mit dem Smartphone spontan zu einem Kino navigiert, bei dem man erst Sekunden vorher für eine Gruppe an Menschen per Daumenbewegung Tickets gekauft hat. Die Antwort ist einfach: Anders. Man hat es nicht gar nicht, sondern nur anders gemacht. Es hat etwas mehr Aufwand gekostet. Aber der erschien uns angemessen. Wir wussten ja nicht, wie einfach es noch werden würde.

Genauso verhält es sich mit der Technologisierung der Liebe. Es ist heute einfacher denn je, Menschen kennenzulernen und mit ihnen in Verbindung zu bleiben. An unserem urmenschlichen Drang dazu ändert das nichts. Und es macht ihn auch nicht signifikant größer. Diffuse Makro-Entwicklungen wie die Individualisierung, die Liberalisierung und die Emanzipation beeinflussen unser Verhalten tiefgreifend und nachhaltig. Sie sind mit einer technologischen Entwicklung verwoben. Sie bedingen und befördern neue Technologien, sie profitieren von ihnen. Die Antibabypille etwa ist ein seltenes Beispiel für eine Erfindung, die eine gesellschaftliche Veränderung entscheidend ermöglicht hat. Dennoch: Wenn das Bedürfnis nach Empfängnisverhütung, also SEX ohne Kinder zu machen nicht schon sehr stark gewesen wäre, immer, in vielen Menschen, hätte dann irgendjemand an einer Pille dafür geforscht? Hätte sie jemand genommen, bei allen Nebenwirkungen? Hätte man darüber gesprochen?

Aber der Antrieb für Veränderungen kommt immer aus uns selbst. Aus einem Stück Gewebe. Nicht aus einem Stück Silizium. Die Digitalisierung führe nur schwer herbei, »was wir uns von einer romantischen Begegnung wirklich erhoffen: voneinander bezaubert sein, verhext zu sein, dem anderen und seinem Charisma zu verfallen«, schreibt Eva Illouz 2016 im Spiegel. Sie beobachtet eine Rationalisierung der Romantik. Menschen würden in großer Masse kühler bewertet und leichter verfügbar, die Liebe an sich damit austauschbarer.

Kurz darauf wurde der 41jährige Niederländer Alexander Pieter Cirk in Changsha, China, in ein Krankenhaus eingeliefert. Er hatte zehn Tage am Flughafen auf seine Internetliebe Zhang gewartet. 8600 Kilometer war er von Amsterdam zu ihr geflogen. Aber sie war in einer anderen Stadt. Er wartete am Flughafen, ernährte sich nur von Instantnudeln und musste schließlich wegen körperlicher Erschöpfung behandelt werden. Wo war Zhang? Ein Fernsehsender konnte sie schließlich ausfindig machen. Sie habe ein Foto des Flugtickets von Cirk bekommen, allerdings gedacht, es handele sich um einen Scherz, sagte sie. Cirk ist nach Amsterdam zurückgereist – und glaubt noch an ein Happy End: »Ich konnte sie nicht sehen, aber unsere Beziehung ist stärker geworden.«

Das Netz mag den allerersten Anfang deutlich verändert haben: Wie Singles andere Singles suchen und sich verlieben. Aber die Singles, die anderen Singles, die Liebe und der ganze Kram, der dazugehört – er ist genau der gleiche. Die Anbahnung mag sich verändert haben. Der Rausch der Verliebtheit sicherlich nicht. Er hält nicht länger oder kürzer an, er ist nicht stärker oder schwächer als früher. Doch die Zweifel, die jede, ausnahmslos jede Liebe irgendwann mit sich bringt, prallen nicht mehr auf eine Wand von gesellschaftlichen und ganz banal pragmatischen Zwängen. Zusammenzubleiben, weil es nicht anders geht – das ist vorbei. Heute kann man sich vergleichsweise leicht trennen, und zumindest in der Theorie leichter jemand neuen finden. Was unser Liebesleben jedoch nicht unnatürlicher oder kaputter macht, sondern wenn, dann nur ehrlicher. Niemand muss mehr zusammenbleiben, weil er muss.

Im Umkehrschluss ist keine Liebe weniger wert, nur weil sie online entstand. Im Gegenteil: Wer weiß, das jederzeit ein großer Markt auf ihn wartet, und trotzdem zusammenbleibt, hat sich das ganze eher besser überlegt und fühlt tiefer, als jemand, der gar keine andere Wahl sieht.

Dort, wo Liebe wirklich ist, bleibt sowieso alles beim Alten, seit 200 000 Jahren. Die Schmetterlinge im Bauch sind Schmetterlinge, keine Drohnen. Das Herz, nicht das Handy klopft uns bis zum Hals, wenn wir uns verknallen. Wer liebt, dem ist Technik egal.

Ich habe zwei Freunde. Er und sie kannten sich über gemeinsame Bekannte flüchtig. Sie fanden sich interessant. Doch mal hatte er eine Freundin, mal sie einen Freund. Mal wurde ein Essen, bei dem beide anwesend sein sollten, in letzter Minute abgesagt. Mal lief man sich zufällig über den Weg, aber einer hatte gerade partout keine Zeit zum Flirten. Bis sich die beiden vor drei Jahren, mittlerweile Anfang dreißig, bei Tinder begegneten. »Wenn ich ihn nicht als guten Typen gekannt hätte, hätte ich ihn nicht geliked. Seine Fotos waren eher nichtssagend«, sagt sie.

»Ich fand sie immer schon gut, die Chance musste ich ergreifen. Sonst wäre es vielleicht nie was geworden«, sagt er.

Also treffen sie sich, und zwar gleich zum Wandern in den Bergen, nur sie zwei, weil alle anderen gemeinsamen Freunde, die mitkommen wollten, absagen. Die Berge sind ihre große Gemeinsamkeit. Die Gelegenheit ist endlich da. Die beiden heiraten in diesem Sommer.

Jasper & Marie

Alles beginnt mit der heißen Ana. Sommer 2008, ein kleiner Ort im Speckgürtel der Großstadt. Zwei Brüder feiern gern zusammen Partys, um ihre Leute zusammenzubringen. An diesem Abend kennt Jasper, damals 19, den älteren Bruder. »Alle meine Freunde und ich waren geil auf diese Party«, erzählt Jasper, »denn angeblich sollte ein Mädchen aus Schweden kommen – ›die heiße Ana‹.«

Jasper – ein großer, ruhiger, überlegter Typ, bei dem jedes Wort, jeder Blick sitzt – ist gerade fertig mit dem Abitur. Es ist Sommer, es ist eine Gartenparty, dazu die heiße Ana. Da muss er hin. Doch als er auf die Party kommt, stellt sich heraus: Ana ist weder »heiß« noch Schwedin. »Sie war nur davor drei Wochen in Schweden im Urlaub«. Die Party: eine Enttäuschung.

Bis ein Freund zu ihm kommt und sagt: »Ey, Jasper, da ist eine, die sagt auch immer ›kranker Scheiß‹, so wie du die ganze Zeit.« Jasper sieht das Mädchen, das ausgerechnet an seinem iPod steht, der im Wohnzimmer für Musik sorgt. Und sie spielt ausgerechnet ein Lied von genau der Münchner Band, mit der seine völlig erfolglose Combo zwei Monate vorher ein Konzert zusammen gespielt hat. Er spricht sie an.

Marie ist 16, blond, süß, hellwach. Sie kennt den jüngeren der Brüder.

»Kranker Scheiß!«, sagt sie, als er ihr von dem Konzert erzählt. »Du heißt Jasper?«, fragt sie ungläubig, »wie der Kasper?«

Er schreibt ihr seinen Namen mit Kuli auf den Arm, damit sie ihn nicht vergisst.

Dann kommt Maries Freund.

»Kurz nach der Party bin ich in Urlaub gefahren«, erzählt Jasper, »Wir haben uns geschrieben, jeden Tag. Ich bin in Ägypten abends allein auf die Straße gegangen, ein Internetcafé suchen, um ihr zu schreiben.«

Zwei Wochen ist er weg.

»Als ich zurückkam, hatte sie keinen Freund mehr.«

Ihr erstes richtiges Date haben sie bei Ikea, »weil sie noch nie dort war«, sagt Jasper.

Sie hängen viel miteinander rum, sitzen bei ihr auf dem Bett, sind sich nahe, unterhalten sich über »wahnsinnig tiefgründige Sachen«, über die Liebe und das Leben und Eifersucht und alles. »Da war es zwangsläufig, dass wir uns irgendwann küssen«, erinnert sich Jasper.

Eigentlich will er keine Beziehung. Er will frei sein, auf Partys flirten und rumknutschen, sich nicht einschränken müssen. Aber er will Marie. Er holt sie mit dem Auto vom Babysitten ab, hat ein Teelicht dabei, macht Musik an. Und macht ihr einen »Beziehungsantrag.« Sie sagt ja. Es ist Oktober.

Wenn sie heute nebeneinandersitzen und davon erzählen, entschuldigt er sich, wenn er ihr ins Wort fällt oder für sie spricht. Gibt ihr im Zweifelsfall recht. »Wird schon so gewesen sein«, sagt er dann. Sie folgt seinen Erzählungen mit den Augen, er schaut eher unbewegt vor sich. Dann, auf ein Stichwort, wacht er auf, ergänzt sie. Sie fassen sich selten an, aber lachen viel zusammen.

Für Jasper ist es die erste richtige, erwachsene Beziehung. »Mit Sex und allem Drum und Dran.« Nur darf sie nicht immer bei ihm übernachten, sie ist ja erst 16. Aber sie schlafen miteinander.

»Eigentlich sprachen anfangs drei Gründe gegen Marie«, sagt Jasper, bei aller Anziehung: Sie hat einen Freund – mit dem ist Schluss. Sie ist zu jung – das wird ihm schnell egal. Aber einer bleibt: Sie geht im Februar für sechs Monate nach Mexico.

Deswegen ging es auch mit ihrem Freund auseinander. »Ich sollte ihm versprechen, dass wir danach noch zusammen sind«, sagt Marie. »Das konnte ich einfach nicht.«

Jasper ist anders. Er ist nicht eifersüchtig. Er bewundert sie für den Schritt, ins Ausland zu gehen. Dass sie fährt, Beziehung hin oder her, ist sowieso klar. Dass sie dort vielleicht jemanden kennenlernt, auch.

»Wir haben sofort gesagt, dass alles okay wäre. Auch Sex mit anderen«, sagen sie. »Wir wollten verbunden bleiben. Aber ein halbes Jahr ist lang. Wir wollten danach schauen, wie es weitergeht.« Sie sind wahnsinnig glücklich, aber wollen sich nicht zu viel versprechen.

Sowieso sind sie frisch verliebt. »Ich habe andere Männer nicht wirklich angeschaut«, sagt Marie. »Ich war emotional nicht bereit.«

»Ich hatte gedacht, dass ich viel mehr Freiheit will«, sagt Jasper. »Das Gefühl hielt genau drei Stunden.« An dem Tag, als sie fährt, kauft er sich einen neuen Laptop. Auf der Geburtstagsfeier seines Vaters geht er früh, um ihn zu installieren und mit Marie zu chatten. Trotz Zeitverschiebung skypen sie oft. Er steht extra früher auf, um sie noch zu erwischen, fast 10 000 Kilometer entfernt.

»Ich habe in der Zeit mit zwei Mädchen rumgeknutscht. Aber eher weil ich das Risiko gesucht habe.« Die eine hat er schon oft geküsst, die andere wollte er nur kurzfristig erobern. Er hat ein schlechtes Gewissen, obwohl es »okay« war. Und es gibt ihm nichts. Keinen Kick. Und schon gar keinen Ersatz für sie.

Schon bevor sie zusammenkommen, sprechen sie über Eifersucht. »Wir waren uns von Anfang an einig, dass Eifersucht Quatsch ist.« Marie war bisher immer in Beziehungen. Für ihn ist es die erste. Sie sind sicher, dass sie irgendwann noch einmal über das sprechen müssen, was man »Treue« nennt.

Jasper macht Zivildienst, im Altersheim, seine Spezialität sind Vorhänge. Nur er ist groß genug, um sie für die Wäsche abnehmen zu können. Marie ist in der 11. Klasse.

Sie geht also nach Mexico. Auf einer Party dort küsst sie einen Jungen, hat ein schlechtes Gewissen. Deswegen erzählt sie Jasper nichts. So wie er ihr nichts erzählt, von seinen zwei, um sie nicht zu beunruhigen. »So war der Deal. *Don't ask. Don't tell.*«

Sie vergessen die Sache, es ist unwichtig, unerheblich, unnötig. Bis heute.

Als es zur Sprache kommt, müssen sie beide lachen. Aber keiner von beiden ist überrascht oder enttäuscht, als sie es jetzt »beichten«. »Ich hatte mir schon was gedacht«, sagte Jasper, »sie hatte mir erzählt, dass sie die ganze Nacht mit jemandem unterwegs war. Ob sie dann mit dem rummacht oder nicht, ist auch egal. Und wenn sie jemanden ernsthaft kennengelernt hätte, was hätte mir die Eifersucht genutzt? Es wäre sehr schade gewesen, aber das ist dann halt so.« Treue einzufordern hätte nichts gebracht. »Ich habe sie dafür bewundert, so weit wegzugehen. Dann in ihrem Hinterkopf zu sitzen und zu sagen: Hey, denk an mich, hab bloß nicht zu viel Spaß – das wäre doch Quatsch gewesen.«

»Wahrscheinlich hätte ich's noch cool gefunden, wenn du einen Mexikaner aufgerissen hättest«, sagt er. »Hey, hätte ich gedacht, was für eine coole Frau. Und erst dann hätte ich geheult.«

Sie fährt mit ähnlichen Gedanken hin. Aber mit jedem Gespräch über Skype, mit jedem Tag wächst ihre Sicherheit, dass sie »treu« bleiben will. »Ich dachte,. wenn es das halbe Jahr überlebt, bedeutet es wirklich was.«

Als sie endlich zurückkommt, holt Jasper sie vom Flughafen ab, fährt sie nach Hause. Ihre Hand fühlt sich ungewohnt an, es ist so lange her.

»Sie war auch total aufgeregt. Ihre Hand war kalt und klein. Aber ich war voll happy.«

Er zweifelt keine Sekunde. Bevor sie miteinander schlafen, fragt er sie, ob alles okay ist. Ob sich etwas verändert hat. Ob sie direkt wieder von Null auf Hundert gehen möchte.

»Nein. Alles okay«, sagt sie.

Nach dem Zivildienst fängt Jasper an zu studieren, Lehramt. Marie macht ihr Abi, dann studiert sie auch Lehramt. Sie sind glücklich. Eifersucht, Treue? Kein Thema. Darüber sprechen sie erst wieder, als Jasper ihrer Freundin Birte zu nahe kommt, mit ihr flirtet, Birte das erwidert, ihn ohne Marie zu Partys einlädt. Marie beschwert sich, sie klären das. Birte zieht weg, alles ist gut.

2014 zieht Marie zu Hause aus und in eine WG. Auf der Einweihungsfeier fragt sie einen Freund von Jasper, ob sie zusammen einen Schnaps trinken.

Er sagt: »Ich trinke keinen Schnaps.«

Sie sagt: »Wenn du einen mit mir trinkst, dann küsse ich dich.«

Sie schauen sich an. Ein seltsamer Moment. Sie wollen es beide. Aber er denkt: Jasper ist mein Freund, sie seine Freundin. Geht das? Marie geht zu ihrem Freund. Und fragt ihn.

Jasper sagt: »Okay, mach. Warum nicht.« Vielleicht sagt er auch noch: »Aber nicht so, dass es alle sehen«.

Daran erinnern sich beide nicht mehr so genau, ob er es gar nicht gesagt hat oder sie einfach nur nicht drauf hörte. »Ist ja auch egal«, sagen sie heute. So oder so küsst sie den Freund, auf dem Balkon, und die halbe Party bekommt es mit. Damit beginnt ihre offene Beziehung.

Und gleichzeitig auch Jaspers größtes Problem damit. Nicht, dass seine Freundin mit anderen körperlich wird. Nicht mal, wenn es sein Kindergartenfreund ist. Auch nicht, dass das wiederum andere mitbekommen. Jasper stört, dass seine Freunde ihn nicht verstehen.

Er selbst ist nicht überrascht von Maries Wunsch. Seine Freunde umso mehr. »Meine Einstellung war schon immer: Auf Partys macht jeder seins. Auch flirten. Und von mir aus auch knutschen. Was ich nicht viel ungewöhnlicher finde als Eis essen. Beides macht Spaß. Warum sollte ich das strikt nur mit einer Person? Und ich kannte ihn ja, mag ihn saugern. Er war auch in einer Beziehung.

Ich war mir sicher, dass er keine Gefühle entwickeln würde. Also: warum nicht?«

Doch seine alten Freunde reden darüber. Einer nach dem anderen kommt und fragt: »Jasper, was ist da los? Deine Freundin macht mit deinem Freund rum? Was geht da ab?« Da erst wird es zum Problem. »Jasper, lass dich nicht verarschen«, sagen sie. »Du bist verknallt, aber lass dir nicht alles gefallen von der.« Sie wollen ihn schützen, aber für ihn wird ihre Sorge monatelang zur Belastung. »Manche meiner Freunde sind einfach konservativ, auch hinsichtlich Frauen. Für die war die Marie: ›eine Schlampe‹. Aber ich hab gesagt: Das ist meine Freundin! Wie redest du über die?«

Er bekommt das Gefühl, dass er Freundschaften über Bord werfen muss, wenn die nicht in ihre Köpfe kriegen, dass er kein Problem damit hat. Deswegen ist er sauer auf Marie: dass sie es alle hat wissen lassen. Verstanden fühlen sich beide ausgerechnet nur von dem einen Freund, mit dem Marie etwas hat.

Für sie ist alles eine spontane Eingebung. Ihren Wunsch gegenüber Jasper auszusprechen, macht ihr erst bewusst, dass sie Lust darauf hat. »Damals waren wir sechs Jahre zusammen. Vielleicht war einfach die Zeit reif, unsere theoretischen Überlegungen in die Tat umzusetzen. Und das war gut. Nach langer Zeit jemand anderen zu küssen fühlte sich sehr schön an.«

Jasper sagt: »Es musste sich erst entwickeln, dass wir uns gut kennen, ihn kennen, uns vertrauen. Aber ich hätte es ihr auch nach einem halben Jahr erlaubt.«

Marie und der Freund schreiben sich, treffen sich auf Partys wieder, küssen sich. Alkohol als Ausrede wollen weder Jasper noch Marie gelten lassen. Und beide wissen, dass es wieder passieren kann. Und darf. »Wir sind immer weitergegangen, und es fühlte sich nie schlecht an«, sagt er. »Erst flirten. Dann andere Freunde küssen. Dann Fremde küssen. Später dann irgendwann Sex. Alles kein Problem für uns.« Also müssen sie grundsätzlich darüber reden. »Wir haben festgestellt, dass wir das beide gut finden und wohl damit fühlen. Auch mit Sex.«

Sie sprechen darüber, wen sie ausschließen, womit sie doch ein Problem hätten. Auch Jasper sieht Möglichkeiten für sich, hat Chancen bei einer interessanten Frau und schläft auch mit ihr. Marie schläft mit dem Freund. Aber Jasper hat immer noch kein Problem. Und der Freund? Will Jasper nach Rom einladen, was sich für Jasper komisch anfühlt.

»Du hast grad mit meiner Freundin geschlafen, und jetzt willst du meinen Flug zahlen? Keine Chance.«

Er zahlt das Ticket selbst. Sie fahren zusammen, laufen durch die Stadt. Marie ist immer bei ihnen. Sie wissen beide: Wir müssen reden. Irgendwie. In einer Pizzeria um die Ecke vom Kolosseum sitzen sie sich endlich gegenüber. Packt ihre Freundschaft, dass der Freund mit Marie schläft? Ist wirklich alles in Ordnung? »Ich dachte, küssen wäre okay«, erkundigt sich der Freund vorsichtig. »Aber mehr?«

»Nein, das hat sich geändert. Alles gut«, sagt Jasper. Dann essen sie weiter. »Im Nachhinein fühlt es sich so an, als wären wir nur hingeflogen, um diese Pizza zu essen und diese paar Sätze zu sagen«, sagt Jasper. Ihre Freundschaft bleibt.

»Und was du mit Marie hast, bleibt zwischen euch«, sagt Jasper. »Wenn du mich jetzt fragst, ob du mit ihr schlafen darfst, sage ich: Warum fragst du mich? *Sie* muss doch mit dir schlafen, nicht *ich*.«

Marie macht sich Gedanken, als die zwei Freunde in Rom sind. Sie hat ein schlechtes Gewissen, dazu die Unsicherheit, was der Freund Jasper wohl erzählt. Aber Jasper gibt Entwarnung. Als sie zurückkommen, geht alles so weiter. Im Gegenzug will Jasper nichts von der Freundin seines Freundes. Angst, dass der Freund seine Marie irgendwann so liebt wie er, hat er nicht.

»Ich fand sie super. Und ich fand sie auch genau *deswegen* super, nicht *trotzdem*. Wenn ein Gefühl im Spiel war, war es Überlegenheit. Denn sie war *meine* Freundin, nicht seine. Ich bin der Glückliche hier, weil ich eine Beziehung zu einer Frau habe, die so etwas aushält. Und nicht andersrum.«

Eifersucht? Kennt Jasper nicht. »Allerhöchstens Trotz. Wenn sie mehr Spaß hat als ich, wenn sie ausgeht und ich arbeiten muss. Wenn ihr die Männer hinterherlaufen – und ich keine abkriege. Das ist keine Eifersucht. Das ist Neid. Der innere Zähler, dass sie mehr Erfolg hat als ich.«

Ihn stört nur, dass er wegen seiner Doktorandenstelle unter der Woche nicht immer feiern kann mit Marie und allen Freunden, die noch studieren. »Ich saß mit meinem Bier an der Theke und wusste: Wenn ich jetzt heimgehe, schlafen sie miteinander. Wenn ich bleibe, nicht.«

Dass es quasi von ihm und seinem Pflichtbewusstsein gegenüber der Arbeit abhängt, ob seine Freundin Sex mit einem anderen hat, »das fand ich dann nicht mehr schön. Da fühlte ich mich wie das dritte Rad am Wagen.«

Nach ein paar Monaten merkt Marie: sie mag diesen Freund zu sehr. Und er sie. Es wird ihr zu viel. »Es wäre besser, wenn wir in nächster Zeit nicht mehr miteinander schlafen«, beendet sie ihr Verhältnis. Sie will die Beziehung zu Jasper nicht riskieren. »Er war mir einfach wichtiger.«

Jasper will das alles lange nicht eine »offene Beziehung« nennen, »weil wir immer über alles reden, nichts einfach so passiert. Ich bin immer ein Teil von dem, was sie macht. Es ist Teil unserer Beziehung. Nicht irgendwas außerhalb davon.«

Wenn sie jemanden mit nach Hause nimmt, schreibt sie ihm: »Ich hoffe das ist okay«, und er antwortet: »Ja, das ist okay.«

»Wenn wir uns sehen, reden wir auch über den Sex oder ob es eine Geschichte dazu gibt.« Mit einem Gespräch ist der andere, die andere ein Teil von ihnen. Über das Konstrukt an sich reden sie öfters, vor allem auch darüber, wie andere sie sehen.

»Als ich Marie kennengelernt habe, spielte das keine Rolle. Aber ein Grund, warum ich sie heute liebe, ist diese Meta-Ebene unserer Beziehung. Was wir voneinander erwarten, wie wir miteinander umgehen, das kenne ich von keinem anderen Menschen. Das war vor sieben Jahren nicht abzusehen.«

So sind sie frei und doch gebunden. Wenn Marie abends jemanden kennenlernt, sagt sie: »Ich habe einen Freund. Aber wir sind in einer offenen Beziehung. Ist schon okay.« Als letzten Funken für einen One-Night-Stand setzt sie das manchmal sogar strategisch ein. »Die meisten Typen sind froh und denken: Mit der kann ich heute Nacht Sex haben. Und mich morgen nicht mehr melden.«

In keinen der Typen, mit denen sie einmal schläft, ist sie verknallt. Sie kann Sex und Gefühle trennen. Und findet sich nichts Besonderes. Ist man überhaupt offen dafür, solange man liebt? Hat man es nicht letztlich doch immer in der Hand? »Solange das eine stark genug ist, kann man sich immer früh genug dafür entscheiden«, sagt sie.

Man beneidet die beiden um die Größe, die Güte, die Fairness, die Unabhängigkeit. Warum sind sie so? So stark, so frei? Ist das nur Glück?

Sie sind beide Scheidungskinder, haben viel zusammen erlebt, kommen aus ähnlichen Hintergründen.

»Ich nehme nicht in Anspruch, dass das die absolut richtige Lösung ist. Oder für immer sein wird. Jetzt fühlt es sich richtig an.«

Bei anderen Leuten bemerkt Jasper andere Überzeugungen. »Es gibt Leute, die damit nicht glücklich werden würden.« »Ich beneide die ja darum, mit Anfang zwanzig zu heiraten, Kinder zu haben und jetzt glückliche Ehepaare zu sein. Wäre doch cool, wenn es so liefe.«

Und auch Marie ist sich sicher: »Für manche ginge das gar nicht.«

Sie muss sich oft erklären. Der Freundeskreis weiß Bescheid, die Reaktionen sind nicht immer positiv. »Vielleicht war das für manche das erste Mal, dass sie auch ihre Liebe in Frage gestellt haben.«

Die Stimmung ist nicht immer gut. Aber neugierig sind sie alle.

»Wir werden schon auch bewundert«, sagt Jasper. »Jeder, der länger als ein Jahr in einer Beziehung war, kennt doch den Punkt, an dem man sich auch nach anderen umschaut. Jeder kennt das Gefühl, dieses ›und jetzt?‹ Und das kann man doch befriedigen, bevor man die Beziehung zerstört. Die stille Mehrheit hat vielleicht einfach nur nicht die Eier, es zu probieren. Und das Selbstvertrauen, es dem Partner zu sagen.«

»Anfangs hatte ich noch das Gefühl, mich erklären, vielleicht sogar rechtfertigen zu müssen«, sagt er. »Mittlerweile habe ich aber mit allen möglichen Leuten darüber geredet. Und weil es funktioniert, kann ich wunderbar dazu stehen. Und wenn jemand rumjammert über Eifersucht oder so, dann kann ich schon sagen: Denk doch mal darüber nach, ob das Problem nicht vielleicht deine Einstellung ist. Da würde ich meine Überzeugung schon offensiv vertreten.«

Marie nickt. »Wenn mich Leute fragen, dann sage ich: An unserer Verbindung ändert sich nichts, weil ich Sex mit jemand anderem habe. Wenn das etwas ändern würde, würde etwas mit unserer Liebe nicht stimmen. Ich weiß dafür eher mehr als weniger, was ich an Jasper habe.«

»Liebe definiert sich nicht durch Zwänge«, sagt Jasper. »Eine gute Beziehung auch nicht. Dass man sich etwas verbietet und vorenthält, um glücklicher zu werden – das ist paradox. Für mich ist die Grundlage jeder Beziehung Vertrauen. Solange das hält, braucht es doch keine Verbote, wie auch immer konstruiert. Manche sind sinnvoll, klar. Ich werde kein Kind mit einer anderen Frau bekommen, weil das unsere Beziehung beeinträchtigen würde, ganz praktisch in Sachen Zeit und Zukunft und so. Aber ich sehe nicht einen Grund, warum ich nicht mit einer anderen Frau schlafen sollte. Außer, dass es zu einem Kind führen könnte«, lacht Jasper.

»Entweder man entscheidet sich für Verzicht oder für die Freiheit. Und das ist nicht vergleichbar. Für die Freiheit brauche ich keinen Grund, für den Verzicht will ich einen.«

Die beiden lieben sich, die beiden wollen mehr. »Silvester 2014 hatten wir die verrückte Idee, dass wir 2015 in jedem Monat mit einer anderen Person schlafen.«

Jasper schafft die Quote nicht, es ergibt sich für ihn nicht mehr. »Mir war die Möglichkeit noch wichtig, aber die Umsetzung nicht mehr.«

Im Dezember sind sie zusammen in einem Club. Jasper küsst eine Kommilitonin von Marie. Für Marie werden gleich zwei Regeln verletzt: Keine Freundinnen (an diese Regel erinnert sich Jasper nicht), zumindest manche nicht (er weiß von einer, die Tabu war). Und nicht, wenn der andere dabei ist. Will Jasper damit quasi aufholen? Eine Freundin gleich fünf Fremde, die Marie abschleppt? Oder ist es einfach die Nähe, diese *Freundschaft plus X*, die ihn reizt?

Sie sagt: »Ich finde das sehr schwierig«. Nicht: Mach das nicht. »Ich wollte ihm nichts vorschreiben«, sagt sie.

Aber egal ist es ihr nicht.

»Ich glaube, dass er mir damit etwas zeigen wollte. Dass er auch kann, wenn er will. Das hat mich geärgert.«

Nach der Nacht im Club streiten sie sich. Es ist Weihnachten, er ist bei ihrer Familie, und sie giften sich nur an. »Das war schlimm«, sagt sie.

Drei Tage später trifft er die Kommilitonin noch. Das sagt er ihr.

Sie sagt nur: »Mach halt.«

Schon wieder fühlt sie sich reingezogen, wo sie nicht dabei sein will. Ihre Freundinnen fragen sie: Ist es okay? Sicher? Ja, sagt sie. Macht, was ihr wollt, die Entscheidung kann und will ich euch nicht abnehmen.

Aber alleine, dass sie jemand fragt, nervt. Das Thema drückt omnipräsent auf zu viele Bereiche ihres Lebens, wo es doch eigentlich alles vereinfachen soll. Und: für Marie funktioniert das nicht. Wenn sie jemanden mag, und dann noch mit ihm schläft, dann ist das Risiko zu hoch. Damals, am Anfang, hatte sie was mit einem Freund von ihm. Und beendet es, bevor die Gefühle zu stark werden. Wegen Jasper. Er hat das immer verneint. Sie glaubt es ihm nicht ganz.

Aber trotzdem finden beide Ihr Modell tausend Mal besser als alles andere.

Ihr ursprünglicher Plan, sich vor einer Hochzeit noch einmal pro forma zu trennen, damit sich jeder ein halbes Jahr austoben kann, Hörner abstoßen, nichts verpasst haben, all das, was andere Paare umtreibt?

»Das ist ein blöder Plan«, findet Jasper.

»Wir können einfach zusammenbleiben«, sagt Marie.

Jede Generation beschäftigt sich mit dem Thema. Aber aus der Elterngeneration hat nie jemand mit ihnen darüber geredet. Ihre Eltern wissen es nicht. Jasper vermutet, dass seine Eltern auch nicht exklusiv waren.

Maries Eltern haben sich getrennt, weil ihr Vater fremdgegangen ist. »Das würde ich allein deshalb nie machen. Aber ich habe dadurch früh gelernt, dass nichts ewig halten muss. Dass es mehr im Leben gibt als die eine große Liebe. Und dass das okay ist.«

Dann hat die Suche ja gar kein Ende. Aber was, wenn es eben kein Ende gibt? Und gar keine Suche? Wenn Liebe eben mehr ist als immer nur *Du und ich*? Wenn es auch *Du, ich und die anderen* gibt? Und das hält?

Hier könnte die Geschichte von Jasper und Marie enden. Wenn Liebe ein Spielfilm wäre. Oder ein Roman. Wenn sie neben einem Anfang und einem Mittelteil auch ein Ende hätte. Wenn Gefühle immer blieben, wie sie einmal waren. Wenn man einen Menschen besitzen könnte.

Aber als Marie ein halbes Jahr später, dieses Mal allein, vor mir sitzt und ihr Weinglas in den Händen dreht, hin und wieder zurück und wieder hin und zurück, da bekommt ihre Geschichte kein Ende. Sie wird zu einem Kapitel. Ein Kapitel in Maries Buch. Das jetzt nicht mehr Jaspers ist.

»Als ich vor ein paar Monaten wieder in Mexico war, hat mich ein Typ aus der Bahn geworfen. Da war etwas. Ich war verknallt. Aber ich dachte: Wenn ich erstmal zu Hause bin, bei Jasper, dann passt das schon wieder.«

Wir sitzen vor einer Bar unter der Markise. Es fängt leise an zu regnen, während sie weiterspricht.

»Ich bin zurückgekommen und mit Jasper nach Israel gefahren. Ich dachte, das wird schon. Und die zwei Wochen waren schön. Aber: Wir waren nicht wie ein Paar im Urlaub. Sondern wie zwei sehr, sehr gute Freunde.«

Während sie erzählt, muss sie immer wieder nachdenken. Ist vorsichtig mit den Worten. Sie will Jasper kein Unrecht tun. Nicht hinterher herumdeuten an einer Beziehung, die sie lange sehr glücklich gemacht hat.

»Wir kamen hier an, haben eine Woche nur gestritten. Dann ist er nach Japan, für drei Wochen, mit der Arbeit. Am Wochenende vorher habe ich Andi kennengelernt.« Andi ist Türsteher in dem Club, in den sie oft geht. »Wir haben uns ein paar Mal gesehen und wahrgenommen. Aber an dem Abend war er selber als Gast da.«

Er spricht sie an. »Und ich bin dann auf die Türsteher-Nummer reingefallen. Nach Feierabend noch im Backstage-Bereich abhängen. Freibier und so. Bis halb neun in der Früh.«

Er ist ganz anders als Jasper. Emotionaler. Sensibler. Sie gehen getrennte Wege nach Hause. Ein Kuss vor dem Club. Mehr nicht.

Warum ausgerechnet bei ihm nicht?

»Das hätte nicht zu ihm, nicht zu dem Abend gepasst. Es war ehrlich. Nicht so abgekartet.« Sie tauschen Nummern aus.

»Entgegen aller Ratschläge meiner Freundinnen wollte ich ihn sofort wiedersehen.«

Statt sich die zwei Wochen, bis Jasper wiederkommt, zurückzuziehen und nachzudenken, verabreden Marie und Andi ein zweites Date, gehen auf ein Konzert, danach auf Drinks.

Marie muss es ihm sagen.

»Ich habe einen Freund.«

»Oh«, sagt Andi. Sein Gesicht ist leer.

»Aber wir haben eine offene Beziehung. Es ist okay, was wir hier machen. Und ich mag dich. Wirklich.«

Andi sagt erst nichts weiter. Dann: »Wie stellst du dir das vor? Bist du jetzt dreieinhalb Wochen mit mir unterwegs, und dann kommt dein Freund wieder?«

Sie wissen nicht, was sie tun sollen. Er kommt mit zu ihr. Aber es passiert nichts, sagt sie.

»Absurderweise hatte ich gar keine Angst, dass er mich dann nicht will.«

Noch einmal treffen sie sich. Er kocht für sie. Sie liegen in seinem Bett. Und sind sich einig: so geht es nicht.

»Das waren wir drei sehr tränenreiche Wochen. Ich wusste nicht mehr, wo mir der Kopf steht.«

Sie sitzt heulend am Telefon mit ihrer besten Freundin. Alles in ihr sagt, dass sie etwas anderes will als das, was sie sieben Jahre lang hatte. Jasper ist am anderen Ende der Welt. Andi ist hier. Alles fühlt sich falsch an.

Also schreibt sie Jasper eine Nachricht. Ein paar dutzend Zeichen. Von München nach Japan. Dass sie nicht mehr weiterweiß. Dass sie ihm sagen muss, was los ist. Dass es ihr leid tut. Jasper sitzt, diesmal fast 10 000 Kilometer entfernt, bei der Arbeit. Daten erheben für ein Projekt seines Lehrstuhls. Er ist weit weg dort, allein, ein wenig einsam. Und dann diese Nachricht.

»Ich hatte damit gar nicht gerechnet. Ich hatte ihr schon Mitbringsel besorgt.« Jasper ist sauer. Warum schreibt sie ihm jetzt? Warum nicht noch zwei Wochen warten?

Dann fliegt er zurück. Sie treffen sich. Marie ist an dem Morgen aufgewacht mit dem einen Gedanken: Ich muss das jetzt machen. Also sagt sie: »Ich bin mir nicht mehr sicher mit uns.«

»Ich weiß nicht, wie ein Leben ohne dich aussehen soll«, sagt er.

»Wie kannst du unsere Beziehung für ein Bauchgefühl wegschmeißen? Ich habe mich auch viermal verknallt. Und es war mir egal.«

Und damit stellt Marie sich die große Frage: War das nur eine Frage der Zeit? Musste sie sich in einen der Männer, die sie neben Jasper kennenlernt, mit denen sie oft genug auch ins Bett gegangen ist, nicht zwangsläufig irgendwann verlieben? Oder war sie jetzt frei, konnte jetzt erst jemand Neues, Besonderes kommen, weil sie Jasper nicht mehr liebte? Hat Andi sie von Jasper getrennt? Oder war es einfach eine einseitige emotionale Veränderung, wie sie jeder Beziehung passieren kann? Waren die anderen ein schleichendes Gift? Oder überhaupt der Grund, warum sie so glücklich waren? Haben sie Jasper und Marie schwächer oder stärker gemacht?

Jasper würde alles genauso wieder tun. Marie auch. Aber ihre Gefühle, was die Zukunft angeht, gingen schon länger auseinander. Sie denkt über Kinder nach, aber glücklich macht sie diese Aussicht nicht. »Irgendwann demnächst mal im Reihenhaus, schwanger, im Referendariat – die Vorstellung habe ich nicht gepackt.«

Jasper fragt sie einmal, wie sie zum Heiraten steht. Das ist ihr zu früh. Sowieso war sie noch nie länger Single.

»Ich wäre eigentlich auch gern mal alleine gewesen«, sagt sie. Sie hat nicht gesucht. Mit Jasper kommt sie direkt zusammen, nachdem ihr Freund Schluss macht. Wieder ein fliegender Wechsel war nicht ihr Ziel.

Aber jetzt war eben Andi da. Der etwas anderes ist als der Mexikaner, als der ein oder andere Typ vorher, den sie cool fand. Aber in den sie sich doch nicht verliebte. »Vielleicht, weil ich eben von Jasper besetzt war. Weil er immer die Nummer eins war für mich.

Und jetzt eben nicht mehr.« Was, wenn ihr Andi vor einem Jahr begegnet wäre? »Das ist eine gute Frage. Vielleicht hätte ich ihn so nicht kennengelernt. Weil ich nicht so offen war.« Jeder der Schritte musste passieren, glaubt sie, damit es kommen konnte. »Erst ich in Mexico, zusammen in Israel, er nach Japan – so konnte ich mich langsam lösen. Und mich jetzt voll auf Andi einlassen.«

»Das musste ja passieren« sagen manche Freunde trotzdem zu ihr. »Das konnte ja nicht klappen, so offen, wie ihr wart.«

Marie ärgert sich darüber. Dass sie mit Andi nicht ins Bett gegangen ist, ihn genau so gut in einer geschlossenen Beziehung hätte kennenlernen können, dass eine neue Liebe jedem passieren kann, zumindest jedem, dessen alte Liebe schwächer wird, scheint nicht zu zählen. Das Modell ist schuld, wenn es abweicht. Wenn das Modell »normal« ist, ist die Liebe schuld?

»Ich hatte was mit Männern, und bin immer wieder bei Jasper geblieben. Und er bei mir«, sagt Marie. »Bis Jasper für mich immer weiter weg war. Und Andi kam. Vielleicht ist es so einfach.«

Und was denkt Jasper, verletzt, verlassen, aber immer noch ruhig, rational?

»Die offene Beziehung ist definitiv nicht schuld«, sagt er. »Sie wollte mich nicht mehr. Und sie konnte sich nicht zurückhalten. Das wäre so oder so passiert. Nur, wie sie es gemacht hat, ist enttäuschend. Sie hat unsere Idee am Ende doch ignoriert.«

Verlieben, Lieben, Entlieben. So geht es ständig. Unter allen Umständen.

»Solange alle Leute hinter ihrem Rücken, wenn sie besoffen sind, sich wünschen, mit irgendjemand rumzumachen, muss ich sagen: Ich kenne nach wie vor keine Beziehung, die ich besser fand als unsere.«

Demnächst lernt Marie schon Andis Eltern kennen. »Ich weiß auch noch nicht, wie ich das finden soll.«

Aber es geht ihr gut mit ihm. Sie sind noch nicht offiziell zusammen, aber es wird darauf hinauslaufen. Auf eine offene Beziehung? »Andi findet das, glaube ich, nicht so gut. Aber das ist mir völlig egal. Ich bin seit langer Zeit das erste Mal nicht das geringste bisschen auf der Suche. Ich will jetzt erstmal nur ihn.«

Jasper schreibt ihr, manchmal. Sie erzählt ihm nicht mehr von Andi.

»Ist deine Entscheidung eine für die Zukunft?«, fragt er.

Marie antwortet: »Ja.«

V. TREUE

18. EIN UNTREUES TIER

Tiere sterben. Pflanzen. Von einem Jahr zum nächsten sind Wasserläufe nicht mehr dieselben. Nichts währt. Die Leute möchten gern an das Gegenteil glauben. Sie verbringen ihr Leben damit, die Bruchstücke zusammenzukleben, und nennen das dann Ehe, Treue oder was weiß ich. Ich belaste mich nicht mehr mit solchen Dummheiten. Ich versuche mein Glück bei dem, der mir gefällt.

YASMINA REZA, GLÜCKLICH DIE GLÜCKLICHEN

Im Jahre 1631 wurde in London ein Nachdruck der Bibel mit einem merkwürdigen Druckfehler veröffentlicht. Beim sechsten Gebot fehlte das Wort »not«. *Thou shalt commit adultery* – du sollst ehebrechen. Damit wurden die christlichen Schäfchen unter Berufung auf die allerhöchste himmlische Autorität zum Fremdgehen angestiftet. Natürlich waren der König und der Erzbischof von Canterbury erbost: Der Drucker, ein gewisser Robert Barker, wurde zu einer saftigen Geldstrafe von 300 Pfund verurteilt. Schon die versehentliche Aufforderung zur Untreue war dereinst streng verboten. Man schien Gottes Schäfchen auch nach tausenden von Jahren nicht zuzutrauen, zu wissen, was sich gehört und was nicht.

Die Menschheitsgeschichte kann auch als ewiger Kampf zwischen Treue und Untreue (oder besser: zwischen Treue und Trieb) erzählt werden. Helena und Paris, Cäsar und Kleopatra und wie sie alle hießen – ihre Treue und Untreue bestimmten das Geschick der Völker. Und sie konnten mit unserem Verständnis rechnen. Ovid schrieb in seiner berühmten »Ars Amatoria«: »Schuldlos ist Helena und auch ihr Liebhaber, weil sie nur taten, was jeder und auch du getan hätte.« Dass die Liebschaft zwischen dem schönen Paris und der noch schöneren Helena den trojanischen Krieg mit tausenden Toten und der Vernichtung einer ganzen Stadt auslöste, ist zu vernachlässigen. Kein Wunder, war doch Monogamie an sich damals noch nicht der Götze, den heute alle anbeten. Strikt monogam lebende Völker scheinen in vorchristlicher Zeit wenig verbreitet gewesen zu sein. Nach Tacitus waren die Germanen mit ihrer Einehe eine seltene Ausnahme unter den Völkern der Antike, wobei es aber auch eine »Dreierehe« im germanischen Kulturkreis gab, die erst relativ spät von der katholischen Kirche abgeschafft wurde. Die monogame Ehe ist ein christlicher Exportschlager. Vor allem durch die Expansion monotheistischer Religionen, die erfolgreiche Ausbreitung christlicher Normen und Werte in Europa und der Welt, besonders seit dem 15. Jahrhundert in Folge (oft gewaltsamer) christlicher Missionierung wurde die Monogamie in vielen Regionen der Welt zur vorherrschenden Eheform. Noch im alten Judentum war die Monogamie kein Zwang, bis heute war und ist sie im zeitgenössischen Islam nicht die Regel. Laut dem alten Testament hatte König David sechs Ehefrauen und mehr, Salomon sogar 7000 plus 300 Konkubinen. Von den Harems islamischer und anderer Mächtiger ganz zu schweigen. In diesen Zeiten war Monogamie den armen Schluckern vorbehalten, die sich nicht mehr Frauen leisten konnten, und natürlich den armen Frauen, die sowieso nichts zu sagen hatten.

Tatsächlich stellen aber auch heute strenge Monogamie praktizierende Gesellschaften eine Minderheit unter den menschlichen Kulturen dar. Der Anthropologe George Peter Murdoch zählt in seiner Studie »Social Structure« 238 verschiedene menschliche Gesellschaften auf der Erde, von denen nur 43 die Monogamie propagierten. Man nimmt an, dass vor dem Kontakt mit dem Westen noch deutlich mehr der Gesellschaften nicht-monogam lebten.

Und wieso sollten wir, die Krone der Schöpfung, eigentlich als einzige pseudo-monogam sein?

Alle, wirklich alle Lebewesen auf dieser Welt scheinen polygam veranlagt. Halt, die Pinguine! Kümmern die sich nicht in trauter Elternschaft um ihr Kind? Ja. Elf Monate lang. Dann watscheln sie schmerzlos auseinander. Zwischendurch kennen sie sogar die Ménage-à-trois, bei der zwei Männchen abwechselnd für das Ei eines Weibchens sorgten, oder gar »Pinguin-Prostitution«, bei denen die Weibchen als Bezahlung für Sex Steine für den Nestbau erhalten. Da die geschlechtsreifen Tiere eine Lebensspanne von ungefähr dreißig Jahren haben, gründen diese Vorzeige-Eltern in ihrem Leben mindestens zwei Dutzend Mal eine Familie. Ebenso die Wühlmäuse, die lange als monogam galten. Die Tiere haben mit allen möglichen anderen Geschlechtsverkehr, mit ihren Partnern sitzen sie lediglich beisammen wie wir Sonntagabend beim Tatort.

Bleibt noch der im Englischen beliebte Spruch: »Wer auf der Suche nach Monogamie ist, sollte einen Schwan heiraten.« Stimmt das? Lange Zeit dachte man, viele Vogelarten seien monogam, da nur beide Eltern gemeinsam rund um die Uhr die Eier ausbrüten und die Küken versorgen können. Man ging davon aus, Vogelmännchen würden (wie Menschen) nur bei der Brutpflege helfen, wenn sie sich ihrer Vaterschaft sicher sein könnten. Mit der Verbreitung von kostengünstigen DNA-Tests ist allerdings auch diese Illusion geplatzt. Ein Hüttensänger-Vogelpaar mag zwar zusammen ein Nest bauen und die Jungen gemeinsam großziehen, doch nach den Ergebnissen der Verhaltensbiologin Patricia Adair Gowaty stammen 15 bis 20 Prozent der Jungen nicht von dem jeweiligen Männchen ab. Dabei sind Hüttensänger noch nicht einmal sonderlich liederliche Singvögel: Als man die Küken-DNA von 180 Vogelarten, die man zuvor für monogam hielt, testete, kam heraus, dass 90 Prozent der Arten nicht monogam sind.

Monogamie und die daraus folgende Treue ist eine rein menschliche, sehr junge Idee. Trotzdem oder gerade deshalb bestrafen wir uns für Untreue und außerehelichen Sex. In biblischen Zeiten wurde der Ehebruch der Frau gemäß Altem Testament mit Steinigung bestraft. Erst die Römer verboten den barbarischen Brauch. Jesus verhindert im Neuen Testament eine Steinigung mit seinem berühmt gewordenen Satz: »Wer ohne Sünde ist, werfe den ersten Stein.«

Dunkle Vorzeit? Das ganze Mittelalter hindurch wurden Menschen drakonisch für Untreue bestraft, wie immer vor allem Frauen. James Britton und Mary Latham und der englische Drucker noch im 17. Jahrhundert. Danach übernahm nach und nach die soziale Ächtung die juristische Brutalität. Aber noch bis 1969 war Fremdgehen in der BRD strafbar, wenn es Konsequenzen hatte: »Der Ehebruch wird, wenn wegen desselben die Ehe geschieden ist, an dem schuldigen Ehegatten sowie dessen Mitschuldigen mit Gefängnis bis zu sechs Monaten bestraft«, hieß es im berüchtigten Paragraph 175 StGB. Seit 1998 ist es wiederum verboten, doppelt zu ehelichen: »Wer eine Ehe schließt, obwohl er verheiratet ist, oder wer mit einem Verheirateten eine Ehe schließt, wird mit Freiheitsstrafe bis zu drei Jahren oder mit Geldstrafe bestraft.« Die Abkürzung HWG für häufig wechselnde Geschlechtspartner wurde sowohl von der Stasi als auch im bundesrepublikanischen Amtsdeutsch verwendet und diente zur Erpressung. Die »sexuelle Verwahrlosung« wurde Frauen im Dritten Reich vorgeworfen, die außerhalb der Ehe Geschlechtsverkehr hatten. Unter diesem Vorwand wurden viele Frauen verfolgt und in Konzentrationslager gesteckt, und bis in die 1970er Jahre konnte man als junge Frau mit dieser »Diagnose« im Erziehungsheim landen, wo Misshandlungen an der Tagesordnung waren. Noch heute erfüllt in Deutschland die öffentliche »Verherrlichung« von Promiskuität den Tatbestand der Jugendgefährdung.

Trotz aller Strafen war die Monogamie schwer durchzusetzen

und ist heute so verwässert, dass man sie manchmal kaum noch erkennen kann. Was die meisten von uns leben, ist eher eine »nichtkonsensuale Semi-Monogamie«, sprich: eine Beziehung, in der Treue zwar hochgehalten wird, aber trotzdem oft betrogen wird. Einseitig oder beidseitig. Mehr oder weniger offen. Aber eben gegen Wissen und Willen des Partners. Es braucht keine Gelegenheiten. Karneval, Urlaub oder die gute alte Dienstreise bieten nur Ausreden. In allen Kulturen, in allen Zeitaltern, unter allen Umständen. Nehmen Sie fünf oder zehn Beziehungen aus ihrem engeren Umfeld, egal, ob noch existent oder inzwischen beendet. In wie vielen davon waren beide Partner 100 Prozent körperlich treu?

Wie schon im Kapitel zur Eifersucht festgestellt: Der mögliche Seitensprung lauert überall. Es gibt 1000 Gründe, fremdzugehen. Aber nur einen, treu zu sein. Fremdgehen ist Volkssport. Man muss nur »Fremdgehen« oder etwas Ähnliches googeln, und man findet tausende Beichten. Abertausende Gründe. Von verständlich bis absurd. Eine junge Frau schreibt bei *Vice:* »Mein Grund war das Recycling. Ich habe meinen jeweiligen Freund immer mit seinem Vorgänger betrogen – in der Regel nur, um mir selbst zu beweisen, dass mein Ex immer noch auf mich stand, oder aus irgendeiner anderen Unsicherheit heraus.« Scheinbar ist sogar das *alte* manchmal *neu* genug, um uns zu reizen.

Dabei ist das Klischee des Schürzenjägers, dessen Frau zu Hause mit dem Nudelholz wartet, bis er von der anderen heimkommt, völliger Quatsch. Aus Umfragen weiß man, dass Frauen Männern wenig bis nichts nachstehen, dass zum Beispiel in den USA 70 Prozent der über 35-jährigen Frauen bereits mindestens einmal fremdgegangen sind. Der einzige Unterschied mag im Grund liegen: Männer gehen wegen Testosteron fremd, Frauen aus emotionaler Unzufriedenheit. Männer gehen fremd, weil die Freundin langweilig im Bett ist oder aus Lust auf Vielfalt. Frauen aus Protest über andere Unzulänglichkeiten ihrer Freunde. Die meisten untreuen Männer erzählen den Wissenschaftlern, dass sie eigentlich ziemlich glücklich in ihren Ehen seien; dieses Gefühl teilen nur ein Drittel der untreuen Frauen. Als die Psychologen Shirley Glass und Thomas White 300 Männer und Frauen anonym über ihre außerehelichen Affären befragten, zeigte sich, dass Männer ihre Affären eher als sexuell motiviert begreifen, während Frauen mehr durch ihre Emotionen angetrieben werden und dementsprechend häufiger von Unzufriedenheit mit ihren Ehen berichteten. Andere Forschungen brachten ähnliche Ergebnisse.

Ein großes »aber«: Vielleicht spielt auch hier soziale Erwünschtheit eine Rolle. Männern wird es eher »verziehen«, wenn sie ihren Trieb ausleben. Frauen schieben lieber eine emotionale Unzufriedenheit vor. Dass Frauen an ihren fruchtbarsten Tagen am wahrscheinlichsten fremdgehen, deutet jedenfalls auf eine eher körperliche, unbewusste Motivation hin. So wie auch eine historische Veränderung: Früher, als man nicht aus Liebe heiratete, bedeutete der Seitensprung oft eine Rebellion gegen die soziale Zwangsverkuppelung, vielleicht sogar die einzige Möglichkeit, eine verbotene Liebe zu leben. Heute, da wir uns aus Liebe zusammenfinden, scheint der Seitensprung also etwas anderes zu befriedigen, das wir trotz aller Bemühungen in unseren ernsthaften, reflektierten Beziehungen nicht finden.

Wie dem auch sei: Alle tun es. Egal, wie toll ihre Partner sind. Selbst Männer und Frauen von Hollywood-Stars gehen fremd. Die Neuheit selbst ist die stärkste Attraktion. Um das Dilemma des drohenden Seitensprungs zu lösen, verfahren heute viele Paare, vielleicht sogar eine stille Mehrheit nach dem Prinzip namens »Don't ask, don't tell« (DADT).

DADT ist der hilflose Versuch, die Treue zu retten, die Beziehung harmonisch zu halten, nicht über das sprechen zu müssen, wovon doch beide wissen, dass es existiert. Es ist die sexuelle Entsprechung zu dem Kind, das sich beim Versteckspiel die Augen zu hält, weil es denkt, dann würde es unsichtbar. »Don't ask don't tell« funktioniert wunderbar – weil es die praktische Kapitulation vor der Unmöglichkeit der Monogamie ist.

Warum aber beten wir den Götzen der monogamen Treue weiter so hartnäckig an, als wüssten wir nicht, dass die Untreue in uns allen schlummert? Warum all die Lügen, die ja auch DADT nur umgeht, nicht verhindert? Wahrheit, scheint es, ist mit Monogamie in dieser Welt kaum herzustellen. Kein Mensch kann dem anderen zehn, zwanzig, dreißig Jahre lang im alten Sinne treu bleiben, ohne ihn wenigstens im Geiste zu »betrügen«.

In der fehlerhaften Bibel von 1631 war das neunte Gebot richtig abgedruckt: »Du sollst nicht begehren deines Nächsten Frau.« Sogar die frühesten Bibelschreiber wussten, dass vor der tatsächlichen Untreue die untreue Begierde steht, die man am besten schon prophylaktisch verbietet. Warum halten wir an der monogamen Treue fest? Oder kann die weg?

19. WOZU NOCH MONOGAMIE?

Alle sind jetzt »Troy«, niemand geht mehr raus
Keiner kämpft mehr bis zum »Endboss«, alle geben auf
Jeder geht jetzt joggen, redet über seinen Bauch
Bevor die »lila Wolken« kommen, sind alle längst zuhaus'

MARTERIA, KIDS

Dear Karen,
If you're reading this it means I actually worked up the courage to mail it, so good for me. You don't know me very well, but if you get me started I have a tendency to go on and on about how hard the writing is for me. But this, this is the hardest thing I've ever had to write. There's no easy way to say this so I'll just say it, I met someone. It was an accident, I wasn't looking for it, I wasn't on the make — it was a perfect storm. She said one thing, I said another. Next thing I knew, I wanted to spend the rest of my life in the middle of that conversation. Now there's this feeling in my gut: She might be the one.
She's completely nuts, in a way that makes me smile — highly neurotic, a great deal of maintenance required. She is you, Karen. That's the good news. The bad is that I don't know how to be with you right now, and that scares the shit out of me. Because if I am not with you right now, I have this feeling we will get lost out there. It's a big, bad world full of twists and turns, and people have a way of blinking and missing the moment — the moment that could've changed everything. I don't know what's going on with us, and I can't tell you why you should waste a leap of faith on the likes of me. But damn you smell good, like home. And you make excellent coffee; that's got to count for something, right?
Call me.

Unfaithfully Yours,
Hank Moody

Hank Moody ist ein narzisstischer, egomanischer, polygamer, untreuer Sack. Und doch liebt er Karen. Und sie ihn. Er kommt immer wieder zu ihr zurück. Sie nimmt ihn immer wieder auf. Sie glauben beide, trotz oder gerade wegen allem, an ihre gemeinsame Liebe. Warum eigentlich?

Die Monogamie ist nicht nur ein Desaster, sie ist vor allem auch ein Mythos. Es gibt sie so selten, man könnte sagen: so gut wie nie. Sie existiert als Ideal, als Phantasie, als Utopie. An der wir uns aufrichten und ausrichten, scheitern und leiden. Eine schöne Idee, aber in der Realität, auch heute, wo wir frei den richtigen Partner, die richtige Form von Beziehung dafür wählen können, kaum verwirklicht. Und das liegt nicht an unserem Zeitalter, auch wenn zeitkritische Diagnosen von der »Beziehungsunfähigkeit« einer »narzisstischen Gesellschaft« stark in Mode sind. Als wären Probleme in der Liebe so etwas Modernes wie Umweltverschmutzung. Entgegen unserer historischen Intuition gab es die vielbeschworene reine Monogamie flächendeckend nur in Gesellschaften, in denen Sex brutal unterdrückt und reglementiert war, in denen »Liebe« weder als Zweck oder Ziel einer Ehe galt, in denen die Menschen romantisch (wie auch in viele anderen Belangen) maximal unfrei waren. Monogamie scheint also historisch entweder unmöglich oder diktatorisch verordnet.

Was heute tatsächlich gelebt wird, ist eine Mogel-Monogamie, die sogenannte »serielle Monogamie« (auch »sukzessive«), also eine Reihe von kurzen oder langen Beziehungen, nicht selten unterbrochen und sabotiert vom »Fremdgehen«, also polygamem Verhalten, das oft den Tief- und Schlusspunkt der Beziehung darstellt. Viele der bestehenden monogamen Beziehungen, das ist heute akzeptiertes Allgemeinwissen, haben es sich in einer lauwarmen Badewanne an Kompromissen und gepflegter Langeweile halbwegs gemütlich gemacht. Diese Badewanne, so glauben heute viele, ist das Höchste, was man von der Liebe langfristig erwarten darf. Im Tausch gegen eine lang anhaltende, tiefe Verbindung zu einem Menschen, mit dem man die Früchte dieser Verbindung (Kinder, Haus, gemeinsames Altern) teilen kann, gibt man nicht nur alle anderen Menschen, sondern auch ein gewisses Glücksversprechen auf. Die Monogamie ist also zu einer eher laschen Utopie verkommen. Lieber eine lauwarme Badewanne als gar kein Wasser. Und doch sehnen wir uns nach dem heißen Whirlpool der ganz großen Liebe. Doch fiebern wir mit Hank und Karen, dass sie es, entgegen aller Anzeichen, doch noch zusammen schaffen. Und zwar nur zusammen.

Dieses Buch trägt im Untertitel das »Ende der Monogamie«. Das ist natürlich eine starke Übertreibung, wenn nicht reiner Humbug. Die Monogamie ist nicht am Ende. Ganz im Gegenteil: Wir streben vielleicht stärker nach ihr als je zuvor. Je schwieriger sie zu schaffen ist, je mehr Alternativen, je freier unsere Entscheidung, desto mehr scheinen wir uns wie die Helden in Filmen und Serien und Liedern und Theaterstücken an die irrwitzige Idee zu klammern, dass es mit dem einen Menschen klappen könnte. Wie ein Lotto-Spieler weiß jeder von uns, dass die Wahrscheinlichkeit gering ist, die Hürden hoch, das Glück riesig sein müsste, damit man gewinnt. Und trotzdem denkt jeder und jede, bei ihm oder ihr, da wird es klappen. Schwierigkeiten nehmen wir nicht als dem Modell inhärente Konflikte und Widersprüchlichkeiten, sondern als unsere Fehler, als Generationenkrankheiten oder als die Schuld von Teufelszeug wie Internet oder Alkohol wahr. Diese Treue, die wir der Treue halten, hat zwei Quellen, die sich wechselseitig beeinflussen. Der erste Grund ist, dass uns unsere gesamte Kultur *erzählt*, dass Monogamie besser ist. Der zweite Grund ist, dass sie tatsächlich einige Vorteile hat.

Wir glauben also erstens die Geschichte von der Monogamie, weil wir an etwas glauben wollen, glauben müssen. Es ist die ewig wiederkehrende Geschichte vom richtigen Leben, das wir erreichen können, wenn wir uns nur richtig anstellen. Wir Menschen sind sehr schlecht darin, Schicksal einfach hinzunehmen. Und sehr gut darin, vermeintliche Kausalitäten aufzustellen. Wir erleiden unfassbare Dinge, ohne zu klagen. Aber nur, wenn uns nur jemand erklärt, *warum* wir sie erleiden müssen, oder besser: *wofür.*

Für die einzig wahre, große Liebe, die ein Leben hält – dafür nehmen wir sehr viel auf uns. Und davon, von diesem großen Ziel und dem mühseligen Weg dorthin, erzählen wir uns immer wieder. Es ist die klassische Heldenreise in der romantischen Version: Ein Mensch steht vor einer übermenschlich erscheinenden Aufgabe. Aber das Ziel ist groß und gut, der Mensch reinen Herzens, er *soll* es schaffen. Also überwindet er alle Schwierigkeiten, wächst über sich hinaus, wird ein anderer, besserer Mensch. Und erreicht deshalb das Ziel doch.

Machen Sie einen kurzen Narrativ-Check: Nehmen Sie irgendeine Liebesgeschichte, eine »Romantische Komödie«, ein «Liebeslied«, ein Drama von Shakespeare, das Sie irgendwann einmal berührt hat. Wetten, dass genau diese Heldenreise der Kern dieser fesselnden Geschichte ist? Ob ein oder zwei Menschen die Hauptrolle spielen, ob die Hürden ihre bösen Familien sind, gesellschaftliche Konventionen, Geld, ihre eigene emotionale Blindheit oder die totale Unfähigkeit eines attraktiven abgehalfterten Schriftstellers, zu Gunsten der Mutter ihrer gemeinsamen Tochter seine Finger von anderen Frauen zu lassen – was auch immer den Liebenden anfangs im Wege steht, ganz egal, ob die Geschichte im antiken Rom spielt oder in der Zukunft, der Kern ist immer der gleiche: Die große, monogame Liebe ist das ultimative Ziel. Und sehr schwer zu erreichen. Aber ich kann es schaffen, wenn ich nur will. Dann werde ich belohnt mit einem »happily ever after«.

Dieses simple Narrativ ist stark. Es verkauft Filme und Songs und Bücher. Weil es unserem Hang zur einfachen Kausalität entgegenkommt. Aber es würde nicht funktionieren, wenn die Monogamie nicht auch wirklich Vorteile hätte, beziehungsweise: Nachteile des Lebens ausgleicht.

Fangen wir handfest an. Zwar heißt Treue für viele Paare Abstinenz. Miteinander schlafen sie nur noch selten. Andere sind Tabu. Also haben sie wenig bis gar keinen Sex mehr. Und das soll ein Ideal sein? Nein. Denn überraschenderweise, fand die Soziologin Beate Küppers 2003 heraus, haben vergebene Menschen den (gefühlt) besseren Sex: Ehemänner geben ihrem Sex die besten Noten: Eine glatte 2. Freiwillige Single-Männer nur eine 4+. Unfreiwillige Singles noch schlechter. Denn immerhin haben die vergebenen den Sex sicher.

Und warum? Werner Bartens bringt im SZ-Magazin eine andere Deutung auf als die von der Langeweile: »Seltenere Intimkontakte deuten in einer längeren Paarbeziehung darauf hin, dass sich beide Partner sicher geborgen fühlen und keiner ständigen Liebesbeweise bedürfen. Sie müssen nicht befürchten, dass einer die Beziehung bald verlassen wird. Der sparsame Sex spricht für eine feste Bindung und wenig Verlustangst.«

Und Niklas Luhmann sieht den Anspruch der »companionship« in modernen Ehen institutionalisiert. Zwar nicht unbedingt immer verwirklicht, aber grundsätzlich als Anspruch vorhanden. Für ihn bedeutet Ehe damit »die Forderung kommunikativer Offenheit für nicht im voraus festgelegte Themen«. Alles wird erzählt, Fronten darf es nicht geben. Natürlich gibt es Grenzen. Ein »geht dich nichts an« gibt es nicht, nur ein »wollen wir wirklich darüber sprechen?« Es geht dabei nicht um Wahrheit, sondern um eigenes Erleben des Partners, dem nachzuspüren mir mehr Sinn gibt als eine neutrale Position. (Luhmann empfiehlt in seiner 1969 erschienenen Schrift »Liebe – eine Übung« nur halb ironisch, bei der Eheschließung auch einen Brockhaus zu kaufen. Damit Differenzen, die auf der Ebene der Wahrheit beizulegen sind, nicht unnötig »zu Differenzen in der Liebe anschwellen.«)

Wenig Verlustangst, ein sicherer Hafen, Entschleunigung, Komplexitätsreduktion, eben eine okaye Badewanne. Deshalb macht die Ehe froh, sagt eine Studie aus 16 Ländern, quer durch verschiedene ethnische Gruppen. Es ist bewiesen, »dass verheiratete Menschen glücklicher sind als andere«, schreibt der amerikanische Psychologe Martin Seligmann in seinem Buch »Der Glücksfaktor«. Ehe ist ein wichtigerer Glücksfaktor als Arbeitszufriedenheit oder Finanzen oder Gemeinschaft mit anderen Menschen. Mit »Ehe« ist hier nicht zwangsläufig eine Heirat gemeint, auch feste Lebenspartnerschaften ohne Trauschein zählen dazu.

Dafür spricht der Serotonin-Spiegel, der anfangs, in der Phase der totalen Verliebtheit, auf ein krankhaft niedriges Niveau gesunken war. Nach ein bis anderthalb Jahren war er wieder normalisiert. Die fixe Konzentration, die Leidenschaft hatte sich gelegt. Ein ähnlicher Genesungsprozess lässt sich bei Zwangspatienten beobachten. Die feste Beziehung wirkt »für die Liebeskranken wie eine kleine Therapie«, schreibt Bas Kast.

Es übernehmen die »Bindungsstoffe« Oxytocin und Vasopressin, die auch schon beim Orgasmus ausgeschüttet wurden und uns emotional an den Orgasmuspartner binden. Sie werden auch durch Zärtlichkeit und Körperwärme freigesetzt. Und setzen wiederum Dopamin frei, also Glück. Oxytocin ist ein wahres Wunder: es senkt den Blutdruck, den Herzschlag und die Konzentration von Stresshormonen. Die feste Beziehung, in der das Oxytocin agiert, ist deshalb das Schönste, was ein Mensch erleben kann. Also haben wir die Monogamie ein bisschen angepasst. Denn die serielle Monogamie ist ein cleverer Trick, doch auf unsere Kosten zu kommen und gleichzeitig monogam zu sein. Weil aber selbst das heute eher schlecht klappt, haben wir ein paar Sündenböcke gefunden.

Eine Mode-Diagnose, der erstaunlich viele Leute bereitwillig auf den larmoyanten Leim gehen, ist die Beziehungsunfähigkeit des Bestsellers »Generation Beziehungsunfähig«.

Schauen wir uns Substanzielleres an. Eva Illouz als Soziologin betrachtet die gesellschaftlichen Rahmenbedingungen dieser Bindungsangst. Stefanie Stahl als Psychologin die zugrunde liegenden psychischen Muster. Eva Illouz erklärt die größere Bindungsbereitschaft von Frauen »zweifellos« als direkte Folge ihrer »an Exklusivität orientierten Paarungsstrategie«. Die wiederum aus dem Machtgefälle folgt. Die Frau suche Schutz vor Vergewaltigung oder sei einfach genetisch so programmiert, zitiert Illouz andere Forscherinnen. Sie selbst stellt eher auf eine Reproduktionsausrichtung ab. Weil Frauen letztlich verantwortlich für die allen (Frauen, Männer, der Gesellschaft an sich) wichtige Fortpflanzung sind, ordnen sie ihre Partnersuche dieser Rolle unter. Heute stehen die Frauen dahingehend unter Zeitdruck. Die sogenannte »biologische Uhr« tickt. Sie ist wie das Krokodil, das Captain Hook verfolgt, weil es nach seiner Hand auch den Rest von ihm essen will. Es hat einen Wecker verschluckt und ist deswegen immer zu hören, wenn es sich anpirscht, ticktack, ticktack. Und wer ist der ärgste Feind des bösen Piraten? Ein Junge namens Peter Pan, der nie altert. Merken Sie was?

Die Zeit spielt heute gegen die Frauen. Wenn sie einen Beruf erlernen und ausüben wollen und dazu noch Kinder kriegen, müssen sie sich, im Gegensatz zu den Männern, beeilen. Selbst bei den coolsten »Powerfrauen« tickt die innere Uhr immer lauter. Der weibliche Körper ist ihnen selbst das tickende Krokodil. Denn es gibt inzwischen Forschungen, die zeigen: Mit nachlassender Fruchtbarkeit denken Frauen mehr an Sex, sie haben häufiger sexuelle Phantasien, die zudem heftiger sind, sie sind eher bereit zum Geschlechtsverkehr und berichten über häufigeren Geschlechtsverkehr als Frauen anderer Altersgruppen. Das Fenster schließt sich. Die Torschlusspanik setzt ein.

Hinzukommt, dass Männer sich im Alter nach unten orientieren. Die Wahrscheinlichkeit, dass Männer jüngere Frauen heiraten, ist in den 1970er und 1990er Jahren gestiegen. Dass Frauen jüngere Männer heiraten, gesunken. Wenn Männer gern jünger (und weniger gebildet) heiraten, ist auch die Demographie ein Faktor: Heute konkurriert ein größerer Anteil von gebildeten Frauen aus der Mittelschicht und oberen Mittelschicht um dieselben gebildeten und wohlhabenden Männer. Zwangsläufig entsteht ein Engpass.

Männer haben also einen Vorteil auf dem Heiratsmarkt, weil sie aus einem größeren Angebot wählen können, mit weniger Zeitdruck. Männer haben so viel mehr Möglichkeiten und Kontrolle, der Soziologe Randall Collins spricht sogar von »einem System der Schichtenbildung durch Sex«. Gleichzeitig entwickelte sich laut Illouz eine »hypertrophe«, also übersteigerte Männlichkeit als Reaktion auf die zunehmende Gleichberechtigung der Frau.

Deshalb, meint die Soziologin Illouz, sind Männer so bindungsunwillig, wenn nicht -ängstlich oder gar -gestört. Sie leben sich einfach aus im sexuellen Schlaraffenland. Das Übermaß der erotischen Angebote entwertet für sie jede einzelne ernsthafte Bindung. Sie nennt das die »hedonistische Bindungsangst«.

Illouz erzählt von Daniel, einem fünfzigjährigen Mann. Er trennt sich von seiner Frau – für viele andere Frauen. Er will »die Frau an sich«, nicht eine einzelne bestimmte. Illouz sieht seinen Hang zu Abwechslung allein begründet in dem Angebot der Abwechslung. Als ob man kein Lieblingseis mehr haben könnte, weil es an jedem Eisstand zwanzig Eissorten gibt. Die Bindungsangst wiederum sieht sie als Strategie, künstliche Knappheit in den Überfluss zu bringen. Wert hat nur, was knapp ist. Indem sie immer wieder Distanz schaffen, machen die Männer den Markt für sich spannender, als er ist. Wie Kinder, die bei Monopoly uneinholbar in Führung liegen, anfangen, Geld zu verschenken, damit das Spiel wieder Spaß macht.

Aber nicht nur Männern, sondern allen Menschen ist Autonomie ein grundlegendes Bedürfnis. Sich heute festzulegen, wie man morgen empfindet, wird als Beschneidung dieser Freiheit empfunden. Es ist sogar illegitim. Denn Gefühle kann man nicht kontrollieren. Bindungsunwilligkeit ist also, insofern Beziehungen emotional definiert werden, auch ein Aufbegehren gegen den Raub einer alternativen Zukunft.

Illouz ist eine brillante Soziologin. Aber ihre strikt soziologischen Hypothesen können nicht mehr als ein einzelnes Stück aus der vielschichtigen Torte der Wirklichkeit schneiden. Eine psychologische Erklärung, eine biologische Motivation zur »Vielweiberei« kommt ihr nicht in den Sinn (oder zumindest nicht in ihr Buch). Auch als ihr Steven, ein weiteres Beispiel, von der Partnerschaft als »Bürde« und »Belastung« erzählt, schließt sie: »Die Überversorgung mit Gefühlen schmälert ihren Wert.« Sie argumentiert rein makroökonomisch. Aber was ist mit der inneren Ökonomie der Gefühle, und zwar beider Geschlechter? Vielleicht hat Steven aus anderen Gründen immer das Gefühl, von der Zuneigung erdrückt zu werden, als dass da draußen noch mehr Zuneigung auf ihn wartet? Wenn die Männer die Macht haben und die Wahl, und deswegen nicht mitspielen wollen – wieso sitzen dann in einer Lesung von Michael Nast unter dem Titel »Generation Beziehungsunfähig« fast nur Frauen? Wieso trennen sich dann Frauen überhaupt, und zwar ziemlich häufig, wenn sie eigentlich auf die männliche Bindungsangst noch bindungswilliger reagieren müssten?

»Sie rufen mich bestimmt wegen diesem Michael Nast an«, sagt die Psychologin und Autorin Stefanie Stahl, als ich das erste Mal mit ihr telefoniere. Sie hat eine andere Erklärung als er für unser Bindungsunglück, das so viele umtreibt. Der ehemalige Werber Michael Nast, quasi ein Mario Barth für Akademikersingles, bezieht sich oft auf die Star-Soziologin Eva Illouz. Beide glauben, grob gesagt, an die riesige Auswahl als Wurzel aller Probleme. Beide kritisieren den Kapitalismus und die Ökonomisierung der Gefühle.

Stefanie Stahl arbeitet täglich mit »Beziehungsängstlichen«, wie sie Menschen nennt, die einen »unsicheren Bindungsstil« haben. 30 bis 40 Prozent gehören nach ihrer Auffassung dazu. Und diese Zahl sei ungefähr konstant. »Das hat etwas mit ihrer Kindheit zu tun. Und nichts mit dem Alter oder der Generation. Man hatte ganz früher nur ein engeres gesellschaftliches Korsett. Man hat die Konflikte weniger gesehen – und nie darüber gesprochen. Nur, weil man zusammenblieb, in mitunter schlimmen Ehen, war man ja nicht fähiger. Heute können die Menschen ihre Neurosen viel freier ausleben.«

Stefanie Stahl ist Jahrgang 1963. Und sie sagt: »Die Jugend heute ist so spießig im Vergleich zu uns. Die binden sich so früh und bleiben ewig zusammen. Weil die Bindung in einer unsicheren Welt vielleicht wichtiger geworden ist. Wenn, dann ist das die ›Generation Beziehungsfähig‹. Aber an sich ist das alles nichts Neues. Menschen hatten schon immer Probleme mit ihren Beziehungen. Das hat auch nichts mit der Generation zu tun, auch wenn das momentan jeder nachplappert.« Stahl nennt zwei Typen: Diejenigen, die Angst um ihre Freiheit haben. Und diejenigen, die Angst vor Verletzung haben. Die einen wollen unabhängig sein, die anderen abhängig. Die Kombination ist fatal.

Soweit ein psychologischer Ansatz. Eine biologische Erklärung haben wir in den ersten Kapiteln beobachtet. Mehr Sex mit mehr Partnern ist unseren Körpern einprogrammiert. So, wie manche unserer Psychen eine Scheu vor zu viel Bindung einprogrammiert wird.

Und was sagt die Philosophie? Slavoj Žižek spricht in »Die politische Suspension des Ethischen« von der *»jouissance«* (französisch: genießen). Geprägt hat diesen Begriff der französische Psychoanalytiker Jacques Lacan. Das Subjekt hält nach Slavoj Žižek in unserer Zeit seine Befriedigung nicht zurück, sondern verschafft sie sich unmittelbar. Es wird sogar von Kapitalismus und Politik dazu angespornt. Der heutige »nicht-repressive Hedonismus« wandelt

»erlaubte *jouissance*«, also beispielsweise mühsam erkämpfte sexuelle Freiheit, in »gebotene *jouissance*«, also einen Vergnügungszwang. Genießen wird Pflicht, wo es nicht verboten ist. Solches »obszöne« Genießen führt aber zwangsläufig ins Leid. »Ist das Loch, die Leere im tiefsten Innern unserer Lüste nicht die Struktur der *jouissance*?«, fragt Žižek rhetorisch. Weil, so vermute ich, uns eben Preis gleich Wert so einprogrammiert ist, weil eine *jouissance* ohne ein Verbot, ohne ein Über-Ich, das uns daran hindern will, kein Spaß mehr ist, sondern, wie Žižek schreibt, uns einer »autistisch-masturbatorischen, ›asozialen‹ *jouissance* in die Arme treibt«. Wir wollen maximale Lust, sofort, und je mehr wir bekommen, desto weniger befriedigt sie uns.

Jedenfalls geben die Eskalationen der *jouissance* die besseren Storys ab, sind uns also viel präsenter als der ruhige Fluss einer glücklichen Beziehung. Und da wir sind, was wir für Geschichten voneinander erzählen, fehlen uns besonders die Geschichten der lebenslangen Treue (im Vergleich von denen der Untreue, des Sich-Verliebens oder der Einsamkeit). »Sich verlieben ist schließlich einfach, das kann jeder; aber wie man eine Beziehung führt, daran scheitern die meisten. Was auch daran liegt, dass es zu wenige Vorbilder gibt«, schreibt Björn Stephan. Einerseits richtig: es wird uns viel vorgelebt, wie man sich findet oder trennt. Aber viel seltener, wie man zusammen den Alltag schafft. Aber auch Stephan benutzt mit »Beziehung führen« einen Begriff, als könne man einen Führerschein erwerben, als könne man eine Beziehung wie ein Auto sicher durch den Verkehr des Lebens steuern. Es fehlt uns also noch die Sprache, aber das wiederum wäre ein eigenes Buch.

Vermutlich ist es wie so oft: Der Kuchen der Liebe besteht aus mehreren Schichten und Stücken. Illouz wird recht haben mit ihrer Ökonomisierung der Gefühlswelt. Nast wird ein bisschen recht haben mit seiner Qual der Wahl. Stahl wird recht haben mit ihren frühkindlichen Prägungen, die uns problematisch programmieren wie vorsintflutliche Computer. Und Žižek wird recht haben, dass Spaß ohne jeden Widerstand keinen Spaß macht.

Also: Auswahl + Beziehungsängstlichkeit + Biologie + Vergnügungslust – Vorbild – Geschichten = Unmöglichkeit der lebenslangen »Treue«.

Wir wollen zusammenbleiben. Gegen alle Schwierigkeiten. Dieses Kapitel wird Ihnen den Wunsch nicht ausgetrieben haben. Und das ist gut so. Es ist unsere Natur, uns fest zu binden, Sicherheit zu suchen, füreinander da zu sein. Das ist einer der schönsten Dinge am Mensch sein.

Treue ist also wichtig. Sie eröffnet uns den Weg zu einer Tiefe an Beziehung, die wir sonst wohl nicht erreichen. Das »hidden Level«, wie Malte Welding es nennt. Aber diese »Treue« kann man sehr unterschiedlich definieren. Das weiß nicht nur Hank Moody.

20. BIS DASS DER TOD

»Wir müssen alle mit unseren Enttäuschungen leben.
Ich muss sogar mit meiner schlafen.«

AL BUNDY (EINE SCHRECKLICHE NETTE FAMILIE)

»Weißt du, welche Sorte Männer heiraten?
Männer, die ihre Mutter wiederhaben wollen.«

MIRANDA HOBBES (SEX AND THE CITY)

Der Mann hat es nicht leicht. Einst ein hoffnungsvoller Nachwuchssportler, zerstörte eine Knieverletzung seinen Traum vom Profisport. Dafür konnte er nichts. Aber dann machte er einen großen Fehler: Er heiratete. Und zwar eine Frau, die ihm, nach einer blind verliebten Anfangszeit, in der sie zwei Kinder zeugten, fortan das

Leben zur Hölle macht. Sie kocht nicht, raucht wie ein Schlot und will zu allem Überfluss auch noch ständig Sex von ihm. Er schuftet in einem Schuhladen, seine Familie gibt das Geld aus. Aber seine Frau hat es andersrum nicht besser erwischt. Sie ist mit einem faulen Loser verheiratet, der weder Geld noch Status noch Zuneigung für sie besitzt. Nicht einmal ihre bescheidenen Wünsche – ab und zu was Neues zum Anziehen, ein wenig Liebe – werden nicht erfüllt.

Al und Peg Bundy aus »Eine schrecklich nette Familie« sind Testimonials wider die Ehe. »Married … with children«, heißt die Serie im Original, und der Titel-Song »Love and Marriage« von Frank Sinatra geht weiter: »Go together like a horse and carriage. This I tell you brother, you can't have one without the other.« Al und Peg stammen aus einer Zeit, in der Liebe und Ehe einfach zusammengehörten. Und die massenhaft unglückliche Paare produzierte, wenn vielleicht auch nicht ganz so grotesk verzweifelt wie Al und Peg. Wobei Al Bundy himself widersprechen würde: »Nein, ich bin bestimmt nicht verzweifelt, Peg. Verzweiflung setzt Hoffnung voraus.«

Seit den Siebzigern, in denen Al und Peg ihren unseligen Bund fürs Leben schlossen, hat sich einiges verändert. Wir heiraten später: Das durchschnittliche Heiratsalter lediger Frauen ist in Deutschland zwischen 1991 und 2007 von 26,1 Jahren auf 29,8 Jahre angestiegen. Das der Männer parallel dazu von 28,5 auf 32,7 Jahre. Wir heiraten seltener: Die Zahl der Eheschließungen ist von 516 388 in 1990 auf 377 055 im Jahr 2008 gesunken. Und wir heiraten weniger dauerhaft: Auf eine Eheschließung kamen 2014 0,43 Scheidungen, fast halb so viele also. Langfristige, monogame Beziehungen werden nicht zu Unrecht problematisiert. Sie aufrechtzuerhalten, glücklich und freiwillig, ist verdammt schwierig. »Für mich ist die Ehe eine der größten Herausforderungen im Leben. Und ich glaube, dass ich endlich erwachsen genug bin, um es noch einmal zu versuchen.« Sagt Helen Fisher, die amerikanische Psychologin.

Im frühen 20. Jahrhundert war die Entscheidung für eine Ehe noch eine lebenslange. Bis in die 1960er Jahre waren die Scheidungsraten in den meisten sie überhaupt erlaubenden Ländern niedrig. »Schuld« sind gewandelte Einstellungen zur Ehe: Noch in den fünfziger Jahren war sie für viele junge Menschen pure Normalität. Mehr noch: Unausweichlich und alternativlos, wollte man am gesellschaftlichen Leben als vollwertiges Mitglied teilnehmen. Von Sex und Nähe und Liebe ganz zu schweigen. Heiraten war Pflicht. Der englischsprachige Begriff »Golden Age of Marriage« (übersetzt: Goldenes Zeitalter der Heirat bzw. der Eheschließung) bezieht sich darauf, dass in den beiden Nachkriegsjahrzehnten über neunzig Prozent der Frauen und Männer innerhalb der einzelnen Jahrgänge zumindest einmal eine Ehe schlossen. Schon in den siebziger Jahren hatte sich das geändert. Liebe, Sex und Zärtlichkeit, Familie und Partnerschaft werden seitdem auch und sogar vornehmlich außerhalb der Ehe gelebt.

Zwar erlebt die Hochzeit immer wieder ein Revival, zurzeit in ihrer säkularisierten Form ohne Kirche, dafür mit freien Zeremonien und Rednern. Aber dennoch ist statistisch festzustellen: Monogame Liebe braucht immer seltener das Treueversprechen der klassischen Ehe. Und auch gesellschaftlich hat die Ehe ihre Funktion weitestgehend verloren. Vermutlich vom attischen König Kekrops in Griechenland circa 200 Jahre vor Christus eingeführt, galt sie jahrtausendelang als grundlegendes Ordnungsprinzip des Privaten. Den heutigen Begriff der Liebe gab es nicht. Die Ehe diente der Ordnung der Gesellschaft zugunsten des Staates. Durch die Ehe wurde ein Mensch »gesellschaftsfähig«.

Dabei ging es um wechselseitige Versprechen und darum, die eigene Rolle gut zu spielen. In der Ehe zählten Tugenden, nicht Eigenschaften. Gefühle hatten sich gemäß der Rolle zu entwickeln. Das Innenleben war von Normen, was zu fühlen sei, strukturiert. Emotionen oder gar ihre Formulierung in einer Sprache des Selbst waren zu unterlassen. Die Rolle einer Frau umfasste hauptsächlich, dem Mann »den Rücken freizuhalten«; also ihm beim Spielen seiner Rolle (als Ernährer, Geschäftsmann usw.) zu helfen. Der Mann versorgte die Frau und die Kinder dafür wirtschaftlich. Sich gegenseitig »glücklich« zu machen war nicht vorgesehen. Sich gegenseitig emotional zu entblößen auch nicht. Wozu auch. Was genau der andere fühlte, war egal. Solange er und sie funktionierten. Und wenn nicht?

Heute ist die Ehe eine freiwillige Gemeinschaft aus Liebe, meist gänzlich ohne Zwang. Doch das bedeutet mitnichten auch weniger Treue. Etwa 97 Prozent der Männer und Frauen, die im deutschsprachigen Raum eine Partnerschaft eingehen, erwarten vom Partner Treue. Auch die nachkommenden Generationen halten die Treue an sich hoch, wenn die Einstellungen dazu auch lockerer zu werden scheinen. Laut der europaweiten Studie »Generation What« ist Treue nur für 74 Prozent der bislang 770 000 Befragten zwischen 18 und 34 Jahren das Wichtigste in einer Beziehung.

Aber gerade *weil* wir die klassische Ehe nicht mehr brauchen, um die Treue hochzuhalten, bin ich dafür, zu heiraten. Denn eine neue Form der Ehe, mit einer riesigen Party aka »Hochzeit« als Start, mit individuellen Umständen und Wünschen und ohne den größenwahnsinnigen Anspruch, es für immer miteinander aushalten zu müssen, ist genau die Form von freier Liebe, die uns guttun würde.

Manche meiner Freunde tun das. Und andere schwören ab. Dem Fest der Liebe gilt eine Hassliebe. Obwohl man es heute gestalten kann, wie man will. Ob in Taucheranzügen, nackt, in einem Technoclub, mit freier Rednerin oder orthodoxem Priester – geheiratet wird. Die üblichen Zutaten sind bekannt: Standesamt, Essen, Eskalation. Kleider, Krawatten, Brautstrauß, Ringe. Nervöse Trauzeugen, weinende Eltern. Ein Brautpaar.

Meistens trauen sich zwei Menschen, die durchaus noch herumrocken könnten. Die noch nicht fertig oder langweilig, sondern ständig in Bewegung sind. Dass sie sich aneinander binden, offiziell und im großen Kreis, dass sie sich ihrer Liebe versichern und versprechen, es gut miteinander zu meinen, ist groß. Um so größer, da sie scheinbar einer aussterbenden Art angehören.

Denn heute ist alles im Fluss. Die serielle Monogamie schaltet eine Partnerschaft nach der anderen. Vieles kann, nichts muss. Aber eigentlich müsste doch gerade deswegen das Fest zu Ehren liebevoller Partnerschaft boomen? Immerhin dürfen wir endlich, wie wir wollen: Ohne Mitgift zu zahlen, ohne sozialen Aufwärtszwang, ohne religiöse Kompatibilitäten beachten zu müssen. Um hinterher monogam oder in der sogenannten »wilden« Ehe zu leben. Mit oder ohne Ritualen, Trinkspielen, Hochzeitswalzer. Ohne oder mit Pfarrer, Rabbi, DJ. Auf der besten Hochzeit, auf der ich jemals war, hat der Bräutigam für den Empfang nach dem Standesamt eine klare Regel gesetzt: Es läuft Techno, und jedes Mal, wenn ihn jemand bittet, die Musik leiser zu stellen, macht er sie ein bisschen lauter. Bis alle tanzen.

Heute darf eben jeder heiraten, wie er will. Doch selbst eine nach Gefallen spinnbare Hochzeit ist für viele offenbar keine Option. Sie beziehen stattdessen gemeinsame Wohnungen, kaufen Autos und bekommen Kinder. Sie wollen *alles* miteinander. Außer heiraten. Wozu, fragen sie, ist doch alles gut, auch ohne Ringe? Als bliebe ihre gelebte Liebe, solange sie nicht verheiratet sind, ein Spiel. Als könnten sie ohne Trauschein jederzeit sagen: Ach, das Auto, die Wohnung, die fünf Jahre, das Kind – es war ein Fehler! Komm, lassen wir das, mach's gut.

Früher war die Hochzeit genau deswegen der wichtigste Tag im Leben: Man legte sich fest. Ab dem Tag der Hochzeit lief alles nur noch mit diesem einen Menschen. Haus, Hof und Kinder waren an ihn oder sie gebunden oder überhaupt erst möglich, denn offiziell galt: Ohne Ehepartner kein Sex, keine Kinder, keine eigene Familie, keine vollwertige gesellschaftliche Teilhabe, keine Alterssicherung. Die Hochzeit stellte die zweite große Weiche nach der Geburt. Von ihr hing sozialer Status – und was man so »Glück« nannte – entscheidend ab. Aber Tradition und Religion haben die Ehe in unser säkularisierten Gesellschaft nicht mehr unter Kontrolle. Die Hochzeit hat sich wie die Beerdigung als Ritual emanzipiert von einer Kirche, die sie lange genug zugunsten ihrer Deutungshoheit und gesellschaftlichen Vormacht instrumentalisiert hat. Spätestens unsere Generation weiß, dass den Ehebrecher kein himmlisches Strafgericht erwartet. Scheidung ist kein Sakrileg, sondern eher eine bürokratische Wurzelkanalbehandlung – unschön, aber manchmal notwendig. Man kann sich aus freien Stücken dafür und irgendwann wieder dagegen entscheiden, ohne die Ehe an sich abzuwerten. Ihre Mythologisierung ist überwunden. Die Ehe dient endlich uns, nicht wir ihr. Vielleicht befürchten Heiratsunwillige angesichts ihrer Verhandelbarkeit, dass eine Ehe sie entromantisieren, quasi alle Romantik auf einmal aufbrauchen würde. Dass die große Entscheidung füreinander die täglichen kleinen Zugeständnisse und Kompromisse, die viel schwerer fallen, entwertet. Dass eine Hochzeit die Beziehung eher schlechter als besser macht, weil man sie unter Druck setzt. Weil die Eheschließung die scheinbar wichtige Illusion nimmt, dass man sich noch nicht entschieden hat. Oder ist die Aussicht noch pessimistischer? Irgendwann betrügt man sich ja sowieso, denken viele und sagen wenige. Diese ultimative Verletzung ist ohne Ehering sicher leichter zu ertragen – und als Fremdgänger muss man weniger ausziehen. Unverheiratete rechnen kühl: Wer seine Beziehung nicht erhöht, fällt nicht so tief. Scheidungskinder wissen Bescheid. Doch der Verzicht auf die Hochzeit als Konfliktprophylaxe ist ein Missverständnis. Wer gut zueinander ist, ist es auch ohne Trauschein. Und mit. Die Wahrheit ist: Eine Hochzeit ändert nichts. Und das ist okay so. Ehe-Verweigerer sind heute nicht mehr die fortschrittlichen Freigeister, sondern eher die wortwörtlich konservativ Liebenden, weil sie einerseits an einem Bild der Ehe hängen, das zum Glück längst out ist. Und andererseits die Erfahrungen vergangener Generationen (Betrug, Scheidung, Gewalt, offene Zahnpastatuben) in die Zukunft projizieren. Weil sie vielleicht nicht daran glauben, dass sie eine Ehe mit eigenen Werten füllen können, jenseits von Selbstaufgabe und Scheinheiligkeit. Weil sie das, was sie haben, nicht aufs Spiel setzen möchten. Weil sie sich nicht festlegen wollen, um nicht aufs Kreuz gelegt zu werden. Das ist verständlich und vor allem menschlich. Weil länger lebt, wer vom schlimmsten Fall ausgeht. Und es liegt vielleicht auch daran, dass das Event Hochzeit zwar in Kultur und Medien stattfindet, aber nicht *cool* ist. Für alle sichtbar heiraten Prominente (oft zum dritten Mal) und Adlige (oft bedingt freiwillig) – besonders pompös und besonders wenig nachahmenswert. Ein Hauch von Zwang und Narzissmus umweht ihre Trauungen. In Zeiten inflationärer öffentlicher Bekenntnisse im Netz ist das einmalige Bekenntnis zur Liebe seltsamerweise out. Meist regiert kulturell das alte Modell von Fremdbestimmung und Unfreiheit, von naiver Gegenwartsfixierung: Welcher Film zeigt schon den Kater am nächsten Morgen, welcher gar den Alltag? Hochzeit wird inszeniert als Kitsch und *Romantic Comedy*, im besten Falle untrügliches Zeichen für ein Happy End. Ihr fehlt medial die Tiefe. Sie wird überzeichnet und dadurch banalisiert, bis man vergisst, was sie eigentlich meint. Und fragt man nach einem Pop-Song zum Thema Hochzeit, wird den meisten die ewige *White Wedding* einfallen. Billy Idol. Achtziger Glam-Rock. Kurz: Es fehlen die positiven Vorbilder und die *good vibes*. Die Hochzeit hat ein Image-Problem. »Fest der Liebe«? So nennt man Weihnachten.

Heute wird die Geburt eines (ersten) Kindes als einschneidenderes Erlebnis nominiert, aber aus naheliegenden Gründen selten gefeiert. Dafür zelebriert man runde Geburtstage wie Inthronisationen, wie Voodoo-Zauber gegen die Todesangst. Und unabhängig von wichtigen Daten hat sich eine Kultur des »Feierns« entwickelt. Ein offensiver Hedonismus der Clubs und Festivals, der zwar exzessiv ist, aber anlasslos. Niemand braucht einen Grund, um im Berghain auszuflippen. Man kann einfach das Leben feiern. Oder auch nicht.

Mit all diesen Festen wetteifert die Hochzeit als Event. Und spielt doch außer Konkurrenz. Denn sie hat etwas Magisches an sich, das keine andere Festivität erreicht: Der kollektive Konsens aller Anwesenden, aus genau dem richtigen Grund zusammen zu sein. Was bitte kann man Besseres zelebrieren als die Liebe? Und wieso damit warten, bis man alt und müde ist? Lieber die Party schmeißen, solange die Liebe noch frisch ist und die Gäste eskalieren können und wollen. Solange man einem großen Kreis einander verbundener Menschen etwas Einmaliges schenken kann. Solange noch ein paar Singles der Nacht etwas Flirtig-Flirrendes verleihen, jede Hochzeit also die nächste provozieren könnte. Diese Hoffnung nährt jede Hochzeitsnacht und lässt den Brautstrauß fliegen: Vielleicht verspricht bald jemand anderes seinem geliebten Menschen, für ihn oder sie da zu sein, solange es geht.

Dabei macht sich niemand mehr die Illusion, dieses Versprechen müsse – auf Eheberater komm raus – für immer halten. Wenn doch, um so besser! Aber das Jawort wird heute nicht an seiner unendlichen Haltbarkeit, sondern an seinem Ernst gemessen. Es ist sich selbst genug in der Gegenwart. Es ist bedeutend im Hier und Jetzt. Denn dieses Versprechen ist nicht nur Liebesbeweis. Es ist die ultimative Antwort auf eine Welt der unendlichen Möglichkeiten, auf den ewig schillernden Strauß der Optionen und Opportunitäten; auf die Sprachlosigkeit und die Lähmung, die uns erfassen, wenn alles zu viel wird. Das Versprechen, laut artikuliert und bezeugt und damit unwiderruflich in die Welt geholt, schließt Türen, sperrt Lärm aus und stoppt Luftzüge, die das Glück stören können. Und öffnet gleichzeitig den einen gemeinsamen Raum, dem man sein Leben widmen will. Den zu finden, abzustecken und auszufüllen eine unterschätzte Leistung ist. Brautpaare singen mit Pharell Williams: *We've come to far to give up who we are.* Wer heiratet, hat viel erreicht, aber noch nicht genug. So ist die Ehe nicht Aufgabe, sondern Anfang. Wovon auch immer. Eine Hochzeit ist eben nicht das Ende der Freiheit, sondern ihr ultimativer Triumph. Niemals zuvor in der Geschichte unserer komischen Spezies konnten zwei Menschen so frei zueinander finden wie heute, zum Glück auch endlich ungeachtet ihres Geschlechts. Eine Hochzeit ist auch eine Feier der Zivilisation, eine ausgestreckte Zunge in Richtung aller Unterdrücker und Bevormunder. Die Heirat aus freien Stücken, aus reiner Liebe – das ist die wahre Krone der Schöpfung.

»Am Ende aller Dramen steht er Tod«, schrieb Byron, »und am Ende aller Komödien die Hochzeit.« Das Leben sollte lieber eine Komödie als ein Drama sein, finde ich. Das würde vermutlich auch Al Bundy unterschreiben, dessen Leben ja eine schwarze Komödie ist.

Am Ende hält selbst er, Tittenbar-Besucher und Frauenhasser, seiner Peg die Treue. Und sie ihm. Beide auf ihre eigene Art. Denn »Treue« kann man sehr unterschiedlich definieren.

21. L'AMOUR POUR L'AMOUR

If you let them make you, they'll make you paper mache
At a distance you're strong, until the wind comes
Then you crumble and blow away […]
Why not try and make yourself?

INCUBUS, MAKE YOURSELF

Im Jahr 1998 wurde Roy Romer, damals Gouverneur von Colorado, von Journalisten belagert, nachdem seine schon lange währende außereheliche Affäre bekannt geworden war. Romer berief eine außerordentliche Pressekonferenz ein. Er gab bekannt, dass seine 45-jährige Frau, mit der er sieben Kinder und 15 Enkel hat, die ganze Zeit Bescheid gewusst und die Beziehung akzeptiert habe.

Romer konfrontierte die verlegen kichernden Journalisten mit dem »Leben, wie es nun einmal ist.« Er gab nicht den reuigen Sünder. Sondern er konterte die aufdringlichen Fragen mit entwaffnender Ehrlichkeit. »Was ist Treue?«, fragte er die plötzlich verstummenden Reporter.

Das ist die Frage: Was ist Treue *wirklich*? Treue bedeutet, einem Menschen gegenüber verlässlich zu sein. Ein Versprechen über einen langen Zeitraum zu halten. Sich so zu benehmen, wie man es angekündigt hat. Denjenigen, dem man treu ist, nicht mit abweichendem Verhalten zu hintergehen. Treue kennt also immer ein Subjekt (ich), ein Objekt (der oder die andere, dem oder denen ich treu bin). Eine Einteilung meines Verhaltens in *treu* oder nicht *treu*. Und einen Verzicht, der daraus entsteht.

Treue bedeutet, etwas nicht zu tun, was man eigentlich tun will. Man verzichtet darauf, sein Wohl frei steigern zu können. Man nimmt sich die Möglichkeit besserer Chancen. »Der charakteristische Punkt der Verpflichtung«, schreibt der Ökonom Amartya Sen,

»besteht darin, dass er einen Keil zwischen persönliche Wahl und persönliches Wohl treibt.« Warum ist man dann treu?

Die Spieltheorie teilt unser Verhalten entsprechend ein in kooperierendes (treues) und nicht-kooperierendes (untreues) Verhalten. Das berühmteste Experiment der Spieltheorie ist das sogenannte Gefangenendilemma. Zwei Probanden werden in einem Experiment jeweils zwei Optionen angeboten. Entweder sie kooperieren oder nicht. Das Ergebnis ihres Verhaltens wird ihnen offen dargelegt. Kooperieren beide, bekommen beide eine milde Strafe. Kooperiert keiner, bekommen beide eine harte Strafe. Kooperiert nur einer, bekommt er keine Strafe. Und der andere eine umso härtere.

Jeder der beiden sieht sich einem Risiko gegenüber. Kooperiert er, und der andere nicht, sieht es richtig böse aus. Verlässt er sich nicht auf den anderen, kennt er sein Schicksal. Kooperiert er und der andere auch, haben sie gemeinsam das Schlimmste abgewendet.

Treue ist also das Geben und Halten von Versprechen. Spieltheoretiker würden sagen: Die Sicherheit, dass der andere in Zukunft so handeln wird, wie er es ankündigt, weil er von mir das Gleiche erwartet. Nicht mehr und nicht weniger.

Der Begriff »Treue« wird in der Liebe heute fast gleichbedeutend mit sexueller Exklusivität benutzt. Sex oder auch schon jede intime oder erotische Körperlichkeit mit einem anderen Menschen ist »untreu«. Man kann noch abstufen in »geistig untreu«, wenn jemand intensiv an Sex mit jemand anderem denkt. Auch »verbal untreu« per Flirt oder Nachrichten kann eine Untreue sein. Das Verhalten eines Partners ist also, bis auf wenige Grauzonen, klar in treu oder untreu eingeteilt. Und wie im Gefangenendilemma gehe ich ein hohes Risiko ein. Wenn ich treu bin, aber der andere nicht, habe ich den Schaden. Nochmal: Warum also treu sein?

Aus Treue entsteht Vertrauen, also der Glaube, dass der andere auch in Zukunft treu sein wird. Und aus Vertrauen wird das, was man eine große Liebe nennt. Ohne Treue also keine Liebe? Warum? Was ist eigentlich so immens wichtig daran?

Treue bedeutet nichts anderes als einen mündlichen zwischenmenschlichen Vertrag. Und damit gleichzeitig die Feststellung, dass wir einen Vertrag brauchen. Denn wäre es selbstverständlich, dass der Mensch, mit dem ich zusammen bin, nichts mit anderen Menschen anfängt, bräuchten wir keinerlei Abmachung, nicht einmal eine lose, und keinerlei Sanktionen bei Untreue. Also impliziert Treue, dass Wünsche existieren, stark oder schwach, konkret oder abstrakt, die andere Menschen involvieren. Es ist wie der Vertrag zwischen einem Fußballer und seinem Verein: Nur wenn andere Vereine an dem Fußballer interessiert sind, und er grundsätzlich auch für andere Vereine spielen würde, braucht es den Vertrag. Unsere Beziehungen sind also wie Fußballertransfers. Stolz wird der Zugang präsentiert. Schlägt er ein, ist man ganz verknallt. Spielt er schlecht, verschwindet er. Und immer hat man Angst: Kommt nicht ein potenterer Verein und kauft den Guten einfach weg? Was gilt ein Vertrag, wenn der FC Bayern anruft?

Treue bedeutet, anders als viele Kritiker der Monogamie es oft behaupten, nicht den »Besitz« des Partners. Sondern, spieltheoretisch gesprochen: Die Zusage der Kooperation. Und worin besteht diese? Technisch gesprochen: Ausschluss seiner Handlungsoptionen. Treue, auch aus freien Stücken eingegangen, ist immer ein gewisses Maß an Unfreiwilligkeit oder Unfreiheit. Ich gebe etwas auf – meistens wortwörtlich *liebend* gerne – das ich eigentlich möchte. Und bekomme dafür etwas. Aber was genau? Das Gegenstück zu meinem Verzicht: Ich tausche meine Freiheit ein gegen die Sicherheit, dass der andere, die andere ihre Freiheit auch beschränkt. Etwas unterlässt, was sie oder er eigentlich will, zumindest theoretisch, spät nachts, nach dem fünften Gin Tonic.

In einer Gesellschaft, deren Individuen sich über ihre Fähigkeit, Versprechen zu halten, moralisch definieren, ist Treue eine der wichtigsten Quellen für den Wert meines Selbst. In einer Gesellschaft, die jedem Individuum eine spontane Wahl zugesteht, wird, so Eva Illouz, das Halten von Versprechen jedoch »zu einer Last für das Selbst«. Das Ideal der Selbstverwirklichung setzt die »Diskontinuität des Selbst voraus: Morgen könnte ich jemand sein, der ich heute nicht bin.« Morgen könnte es einen Grund geben, untreu zu sein, auch wenn ich heute Treue schwöre. Damit wird die Treue und meine Fähigkeit, sie zu halten, zu einer »Bürde für das Selbst«.

Mein Partner gibt also nichts Lässliches, sondern etwas Großes auf für mich. Aber was gibt mir das? Außer einer gewissen Genugtuung, einem Gefühl eines fairen Deals, weil wir beide grundsätzlich das Gleiche aufgeben? Außer der Sicherheit, nachher nicht als der Dumme dazustehen?

Die Antwort liegt in dem Opfer, das ich selbst bringe. In dem Risiko, das ein Gefangener eingeht, wenn er kooperiert. Entscheidend ist nicht der Traum von Zweisamkeit ohne doppelten Boden, sondern, im Gegenteil, genau das Wissen, was für einen Verzicht mein Partner für mich leistet. Und das kommt, wie bei der Eifersucht, aus der Projektion meines Verzichts. Eben weil ich weiß, wie schwer diese Exklusivität manchmal ist, wie viele Möglichkeiten es sonst gäbe, wie groß das Risiko ist, eben weil ich mindestens halbbewusst spüre, dass der Trieb mir etwas anderes befehlen will als diese öde unfreie Festlegung – genau deswegen ist die Treue des anderen so wertvoll. Weil in diesem Moment ein freier, triebbehafteter, attraktiver, begehrter Mensch sagt: Ich könnte. Aber ich verzichte. Auf alles. Nur für dich. Du, und zwar NUR Du, bist mir so wichtig, dass ich etwas großes opfere. Und ich opfere es gerne.

Das nennt man Hingabe. Und genau die ist uns so wichtig. Denn was könnte es für eine größere Bestätigung der eigenen Liebenswürdigkeit, der Attraktivität, des ganzen Selbst geben als ein Gegenüber, das für mich auf etwas anderes verzichtet? Welche Bestätigung könnte ultimativer sein? Welcher Beweis zwingender? Was könnte wahrer sein als der Verzicht?

Deshalb ist Treue die ultimative Medizin für jede narzisstische Kränkung, die wir erfahren haben, und, glaubt man den Psychologen, wir haben schon mit der Geburt eine unauslöschbare Erinnerung an Ablehnung. Unser ganzes Leben besteht, mal mehr mal weniger offensichtlich, aus der Suche nach Zuneigung und Bestätigung. Nichts ist uns Menschen so wichtig wie unser Wert für andere. Und durch nichts kann er so genau bestimmt werden wie durch ihre Bereitschaft, etwas für uns nicht zu tun, etwas zu opfern und nur uns zu wollen.

Treue ist an mindestens einer ihrer Wurzeln also pures Ego-Doping. Ein Streicheln des kleinen, verletzten Kindes in uns, das nie verwunden hat, dass es nicht alles bekommt, was es will. Dass es nicht unendlich wertvoll ist. Dass andere Menschen nicht immer tun, was es von ihnen verlangt. Und weil Sex tief in uns wurzelt, rumort, ausbrechen will, nutzen wir ihn als Zugpferd. Wir spannen unseren Trieb vor den Karren der Beziehung. Wir legen ihn in Ketten, damit er uns zusammenhält.

Deswegen herrscht in den Herzen vieler Menschen ein innerer Buchhalter. Ständig wird gerechnet, was der andere an Treue aufgebracht hat, was ich an Treue aufgebracht habe, was wir in Zukunft aufbringen werden. Und ob es nicht günstiger wäre, den Vertrag zu brechen.

Es gab und gibt andere Ideen von Treue als die monogame, lebenslange, oft heimlich gebrochene, zur Not geschiedene Ehe. Was Paul und Jelena, Jakob und Francesca und all die anderen versucht haben, ist eine andere Form der Treue. Marie und Jasper sind ein Beispiel dafür, wie zwei Menschen einander über Jahre treu sein können. Ohne sich andere Liebhaber zu verbieten. Sie hat wenig oder gar nichts mit sexueller Exklusivität zu tun. Aber dafür umso mehr mit emotionaler, geistiger »Kooperation«, mit Offenheit, mit totaler, manchmal schmerzhafter Ehrlichkeit. Sie haben sich versprochen, einander treu zu sein, was die gemeinsame Verarbeitung ihrer Wünsche angeht. Sich nicht zu schonen, indem man verschweigt, wenn man außer dem Partner noch andere Menschen begehrt. Sondern sich davon zu erzählen. Und gemeinsam einen Weg zu finden. Sich dabei treu zu sein und zu bleiben, indem man Krisen miteinander zu meistern versucht und nicht bei der ersten Schwierigkeit Reißaus nimmt. Weil sie ein festes Fundament haben, sich einander sicher sind, brauchen sie diese eine Regel nicht mehr. Treue ist viel mehr als Sex, dem würden die meisten Menschen zustimmen. Echte Treue kann viel mehr betreffen als zwei Menschen. Aber trotzdem reduzieren die meisten ihren Begriff von Treue fast auf das Körperliche, auf die banale Frage, wen ihr Partner wie angefasst hat.

Polyamore und Polygame hingegen schaffen womöglich etwas, das man »L'amour pour L'amour« nennen könnte, oder wie Paul sagt: die höchste Form der Liebe. Intimität und Zuneigung und Liebe als Selbstzweck, nicht eben als Streben nach einem *Perfect Match*, nach monogamer Zweisamkeit, sondern eben durch die Unverbindlichkeit, die ständig neue Aushandlung genau das, was es ist. Nähe oder eben nicht. Aber ohne Zweck. So entspricht diese Liebe eigentlich dem zentralen Aspekt des Konzeptes der romantischen Liebe und des Ideals der reinen Beziehung: Liebe um der Liebe willen.

Die freie Liebe ist deshalb nicht einfach die Zerstörung der Treue. Sondern sie greift deren eigentlichen Gedanken auf. Sie braucht keine Ketten. Ist diese Liebe nun mehr wert, weil sie keinen biographischen Zweck verfolgt?

Eigentlich ist jede Beziehung nur eine Summe von Nichtangriffspakten, hat Malte Welding mal geschrieben. Und die sexuelle Exklusivität ist einer davon. Sie ist ein Pakt, den anderen nicht dort anzugreifen, wo er empfindlich ist. Nicht andere auszuprobieren. Nichts Besseres zu suchen.

Ist das eine wahrere oder weniger wahre Treue? Oder, wie Jasper fragt: Ist sexuelle Exklusivität, ist Treue ein Vertrauensbeweis? Oder eher ein Misstrauensbeweis? Sollte Treue es uns erleichtern, zusammenzubleiben, oder erschweren?

Roy Romer, damals Gouverneur von Colorado, und seine Frau waren freie Menschen. Sie waren frei, sich freizumachen von der vermeintlichen Selbstverständlichkeit, dass Sex mit einer anderen einen Verrat an seiner Frau und Familie bedeutete, der Sanktionen nach sich ziehen musste, in Romers Fall sogar eine öffentliche Verhandlung der Beziehungskrise. »Was ist Treue?«, fragte der Politiker die Journalisten und antwortete selbst. »Treue bedeutet Offenheit. Treue ist, welches Vertrauen man ineinander hat, und dieses erwächst aus Offenheit und Ehrlichkeit. Wir haben deshalb in der Familie ausgiebig darüber diskutiert und uns darüber verständigt, welche Gefühle und Bedürfnisse wir haben, und auf Basis *dieser* Art von Treue gehen wir die Dinge an.«

Viktor & Veronique

An einem grauen Wintertag im Jahr 2003 hat Viktor Leberecht genug von der Enthaltsamkeit. Er ist 37 Jahre alt. Er will eine Frau. Fürs Bett. Erstmal nur als Affäre.

»Ich wollte keine Beziehung. Ich wollte Sex.«

Also schreibt Leberecht eine Kontaktanzeige in einer lokalen Zeitung.

Was will ich denn, fragt er sich, worum geht es mir?

»Ausgedehnte Lustspiele«, lautet die fett gedruckte Überschrift der Anzeige.

»Ich dachte mir: Mit diesen zwei Worten musst du sie kriegen. Und klarmachen, was du willst.«

Zehn, fünfzehn Minuten Sex?

»Da kann man es auch gleich bleiben lassen.«

Zwei, drei Stunden, so etwas stellt er sich vor. Sich in Ruhe kennenlernen. Entdecken. Genießen. Er wartet auf Antworten.

Veronique ist verheiratet. Ihre zwei Söhne sind Teenager. Für sie ist klar: »Ich liebe meinen Mann. Ich werde ihn und unsere Kinder auf keinen Fall verlassen.«

Aber ihr Mann ist dreißig Jahre älter als sie. Und sie ist mit 42 noch lange nicht alt. Sie sucht also, was sie bei ihm nicht mehr bekommt: Sex. Nicht mehr, nicht weniger.

»Der übliche Weg, den Partner zu hintergehen, mit Betrügen und Lügen und Geheimnissen, kam für mich absolut nicht in Frage. Das kann mal passieren. Aber es ist keine Lösung.«

Sie spricht mit ihrem Mann darüber. Sie fragt ihn: »Kann ich dieses Problem – rein sexuell – nicht lösen? Ohne unsere Beziehung zu gefährden?«

Er ist einverstanden. Vertraut ihr. Fordert keine täglichen Berichte. Also geht sie auf die Suche. Es ist ihr unangenehm, anfangs. Wo findet man Sex? In einer Bar? Sie ist schön, sieht jünger aus als 42, hat mehr als genug Ausstrahlung, um Männer zu fesseln. Aber sich mit einem Glas Wein an irgendeinen Tresen setzen und warten, bis sie einer anspricht? »Nicht mein Ding.«

Sie schaut in Zeitungen, im Internet. Sie schreibt gewissen Kandidaten. Aber es kommt nie zu Treffen. Irgend etwas fehlt immer, passt nicht.

»Ich kam mir bescheuert vor. Wie kann es sein, dass ich als Frau Sex will und es nicht hinkriege?«

Sie findet jemanden, es läuft was, ab und zu, aber das ist ihr zu sporadisch. Sie ist kurz davor, das ganze wieder sein zu lassen.

»Ich wusste: Ich muss etwas ändern.«

Dann liest sie Viktors Anzeige. *Ausgedehnte Lustspiele.* Das gefällt ihr. Sie telefonieren.

Sie sagt zu ihm: »Wir sollten uns besser nicht treffen.« Er fragt: »Wieso?«

»Weil du Single bist. Und ich verheiratet.«

»Ja und?«

»Das ist nicht fair. Ich kann nicht mehr anbieten als Sex.«

»Das ist völlig okay. Lass das mal meine Sorge sein.«

Sie treffen sich. In einem Café, ganz klassisch. Der große, schlanke Mann mit den freundlichen, wachen Augen und der markanten Glatze gefällt Veronique. Da ist etwas, merken beide, sofort, vom ersten Moment an. Wann macht er endlich einen Schritt, denkt Veronique. Was für eine schöne Frau, denkt Viktor.

Dann nimmt er ihre Hand.

»Viel zu lange hat das gedauert«, sind sie sich einig.

Sie gehen zu ihm. »Vom Café ins Bett. Und so begann das Ganze.« Sie schlafen miteinander. Es ist genau das, was beide gesucht haben. Keine schnelle Befriedigung. Sondern Konzentration aufeinander. Ruhe. Hingabe.

Ab sofort sehen sie sich einmal die Woche. Beschränken sich auf das Sexuelle. Und verstehen sich doch immer besser, auch außerhalb des Betts.

Viktor überlegt: Lasse ich mich darauf ein? Ohne dass die geringste Aussicht besteht, dass ich auf Dauer mit ihr »zusammen sein« kann? »Ich war ja wie wir alle geprägt von dem einen Modell: Man ist mit jemandem zusammen. Und zwar ausschließlich.« Ein halbes Jahr lang geht die Affäre.

»Mit keiner Frau«, sagt Viktor, »die ich in meinem Leben getroffen habe, habe ich mich so gut verstanden wie mit ihr. Nicht nur im Bett, sondern auch auf allen anderen Ebenen.« Viktor ist glücklich: Was für eine Frau! Veronique ist glücklich. Es ist das, was sie suchte.

Viktor verreist allein, sitzt in seinem Hotelzimmer. Er denkt über Veronique nach. Über diese Frau, die ihn fasziniert. Die er begehrt. Auf einmal breitet sich ein strahlendes Lächeln in seinem Gesicht aus. Er denkt: »Oh! Ich empfinde viel mehr für diese Frau als sexuelles Begehren. Aber …«, er zögert, »was mache ich denn jetzt mit diesem Gefühl?«

Ist das schon Liebe? »Ja, ich war verliebt«, sagt Viktor.

Als sie sich das nächste Mal sehen, sagt er ihr: »Ich liebe dich.«

Veronique wird deutlich: »Du darfst tun, was du willst. Aber ich will meine Ehe nicht gefährden. Was kann ich dir schon geben? Was kann ich dir verbieten? Dir gegenüber ist es einfach unfair. Und solltest du jemals versuchen, mich von meinem Mann wegzubringen, dann bin ich weg.«

Sie schauen sich an. »Was machen wir jetzt?«, fragen beide. Keiner weiß eine Antwort.

Eine Weile läuft es so weiter. Aber auch Veronique spürt: Da ist mehr. Viel mehr. Dieser Mann ist etwas Besonderes. Ich will ihn öfters sehen. Aber reicht das? Geht das? Viktor, der Junggeselle, der nur Sex wollte, sagt sich: »Ich mache das jetzt. Ich will diese Frau. Egal, was passiert.«

Eifersüchtig auf ihren Mann ist er nicht. Er versteht sich als »der Neue«. Wenn, dann ist der Ehemann höchstens auf ihn eifersüchtig.

Sie handeln aus, erst zu zweit, wie das funktionieren kann. Mehr voneinander haben. Sich öfter sehen. Noch näher kommen. Ohne die Konstellation zu sprengen. Also zum Beispiel: Wie viel Zeit verbringen wir miteinander?

»Anfangs haben wir uns einmal die Woche getroffen, für ein paar Stunden. Aber ich wollte eben mehr von ihr haben«, sagt Viktor.

Sie spricht mit ihrem Mann. Er merkt, wie gut es ihr damit geht, und er lässt sich darauf ein: zweimal die Woche, mit Übernachten. Nicht mehr, nicht weniger.

»Ich hätte sie gern öfter gesehen«, sagt Viktor, »aber so war die Konstellation nun mal. Ganz kurz tauchte auch das Gefühl auf: Ich will sie für mich allein. Der andere muss weg. Aber dann habe ich schnell gemerkt: das muss gar nicht sein.«

Viktor horcht in sich hinein. Schreit da ein Egoist, dass er der einzige sein will? Oder ist eine andere, ruhigere, reifere Stimme doch lauter?

»Mein Herz sagte mir: Ich bin völlig zufrieden. Wenn sie noch jemanden neben mir gehabt hätte, wäre ich eifersüchtig geworden. Das wäre Konkurrenz gewesen. Aber ihr Mann – der war ihr Mann.«

Viktor versucht, diese vermeintlichen Widersprüchlichkeiten zu ergründen. Ist das ein Verzicht, der mir schadet? Liegt ein Mangel an Selbstwertgefühl dahinter? Verdiene ich das nicht?

Andererseits: Auch mal für sich sein, seine Ruhe, die braucht er. Die ganze Zeit jemanden um sich, das wäre nichts. Eigentlich ist doch dann alles perfekt?

Veronique übernachtet jetzt auch bei ihm. Ihr Mann, ein offener Typ, der in der Welt herumgekommen ist, »früher kein Kind von Traurigkeit«, wie sie sagt, akzeptiert das Arrangement.

»Erst musste er kämpfen«, sagt sie. Weil er sich Sorgen machte, wohin das führt. Aber er will seiner Frau die Lust nicht versagen. Er vertraut Veronique, die »ein sehr verlässlicher Typ« ist, so Viktor. Das einzige Tabu: Viktor darf nicht zu ihnen nach Hause. Jedes Arrangement hat Grenzen.

»Wir sind ja alle drei mit der hier üblichen Vorstellung aufgewachsen, dass es niemand anderen neben dem Partner gibt«, sagt Viktor. »Aber das Leben spielt eben anders.«

Und da sind noch die zwei Söhne, zwei Teenager, die irgendwann fragen werden: Wo ist die Mama eigentlich zweimal die Woche?

Bevor es so weit kommt, bevor auch nur die geringste Unsicherheit entsteht, beschließt Veronique gemeinsam mit ihrem Mann, den Jungs von Viktor zu erzählen. Weil sie ihnen nicht das Gefühl geben möchten, die Ehe oder gar die Familie an sich seien instabil. Weil sie es auch nicht ist. Vielleicht, denkt sie, ist sie stabiler denn je.

»Da gibt es noch jemand anderen«, sagen sie, »aber wir bleiben zusammen. Es geht nur um Sex. An unserer Familie ändert sich nichts.«

Wie so oft verstehen die Kinder mehr, als die Erwachsenen ihnen erst zutrauen. Die Söhne sind einverstanden, Viktor, der ein neuer Teil der Familie ist, ohne wirklich dazuzugehören, kennenzulernen.

»Es sollte kein Geheimnis geben«, sagt Veronique, »keine offenen Fragen«.

Viktor ist nervös. Es ist nicht einfach. Der ältere Sohn mag ihn nicht, »der war sowas von geladen, der wollte am liebsten einen Streit mit mir anfangen«, sagt Viktor. »Der hat mich als Rivalen seines Vaters und seiner selbst gesehen.«

Veronique baut darauf, dass sich das gibt. Sie will nicht alles haarklein erklären. »Jeder hat sein Leben«, sagt sie, »und meine Söhne verstehen das auch.«

Viktor, wie es seine Art ist, bleibt ruhig. Und bald nach dem ersten Treffen ist er auch von den zwei kleinen Männern in Veroniques Leben akzeptiert.

Und noch etwas nähert sich an: Die zwei Männer, die sich friedlich eine Frau teilen, werden neugierig aufeinander.

»Sie hat mir so viele Geschichten von ihm erzählt«, sagt Viktor, »dass ich dachte: das muss ein ungeheuer interessanter Mann sein. Den würde ich zu gerne mal kennenlernen.«

Erst lassen sich die zwei Männer durch sie grüßen, aus der Ferne. Nach drei Jahren »Fernbeziehung« treffen sie sich schließlich.

»Zu meiner Überraschung«, lacht Veronique, »verstanden sie sich sofort.«

»Wir haben gleich über Stunden miteinander geredet«, sagt Viktor. »Ich habe gemerkt: der mag mich. Alles ist entspannt.«

Veronique ist froh. Sie fühlt sich nicht zurückgesetzt. Sie ist dankbar.

Zu einem runden Geburtstag von Veroniques Mann ist Viktor eingeladen. Freunde und Familie wissen von ihrem Verhältnis.

»Wir haben das nie so betont. Und es gab auch nie Widerspruch.«

Doch Veronique hadert auch manchmal noch mit sich. »Ich verhindere ja eine neue Beziehung für Viktor, eine mit einer ganz freien Frau.« Sie alle müssen sich daran gewöhnen, von nun an zu dritt zu sein.

»Es waren schwierige Jahre, manchmal. Wir sind alle drei überhaupt nicht so sozialisiert. Wir mussten damit auch kämpfen.«

Wie das gehen kann? Alle sind sich einig: Nur mit Reden. Immer wieder miteinander offen reden. Es ist der einzige Weg.

Aber Viktor merkt immer mehr, wie schwierig es ist, etwas zu leben, was keinen gesellschaftlichen Rückhalt hat.

»Man fragt sich: Mit wem kann ich überhaupt darüber reden?«

Er fühlt sich manchmal allein mit seinen Fragen. Niemand aus seinem Umfeld lehnt das Modell ab. Aber niemand spricht ihm zu. Niemand hat Erfahrungen.

»Mach, was dich glücklich macht. Aber für mich wäre das nix«, sagen seine Freunde.

»Daran hatte ich zu knabbern.«

Also beginnt er, »ganz der brave Akademiker«, zu recherchieren. Liest Artikel und Bücher. Und findet das Konzept, das sie schon längst leben: Polyamorie.

»Endlich hatte ich einen Namen für das, was wir hier versuchen. Was uns glücklich macht. Polyamorie wird in unserer Gesellschaft häufig als Bindungsangst interpretiert. In den USA ist das schon anders. Es stimmt auch eher das Gegenteil: wir leben eine sehr intensive Beziehung. Damit kann ich mich identifizieren.«

Genau wie die Polyamoren in den Büchern ist Viktor getrieben von dem Wunsch nach Ehrlichkeit, Offenheit. Danach, sich das Modell nach den eigenen Wünschen zu formen, und nicht die Wünsche an ein tradiertes Modell anzupassen. »Will ich einen Menschen wirklich kennenlernen? Oder lieber meine Idealvorstellung, zum Beispiel von einer süßen, unschuldigen Frau, bewahren?«

Eine Liebe, die nicht auch solche Grenzen und Risiken auskundschaftete, wäre für ihn nichts. Im Gegenzug der Druck, den einen Seelenpartner finden zu müssen, und nur den? Das hält er für die totale Überforderung. »Dieses Liebesideal kommt aus der romantischen Literatur des 19. Jahrhunderts. Eigentlich sind wir promiskuitive Wesen. Und nach meinen Recherchen erlauben achtzig Prozent aller Gesellschaften tatsächlich Mehrfachbeziehungen«, sagt Viktor, »ob das Polygamie oder Polyamorie oder was auch immer ist.«

Auch wehrt er sich gegen das chauvinistische Klischee, dass in offenen Beziehungen immer Männer die Schürzenjäger seien, Frauen sich ins Harem einzuordnen hätten.

»Was mich am allermeisten erstaunt hat: In Afrika ist es teilweise ganz normal, dass Frauen, die mit einem Mann verheiratet sind, nebenher noch Liebhaber haben. Die müssen sich nicht verstecken. Wieso eigentlich bei uns nicht?«

Er wird immer neugieriger auf die Geschichte, die Theorie hinter den offeneren Beziehungen. Er gibt sich den Namen »Viktor Leberecht«, um darüber im Netz zu schreiben, auf viktor-leberecht.de und Polygamie-ist-gut-fuer-sie.de. Er wird in der kleinen Szene der deutschen Polyamoristen bekannt, so bekannt, dass andere auf ihn aufmerksam werden.

Vor vier Jahren sitzt Viktor in einem großen dunklen Raum, an einem runden Tisch. Nur er und die anderen Menschen am Tisch sind beleuchtet. Im Dunkeln sitzen dutzende Zuschauer, hinter den Kameras tummelt sich das Team. Neben ihm sitzen die DJ-Legende Marusha, der Rapper Curse, der Skandal-Regisseur Uwe Boll und die Pornodarstellerin Jana B., dazu die Gastgeber: Charlotte Roche und Jan Böhmermann.

Als diese Folge der ZDFkultur-Talkshow »Roche und Böhmermann« beginnt, ist Viktor nervös. Aber er weiß auch, dass er überzeugt ist von dem, worüber er gleich sprechen wird. Darüber, wie er lebt. Wie man leben kann. Wie man lieben kann. Und darf. Dass das klassische Modell meist mit Lüge und Betrug einhergeht. Dass Polyamoristen keine sexsüchtigen Perversen sind. Dass Polyamorie legalisiert werden sollte.

»Bei der Polyamorie wissen alle voneinander, was sie tun. Also nicht die Seehofer-Nummer«, sagt er, als er an der Reihe ist. Kurz vorher war bekannt geworden, dass Horst Seehofer jahrelang eine Freundin neben seiner Ehe hatte. »Er hätte sich eigentlich an die Spitze der Polyamorie-Bewegung setzen sollen, nicht ich.«

Für Viktor ist das Verbot der Vielehe eine »unnötige Einschränkung der Grundrechte«. Dagegen zu kämpfen, ist jetzt seine Mission. Auf seiner Seite im Netz steht: »Ich setze mich dafür ein, dass die freie Wahl der Form von Ehe und Familie als Menschenrecht anerkannt, und die freiwillig und wissentlich eingegangene Polygamie als Eheform legalisiert wird. Ich bin kein Mormone und gehöre auch sonst keiner Religion oder weltanschaulichen Gruppe an.«

Was in einer liberalen Gesellschaft des dritten Jahrtausends klingt wie eine Selbstverständlichkeit, ist für öffentliche Figuren wie Viktor ein dickes Brett. Selbst in der Runde um Charlotte Roche und Jan Böhmermann schlägt ihm Unverständnis entgegen, Ratlosigkeit, geistige Unbeweglichkeit, Fragen wie: Ob denn jetzt immer alle miteinander wild rumvögeln müssten? Ob denn alle einverstanden sein müssten, bevor sie Sex haben?

Dass es Viktor um simple Gleichberechtigung geht, versteht niemand. Für die Menschen in der Runde, obwohl sie sich alle als Künstler begreifen, scheint er wenig mehr als ein komischer Vogel. Der Vertreter der nächsten nervigen Minderheit, die für ihre seltsame Lebensart irgendwelche Rechte und Anerkennung haben will. Schlimmstenfalls verrückt, bestenfalls harmlos. Aber nicht wirklich interessant. Nach einigen Minuten wechselt das Thema. Viktor sitzt bis zum Ende der Sendung stumm dabei.

Viele Menschen, die polyamor leben, glaubt Viktor, hielten sich genau deshalb zurück. Aus Angst vor den ewig gleichen Vorurteilen, dass sie ja nur viel und wahllos Sex haben wollten (im Gegensatz zu den anderen, die ja ach so keusch sind). Dass sie sich mal nicht so wichtig nehmen sollen.

»Ich bekomme online viele Fragen, und ab und zu auch Hasskommentare. Für viele Menschen sind wir sexuell Perverse. Jedenfalls stimmt etwas mit uns nicht.«

Auch Veronique hat die Bücher gelesen und ist froh, dass auch dank der Literatur, die die Monogamie in Frage stellt, langsam Konsens wird, »dass Frauen keine Huren sind, wenn sie ihre Sexualität ausleben wollen.« Dennoch ist die Unwissenheit groß, und daraus folgt immer erst einmal Ablehnung. Offenere Beziehungen gelten als inkonsequent, instabil, nicht »das Wahre«. Dabei sind Polyamore, findet Viktor heraus, laut einer Studie im Schnitt länger zusammen als monogame Paare. Und ihr Modell im Kern eigentlich nichts allzu Besonderes. »Was für polygam lebende Menschen selbstverständlich ist,« sagt Veronique, »also über alles, besonders über die schwierigen Sachen, offen zu reden, weil es sonst nicht funktionieren würde, das empfehlen Paartherapeuten exakt doch genauso auch monogamen Paaren.« Am Ende ist »Polyamorie nicht unbedingt besser«, sagt Veronique. »Monogamie kann auch toll sein.« Aber sie will selbst bestimmen, wie sie lebt.

Bei ihnen ist nicht alles einfach. Auch Viktor und Veronique haben Themen, die unangenehm sind. Sex mit anderen zum Beispiel.

Veronique drängt ihn, immer wieder: »Triff dich doch noch mit anderen. Du kannst und du sollst und du darfst.« Es ist doch nur fair, denkt sie. Ich will ihn nicht blockieren. »Such dein Glück«, sagt sie.

»Einerseits hatte ich ja noch Zeit übrig«, sagt Viktor, »aber andererseits fühlte ich mich sexuell wie emotional befriedigt.«

Wozu noch eine Frau? Konnte es besser werden? Oder eher komplizierter?

Eher zufällig schreibt ihm eine Frau über ein Profil, das er noch im Netz hat. Zwei Wochen später findet Veronique ein blondes langes Haar bei Viktor. Erst denkt sie: Das kann ja nicht sein.

Aber dann berichtet Viktor ihr: »Ja, es gibt da eine andere.«

In Veronique kämpfen zwei Gefühle. Sie will ihm die Freiheit geben. Aber die Eifersucht ist auch da. Das war doch inzwischen auch ihr Mann? Wollte sie ihn wirklich teilen? Wer will sie sein? Für ihn? Die Eine?

»Eifersucht ist etwas sehr Negatives für mich, wie Geiz«, sagt sie. »Es geht immer um die Angst: Bin ich nicht genug? Was habe ich nicht? Verlässt er mich wegen ihr? Manche behaupten, Eifersucht wäre ein Zeichen für Liebe. Das stimmt nicht. Es ist nur ein Zeichen von Angst.«

Viktor beruhigt sie. »Dieses Mal, mit der anderen, ist es wirklich nur Sex«, sagt er.

Veronique will sie kennenlernen. Die zwei Frauen verstehen sich.

»Die ist doch gar nicht dein Typ«, sagt Veronique zu Viktor.

Aber die Blonde will mehr. Viktor nicht. Veronique und Viktor lernen aus dieser Erfahrung: Wir sind stark genug. Nicht obwohl, sondern gerade weil wir auch Eifersucht kennen.

»Man darf eifersüchtig sein. Man darf reagieren, wie man eben reagiert. Dadurch kommt man erst an den Kern der Gefühle«, sagt Veronique

»Wir haben beide auch gelernt, sich nicht mehr so sehr zurückzunehmen. Sondern zu sagen: Das will ich und das nicht. Schubladen können zu eng sein. Dann muss man raus«, sagt Viktor.

Seit drei Jahren sehen sie ihre Beziehung beiderseits als »offen« an. Viktor hat keine Angst mehr, dass Veronique mit einem dritten Sex haben könnte oder sogar mehr. »Das hat sich gegeben«, sagt er. Im Gegenteil. Die Vorstellung, dass Veronique mit einem anderen zusammen ist, erregt ihn.

»Aber ich hatte, genau wie sie, auch Angst. Dass sie bei einem anderen irgendetwas besser findet. Wie er sie küsst, wie er sie vögelt, irgendwas.«

Zusammen trauen sie sich. Gehen in Swinger-Clubs. Leben sich aus.

Viktor versteht: »Ich finde diese Frau einfach toll. Die macht das einfach. Es war einfach nur geil und schön. Zu meiner Überraschung: Kein bisschen Verlustangst.«

Beide dürfen, was immer sie wollen. »Aber ich bin kein großer Casanova«, sagt Viktor. »Ich habe eigentlich alles.«

Seit über zehn Jahren sind sie jetzt glücklich zu zweit. Und irgendwie auch zu dritt. Sie fahren sogar gemeinsam in Urlaub, mit

Veroniques Mann. Vier Wochen. Wird das gut gehen? Bei wem Veronique schläft, wird vorher verhandelt. Aber es ist grundsätzlich Veroniques und Viktors Urlaub, ihr Mann kommt nur mit. Diese Priorität zu klären ist sehr wichtig.

»Dadurch war es genau so unbeschwert wie immer«, sagt Viktor. »Wir hatten einen Riesenspaß. Nach anderen Urlauben mit Freunden hatten wir es beide schon erlebt, dass man nicht mehr miteinander reden konnte. Bei uns ist alles gut.«

Und manchmal machen sie sogar etwas mit einem der Söhne. Die auch längst akzeptiert haben, dass es ihren Eltern genau so gut geht, wie sie leben.

Ein Happy End? Wenn Liebe ein Happy End haben könnte, vielleicht. Veronique und Viktor sind nicht mehr ganz jung. Irgendwann könnte jemand krank werden. Durch zwei gesundheitliche Krisen sind sie zusammen gegangen. »Aber ich weiß nicht, wie lange ich das mitmachen könnte«, sagt Veronique.

Und irgendwann wird Veroniques Mann sterben. Was dann passiert, wissen sie noch nicht. Vielleicht will sie um die Welt reisen, allein. Vielleicht wird es einem von beiden zu viel. Zusammen leben ist etwas anderes. Man kann es nicht wissen.

»Heimliche Affären leben oft von der Zukunft: Bald lasse ich mich scheiden, und dann sind wir für immer zusammen.« Veronique will das nicht. »Unsere Gedanken sind nur im Hier und Jetzt. Hier und jetzt muss man zufrieden sein.«

Nur eines weiß Viktor sicher: »Ich will bis an mein Lebensende mit ihr zusammen sein. Egal, wie.«

VII. FREIHEIT

22. DIE VERBOTENE INBETRIEBNAHME DER GESCHLECHTSORGANE

Sodomy
Fellatio
Cunnilingus
Pederasty
Father, why do these words sound so nasty?
Masturbation
Can be fun
Join the holy orgy
Kama Sutra
Everyone!

SODOMY (AUS DEM MUSICAL »HAIR«)

Joachim: »Wer für alles offen ist, kann nicht ganz dicht sein.« 37 Likes.

Ferdinand: »Sie ist einfach ein liebessüchtiger Borderliner und er hat keine Eier.« 4 Likes.

Ulrike: »Das ist keine offene Beziehung das ist Psychoterror, den sich die beiden gegenseitig antun.« 47 Likes.

So reagierten Leser auf die Geschichte von Paul und Jelena, als sie im Dezember 2015 zum ersten Mal im SZ-Magazin (und kurz darauf auch online) veröffentlicht wurde. Auf Facebook überschlugen sich die Kommentare. Viele Menschen reagierten ablehnend. Sie pathologisierten die Protagonisten, beanspruchten Deutungshoheit über Begriffe wie »Liebe« und »Treue« oder lehnten das Modell grundsätzlich und ohne Begründung ab. Am lautesten war die Gruppe, die aus der Distanz psychische Störungen diagnostizierte, gemäß dem Motto: Was nicht sein darf, das muss sein krank. Ein Paul führte aus:

»Ich musste selten so lachen, ein großartiger Witz ist diese Geschichte. Es ist faszinierend, wie fähig der Mensch ist, wenn es darum geht, sich selbst zu belügen. Manche nennen es eben »Freiheit« oder »Individualismus«, ich nenne es die höchste Form des Egoismus. Ich denke, dass das richtig kaputte Menschen sind, (ich würde Geld darauf verwetten, dass sie als Kind einen großen Bruch erlebt hat, Umzug, Trennung oder Misshandlung, im Grunde genommen ein Opfer und ein ganz armes Würstchen) die komplett beziehungsunfähig sind. Jedenfalls braucht sie dringend eine Therapie. Wer behauptet, man liebe einen Menschen und diesen glechzeitig so foltert, der ist sicher nicht ganz gesund im Kopf.« 101 Likes.

Deutschland hat achtzig Millionen Bundestrainer. Und mindestens so viele Psychologen.

Sicher war der Text provokant. Die Geschichte von Paul und Jelena ist aus verschiedenen Gründen kein gutes Beispiel, keine Werbung für eine offene Beziehungskonstellation. Sie beansprucht aber auch keinerlei Allgemeingültigkeit. Sie lässt offen, auf der erzählerischen wie theoretischen Ebene, was nun »besser« sei. Doch die monogame Volksfront kümmert sich darum nicht. Unter Berufung auf völlig subjektive Begriffe wie »Werte« oder »Liebe« wissen die Kommentatoren offenbar genau, was richtig und echt und gut ist. Und was nicht.

Howard: »die menschen wissen nicht mehr, was liebe ist.« 13 Likes.

Estella: »Das ist jedenfalls keine Liebe … hier haben sich offensichtlich einfach nur zwei debile Charaktere getroffen.« 16 Likes.

Tomislava: »Wenn man jemanden wirklich liebt, will man ihn doch mit niemanden teilen!« 5 Likes.

Gülhan: »Ekelhaft. Offene Beziehung. Wo gehen nur all die Werte hin? Jeder mit jedem …« 16 Likes.

Krank. Ekelhaft. Keine Liebe. Diese massive Welle an Ablehnung ist Normalität für viele, die mit ihrer anderen Liebe an die Öffentlichkeit gehen. Auch unsere Zeit kennt unzählige Zwänge und gängelnde Idealisierungen. Denen wir nachlaufen bis ins Verderben, wie die sprichwörtlichen Lemminge über die Klippen. Noch aus dem Jahr 1990 erzählt Diete Duhm folgende wahre Geschichte: »Ein Mann trifft eine Frau in Düsseldorf. Sie verlieben sich. Aber der Mann ist verheiratet. Sie fahren im Frühjahr 1990 nach Südfrankreich. Dort steigen sie auf einen Felsen, binden sich die Handgelenke zusammen und springen hinunter.«

Mein Vater sagte einmal: »Jeder darf sich sein Leben versauen, wie er will.« Klingt gut, aber: Hat er recht? Dürfen Paul und Jelena, was sie tun? Nicht juristisch, sondern sozial-ethisch? Wie stark wirkt der moralische Mainstream auf alle ein, die an seinen Rändern schwimmen?

Die Frauen, die Homosexuellen, jetzt eben wieder andere Menschen, die anders leben als »die Norm«: Jede Minderheit muss sich ihre Rechte mühsam erkämpfen. Selbst wenn sie, wie die Frauen, gar keine Minderheit ist. Und ihr Kampf geht weiter, jeden Tag. Dabei hatte doch die sexuelle Revolution längst die sexuelle Freiheit erkämpft? Wie frei sind sie, sind wir wirklich? Wie frei sind diese Facebook-Kommentatoren? Wie frei war das Paar, das in Frankreich in den Tod sprang?

Jede Revolution hat ihren einen, großen, siegreichen Moment: Der Sturm auf die Bastille. Che Guevaras Rum-geschwängerter Triumphzug durch Havanna. Der Fall der Berliner Mauer. Die sexuelle Revolution nicht. Ihre Gegner ergaben sich nicht mit niedergelegten Waffen. Ihre Sieger zogen in keinen Palast ein. Sie feierte viele kleine Siege. Sie sprengte eine Fessel nach der anderen. Sie war eine langsame, manchmal zwar laute, aber oft unmerklich in den vertrockneten Alltag einsickernde Revolution. Doch wie weit? Kann es sein, dass der äußere, sichtbare Kampf um die sexuelle Freiheit nur durch einen inneren, meist unsichtbaren ersetzt wurde? Dass es immer noch 1001 Regeln gibt, die nur nicht mehr irgendwo geschrieben stehen? Hat die sexuelle Revolution ihren Namen überhaupt verdient?

Martin Goldstein, von 1969 bis 1984 niemand Geringeres als der legendäre »Dr. Sommer« der BRAVO und damit der vielleicht wichtigste Aufklärer der Nation, erzählt von der Zeit, als diese Revolution anfing zu wirken.

»Was man bis dahin in Bezug auf Sexualität lernte, waren nichts weiter als Drohungen und Warnungen. Möglichst nichts tun, alles später. Und was du tust, ist falsch, ist Sünde, macht krank, macht dich schwul, du kriegst keine Kinder mehr, findest keinen Partner und wirst ein unglückliches Leben führen. Die deutlichste Drohung war: Wenn du Selbstbefriedigung machst, gerätst du ins Unglück. Du beschädigst deinen Körper, und du machst deine sexuelle Kraft dadurch geringer. Und schließlich wirst du mal zu früh zu Ende sein und dann gibt es nichts mehr. Oder du bekommst Rückenmarkschwindsucht. Ich habe noch damals in einem Buch gelesen, dass der Orgasmus für eine Frau schädlich sei. Jede Frau sollte gefälligst dafür sorgen, dass sie keinen Orgasmus bekommt. Mit gütigen Worten und Engelszungen wurde gesagt: »Das ist heilig! Lass die Finger davon!« Das war die generelle sogenannte sexuelle Aufklärung. Es war die heimliche – nein – die unheimliche Aufforderung, keusch zu leben und seine Sexualität zu verleugnen.«

Weil Goldstein alias Dr. Sommer in der »Bravo« die Jugendlichen aber dazu ermutigte, sich anzufassen und auszuprobieren, weil er es sogar wagte, ihnen zu verraten, dass Selbstbefriedigung weder ungesund noch ein Privileg der Jugend ist, dass also ihre Eltern *es* auch taten, wurden zwei Ausgaben der BRAVO noch 1972 von der Bundesprüfstelle für jugendgefährdende Schriften (seit 2003: »Medien«) als »jugendgefährdend« eingestuft. Und zwar mit dem schönen Satz: »Die Geschlechtsreife allein berechtigt noch nicht zur Inbetriebnahme der Geschlechtsorgane.«

Für eine freie Inbetriebnahme, gegen das bedrückende Klima der Autoritäten kämpften die »68er«. Und ihre radikalsten Vertreter gründeten Kommunen, in denen freie Sexualität geübt werden sollte. Hier sollte die Revolution ihren Triumphmarsch bekommen, hier sollte der Wandel greifbar, eine Utopie wahr werden. Hier sollten die Menschen endlich frei sein.

23. MEINE KEINE FAMILIE

> *»Freiheit war das wesentliche Markenzeichen der Moderne, die Parole unterdrückter Gruppen, der Ruhm der Demokratien, die Schande autoritärer Regime und der Stolz kapitalistischer Märkte.«*
>
> **EVA ILLOUZ**

»Vater, du Schwein!!!«, brüllt der Mann. Um ihn herum heulen, grölen viele andere, Männer und Frauen. Sie alle töten symbolisch ihren Vater. Am Ende brechen sie weinend zusammen. »Mama«, wimmern sie. Der Ausschnitt des Films endet mit dem Bild des Manifests der Kommune. Hier gehört der Vatermord zur »Aktionsanalyse«. »Die Beseitigung der negativen Eltern ist eine Vorbedingung zur Beseitigung der psychischen Krankheit«, so das Manifest.

Der Film »Meine keine Familie« von Paul-Julien Robert spürt dem Leben der Kommune Friedrichshof, gegründet im Burgenland von dem österreichischen Maler Otto Mühl, in den siebziger und achtziger Jahren nach. Der 1979 in der Kommune geborene Filmemacher Paul befragt seine Mutter, die schon vier Jahre vor seiner Geburt in die Gemeinschaft eingetreten war. Auf der Suche nach seinem leiblichen Vater trifft Paul Männer, die lange nicht wussten, ob eines der vielen Kommunenkinder ihres ist. Nicht als Unfall. Sondern als Teil des Konzeptes. Die Kommune war laut ihrem Manifest ein wichtiges gesellschaftliches Experiment zur Überwindung der Kleinfamilie. Jeder der bis zu 500 Kommunarden sollte sich frei entwickeln dürfen. Kein Eigentum, keine sexuelle Exklusivität sollte sie hindern. »Schon in der ersten Nacht waren alle miteinander sexuell«, sagt Pauls Mutter. Das Manifest sagt: »Die Zweierbeziehung widerspricht den sexuellen Bedürfnissen des menschlichen Körpers. Die Zweierbeziehung widerspricht dem kommunikativen, sozialen Zusammenleben in der Gruppe. Dem Zweierbeziehungsmenschen verdanken wir Krieg, Folterungen, den elektrischen Stuhl, die Verschmutzung, Sexualverbrechen, Irrenhäuser, Bordelle, Krebs, Armut und Reichtum, die Atombombe, Gartenzäune und Grenzen.« Man wollte hinter sich lassen, was immer einen band. Der radikale Bruch mit allen Traditionen, der Gesellschaft, den Normen war ein politisches wie persönliches Projekt. Erste Regel: Sexuelle Freiheit. Und zweitens: Ablösung von der Familie.

»Warum habt ihr euch so von eurer Familie losgelöst, bis hin zu einem symbolischen Vatermord?«, will Paul von Theo wissen, der sein Vater hätte sein können, aber aufgrund seiner stark verminderten Zeugungsfähigkeit doch sicher nicht ist. »Es ging um die Überwindung dieser autoritären Generation«, sagt Theo. Er litt unter seiner »zu kalten« Mutter, die nicht den Mann heiraten durfte, den sie liebte, weil er nicht standesgemäß war. Solche sexuellen und romantischen Unterdrückungen waren in der Welt außerhalb der Kommune gesellschaftliche Realität. Es galt noch das Züchtigungsrecht für Eltern. Frauen mussten ihren Arbeitsvertrag von ihrem Ehemann unterschreiben lassen. Abtreibung war generell verboten. »Draußen gab es Tschernobyl, Aids und Eltern, die ihre Kinder schlugen«, sagt Paul.

Als er vier ist, geht seine Mutter für Jahre nach Zürich, um Geld für die Kommune zu verdienen. Er bleibt zurück, mit den anderen Kindern, versorgt von anderen Müttern. »In der Gruppe sind – außer der Mutter – alle Mitglieder für die Betreuung der Kinder verantwortlich«, so das Manifest. Die Kommune lebte die geteilte Elternschaft, wie es die Naturvölker tun. Pauls Mutter heiratet zwar Christian, einen anderen Mann, mit dem sie schläft. Aber nur, weil sie schwanger ist. Damit wird Christian Pauls rechtlicher Vater. Er bringt sich 1984 um. Zu seiner Familie hatte er kaum Kontakt. Seine Schwestern glauben, er sei in der Klosterschule misshandelt worden. Und hätte sich nicht getraut, das seinem autoritären Vater zu sagen. Der wiederum versteht nicht, warum sein Sohn, Pauls Mutter und die anderen so gelebt haben. »Einen Menschen so zu entwürdigen, ist ein Verbrechen.« Für ihn hatte Otto Mühl zu viel Macht, vor allem über die Kinder, die er wie Objekte gestalten konnte, die unter den Vorführungen und Demütigungen vor der Gruppe litten. Sie sollten ihre »Kindersexualität« frei ausleben. Die Erwachsenen sollten jegliches sexuelles Verhalten der Kinder zulassen. Mit Beginn der Pubertät mussten die Mädchen, so erinnern sich Paul und seine Freunde aus der Kommune, bei einer »sexuellen Einführung« mit Otto Mühl, die Jungen mit seiner ersten Frau Claudia schlafen. Dass Otto Mühl zumindest mit den älteren Mädchen, vielleicht auch mit den jüngeren sexuellen Kontakt hatte, wusste Pauls Mutter. »Wir leben hier in einem Kunstwerk«, sagte Mühl, »und diese Kunst lebt tatsächlich. Es ist das erste lebende

Kunstwerk der Welt überhaupt.« Paul, der dieses Kunstwerk heute als »extrem gefährlich« ansieht, brauchte nach eigener Aussage »Jahre, um eine Meinung und Gefühle zu haben. Ich durfte nicht lieben. Für meine ersten Beziehungen habe ich mich geschämt. Es war vom Gefühl etwas Schlechtes.« Die Utopie wurde kriminell. Die Revolution fraß, beinahe wortwörtlich, ihre Kinder. Otto Mühl wurde wegen sexueller Nötigung Minderjähriger angeklagt. »Um Beweise zu vernichten, wurden alle Tagebücher eingesammelt und verbrannt«, sagt Paul. Aus der Asche machte Mühl Bilder. Er wurde zu sieben Jahren Haft verurteilt.

Viele andere Projekte versuchten Ähnliches, ohne die Grenzen der Strafbarkeit zu überschreiten, ohne Kinder zu instrumentalisieren. Friedliche Experimente veränderten damals die Gesellschaft. Und hatten dabei viele historische Vorbilder. Bereits im Jahr 1829 schrieb der Philosoph Charles Fourier: »Seit Anbeginn der Zivilisation irrten sich alle Philosophen bei einer Sache: Sie begrenzten ihr Nachdenken über die Liebe nur auf Paare.« Fourier gründete eine Kommune, in der jeder seinen Partner frei wählen durfte, ohne befürchten zu müssen, von anderen gemaßregelt zu werden – ohne die »manische Inbesitznahme des anderen«. Berühmte oder weniger berühmte Paare probierten die »Intellektuelle Ehe«, wie Hannelore Schlaffer ihr Buch über offene Konstellationen nennt. Intellektuell, weil sie eine kontinuierliche Auseinandersetzung der Partner miteinander voraussetzt, eine andauernde Definition und Neudefinition der Beziehung und ihrer Regeln. Das Paradebeispiel Simone de Beauvoir und Jean-Paul Sartre kennen viele, aber auch der Soziologe Max Weber und seine Frau Marianne brachen mit der Monogamie. Echt sollten die Beziehungen sein, immer wieder neu verhandelt und auf Augenhöhe, was für die Frauen einen großen Emanzipationsschritt bedeutete. »Die Harmonie zwischen zwei Individuen ist niemals gegeben, sie muss immer wieder neu erobert werden«, schrieb Simone de Beauvoir.

Alle diese Vorgänger kannten die 68er. Sie wollten sie in ihren Projekten mit radikaler Konsequenz endlich erfolgreich verwirklichen. In den Hochzeiten der siebziger und achtziger Jahre gab es hunderte solcher Kommunen. Wirklich dauerhaft war fast keine. Die Hippies und Linken, Utopisten und Freigeister scheinen den Menschen überschätzt und überfordert zu haben. Sich aus der Gesellschaft, deren Verkrampfung man überwinden wollte, herauszunehmen und es »besser« zu machen, scheint zu kurz gedacht zu sein. Zu stark verwurzelt im Alten waren die Kommunarden, zu radikal die alternativen Entwürfe der Lebensformen. Aus heutiger Sicht erscheinen die Versuche solcher Kommunen extrem, fast krank in ihrer totalitären Sucht nach Befreiung. Vielleicht war der Gegner so übermächtig, dass man es übertreiben musste. Keine Revolution ohne Opfer. Denn gleichzeitig war die politische Rebellion eine individuelle gegen Eltern als auch eine kulturelle Rebellion gegen Paternalismus und Konservativismus, die Überwindung nicht nur der autoritären Institutionen, sondern auch der inneren Dämonen, die soziale wie individuelle Totalliberalisierung plus die Entfesselung des Triebs – es war alles viel zu viel.

Heute haben wir die Chance, im Vergleich zu damals relativ unideologisch und nüchtern Alternativen zu betrachten, wissenschaftlich unterfüttert, fast rational also. Sex ist keine politische Systemfrage, wir müssen gegen nichts rebellieren, das furchtbare Rätsel des Dritten Reiches schwebt nicht mehr über uns, wir müssen uns nicht (wie die 68er teilweise mit unterdrückter Sexualität) erklären, wie unsere Eltern zu Massenmördern werden konnten. Wir wollen »nur« glücklich sein, glücklicher als jetzt. Wir wollen vielleicht auch zurück zu einem idealisierten Urzustand, als das Leben noch »echt« und »natürlich« war. Der Weg scheint nicht völlig verkehrt. Was die Kommunarden eigentlich umsetzen wollten, klingt erstaunlich nach dem, was Ryan und Jethá von der Steinzeit erzählen: Egalitäre Strukturen, sexuelle Freiheit, unbestimmte (väterliche) Elternschaft. Zurück in die Freiheit, sozusagen. 1970, so dachte man zumindest, endeten Jahrtausende des Kampfes um die sexuelle Selbstbestimmung. Aber wie frei sind wir heute wirklich?

Paul & Jelena IV: Loslassen lernen

Neulich feierte ein gemeinsamer Freund Geburtstag. Alle waren da, sogar ihre beiden Mütter. Die große Familie.

Und Pauls neue Geliebte. Er hatte sie einfach mitgebracht. Ja, vielleicht wollte er Jelena wehtun. Jelena packte die Wut. »Aber ich wollte keine Szene machen«, sagt sie. So wollte sie nie sein.

Paul war gerade erst mit der anderen wiedergekommen. »Liebesurlaub am Gardasee«, so nennt Jelena das spöttisch. »Und dann setzt doch Besitzdenken ein. Dabei geht es ja genau darum, loslassen zu lernen.« Sie ist nach wie vor gewillt, es zu schaffen mit Paul. Als gäbe es keine Alternative. Ein Freund sagt: »Jelena hat keinen Plan für die Jahre zwischen dreißig und sechzig. Davor und danach ist alles einfach. Davor ist man die heiße Feierbraut. Danach die coole Oma.« Aber dazwischen? »Eigentlich ist sie das klassische Opfer der Überindividualisierung«, sagt Paul, der Theoretiker. »Sie ist gefangen in ihrem eigenen Freiheitsdrang.«

Was findet sie an dieser Form der Liebe? Sie sagt: »Die permanente Spannung. Der Drang, jemanden mit einem Fingerschnippen für mich zu begeistern. Und das dreckige Gefühl danach.«

Pauls Geliebte ist ganz anders. Sie sagt zu ihm: Ich will, dass es dir gut geht. Er sagt: »Das habe ich in den letzten sieben Jahren kein einziges Mal gehört.« Die Neue ist für ihn da, immer. »Gerade ist das Normale sehr aufregend, nach den ganzen Abenteuern«, sagt Paul. Ist das sein Ausweg? Oder ist es doch Jelena? Muss es ein Oder sein? Geht nicht doch ein Und? Ja, nein, vielleicht?

»Könnte ich überhaupt noch eine normale Beziehung führen?«,

fragt Paul. Er weiß es nicht. Jelena schon. »Ich will keine klassische Beziehung mehr«, sagt sie. »Wenn ich damit glücklich wäre, hätte ich es ja gemacht.«

»Wenn man einmal diese Tür aufgemacht hat, kann man sie nicht mehr zumachen«, sagt Paul. »Ich habe die Freiräume ja auch genutzt. Nicht so extrem wie sie, aber jede andere Frau hätte mich auf den Mond geschossen. So ehrlich muss ich sein: Ich wollte es. Ich kam nicht mehr los. Ich hätte Nein sagen können.«

»Du Schwein!«, sagt sie gespielt beleidigt, wenn er von seinen Abenteuern erzählt, und beide kichern.

»Verliebt sein ist schön«, sagt sie. »Aber ich habe gelernt: Alles ist endlich. Alles wird irgendwann langweilig. Ich bin einfach süchtig nach diesem ersten Moment mit jemandem.«

Ist das die Lehre? Entweder man versagt sich die Welt hinter einer traditionellen Grenze, oder man riskiert die Liebe jeden Tag?

»Sind wir nun gescheitert mit unserem Modell?«, fragt sie. »Oder waren wir immerhin ein paar Jahre sehr, sehr glücklich? Ist Scheitern nicht immer auch ein Vorwärtsfallen?«

»Es ist kein Entweder-Oder: Freiheit oder Beziehung«, sagt Paul. »Es kann funktionieren.« Er ist weiter überzeugt. Von der Theorie. »Wenn alle Grenzen überschritten wurden, wenn nichts mehr gilt«, sagt er. »Und man trotzdem versucht, es miteinander zu schaffen. Trotzdem aneinander glaubt. Dann kann man das als Verlust empfinden. Oder als das Größte, was man überhaupt haben kann.«

»Trotz dieser ganzen Scheiße können wir noch darüber lachen. Mehr geht doch nicht«, sagt sie. Dann lachen sie beide. Vor einem Jahr, in der nächsten Bar, in der Jelena arbeitet, lernt sie einen Tobi kennen. Es fängt an als eine ihrer Affären und wird bald mehr. »Ich musste Tobi überreden. Er wollte keine Familie zerstören. Er wollte, dass ich das mit Paul hinkriege. Das hat es aber nur spannender gemacht.«

Sie lügt Paul an, ist viermal die Woche nachts weg, bis ihre

Freunde nicht mehr für sie lügen wollen. Jemand erzählt Paul alles. Dieses Mal kämpft er nicht. Dieses Mal versucht er, loszukommen. Sie streiten, so oft und heftig wie noch nie. Jetzt sind sie ein Paar, das abends am Küchentisch sitzt und sich anschreit.

Paul will nicht die Nummer zwei sein, Jelena sich nichts vorschreiben lassen. »Das hat überhaupt nichts mehr zu tun mit der romantischen Idee, sich Freiheiten zu lassen. Wir sind kein Team mehr, sondern Gegner«, sagt er zu ihr. Zwei schlimme Monate später gibt Jelena nach. Sie versucht ein letztes Mal, von Tobi zu lassen. Kann es nicht. Beichtet.

»Damit ist unsere Geschichte eigentlich zu Ende«, sagt Paul. Es klingt, als suche er Widerspruch. Aber es kommt keiner.

Und doch geht es ja morgen früh wieder los. Die Kinder wecken. Frühstück machen. In den Kindergarten bringen. Das Dream-Team macht weiter. Aber was ist der Dream? Sie werden bald mit den Kindern reden müssen. Der Größere merkt doch, dass es anders ist als früher. Also: Nicht so anders wie früher, sondern falsch anders.

»Meine Liebe zu Paul war immer in einem Bild fassbar«, sagt Jelena, »und das gilt weiter: Wenn ich am Ende, mit grauen Haaren und Falten, im Schaukelstuhl am See sitze, dann sitze ich neben Paul. Neben niemand anderem. Und wir halten Händchen.«

Darauf geben sie sich die Hand. Er streckt den Arm zu ihr aus. Sie schließt die Finger um seine. Kurz halten sie sich fest. Lassen nicht los. Es ist das erste Mal an diesem Abend, dass sie einander berühren.

24. SEX MACHT MACHT

> *»Wenn alle Chirurgen, alle Psychoanalytiker, alle Ärzte von ihrer Tätigkeit weggeholt werden könnten und sich für eine Weile im Amphitheater in Epidauros versammelten, wenn sie in Ruhe und Frieden die dringenden Bedürfnisse der Menschheit eingehend erörtern könnten, würde die Antwort sehr rasch erfolgen, und sie würde einstimmig lauten:* REVOLUTION *– eine Weltrevolution von oben bis unten, in allen Ländern, allen Klassen, in jeder Schicht des Bewusstseins.«*
>
> **HENRY MILLER, DER KOLOSS VON MAROUSSI**

Stimmt die zeitgeistige Diagnose, wir wären heute alle »oversexed and underfucked«? Wohl kaum, zumindest nicht, wenn man »oversexed« wörtlich nimmt. Denn der Sex, der täglich auf uns einprasselt, ist gar kein echter Sex, keine Körperflüssigkeiten. Sondern eher ein klinisch reines Abziehbild. Laurie Penny schreibt in »Fleischmarkt«: »Was uns umgibt, ist nicht Sex an sich, sondern die Illusion von Sex, eine Airbrush-Phantasie von Sexualität mit erzwungenem Spaßfaktor, die so steril wie unbarmherzig ist.« Waren und Dienstleistungen und Träume und Geschichten und Ideologien und Ängste und alles andere wird mittels Sex verkauft, »Sex Sells«, wir sind eben simpel gestrickt. Margarete Stokowski sammelt in ihrem sehr lesenswerten Buch »Untenrum frei« die Themen, die *Stern*, *Focus* und *Spiegel* schon mit (halb)nackten Frauen oder Frauenkörperteilen illustriert haben:

»Abnehmen ohne Stress, Abnehmen und Ess-Typen, alternative Medizin, Anti-Aging-Programme, Ärzte-Check, Bluthochdrucktherapien, Demenzforschung, deutsche Schicksalsjahre, Deutschland und Lebensqualität, Diabetes, Diät und Durchhalten, Diät-Gesellschaft, echt schöne Zähne, erfolgreiches Abnehmen für Männer und Frauen, falsche Zahnarztbefunde, Gerüche, gesunde Haut, gesunde Zähne, gesundes Essen, Gesundheit und Vererbung,

Griechenland, Haut und Berührung, Hautforschung und Milliardenmarkt Kosmetik, Heilkraft der Bewegung, Hormone, Hilfe für den Rücken, Impfen, Knieprobleme und Knieheilmethoden, Kopfschmerzen, Krebsfrüherkennung und Hautpflege, Lexikon der Sexualität, Logik der Gefühle, Medizin-Apps und Patienten-Portale, Mütter, Naturheilverfahren, neue Hoffnung bei Krebs, neue Kameras, neue Mittel gegen Allergien, Partnerbörsen im Internet, Reisen und Krankheiten, richtig gut schlafen, Röntgenstrahlung und ihre Gefahren, Rückenmedizin, Rückenschmerzen, Salz, sanfte Medizin, Schlafrhythmus und Einschlaftricks, Schlafrhythmus und innere Uhr, schlank werden und schlank bleiben, schöne Haut, schöne Zähne und Zahnversicherungen, Schwangerschaft und Geburt, Selbstbewusstsein und Wechseljahre, Sexpillen, Sigmund Freuds 150. Geburtstag, späte Eltern, Stress mit der Bandscheibe, Treue, Umwelt und Krankheiten, Untreue, Urlaub, Übergewicht, versteckte Entzündungen, Vorsorge und Früherkennung, Weight Watchers, Wellness in Deutschland, Zucker.«

Diese Symbole sind, nun ja, nur Symbole für ein grundlegendes Problem, das heute noch vorherrscht: Die Ungerechtigkeiten zwischen den Geschlechtern. Frauen mögen vor dem Gesetz gleich gestellt sein. Sexuell sind sie es in vielen Belangen noch nicht. Jahrtausende der Unterdrückung wirken fort. Wie Stokowski klagt: »Wir haben die Fesseln des Patriarchats nicht gesprengt, sondern sind mit ihnen shoppen gegangen.« Deshalb schlägt sie vor, das Label »Feminismus« einfach wegzulassen. »Wir könnten auch sagen, es geht eben irgendwie um Sex und Macht und das ganze Drumherum.«

Margarete Stokowski wurde Opfer von sexueller Gewalt, und ihr Schreiben ist auch der ausdrückliche Versuch, sich zu »ent-opfern«. Hunderttausenden Frauen geht es ähnlich. Die vermeintlichen traurigen Einzelfälle sind gesellschaftliche Normalität. Jeder meiner Freundinnen kennt ein paar Frauen, denen »etwas passiert« ist.

Angesichts von 46 000 »Straftaten gegen die sexuelle Selbstbestimmung«, die jährlich in Deutschland zur Anzeige gebracht werden, die allermeisten davon gegen Frauen, im Vergleich zu 300 Morden und 36 000 Autodiebstählen, muss man feststellen, dass Sex heute immer noch, in den Extremen wie in der legalen Kampfzone, eine gesellschaftlich katastrophale Dimension hat. Eine der beiden Hälften der Bevölkerung muss immer darunter leiden. Margarete Stokowski hat recht: »Die sexuelle Befreiung hat nicht wirklich stattgefunden.« Ganz zu schweigen von den Kämpfen, die queere Menschen, Transgender und all die anderen unterdrückten Minderheiten noch ausfechten müssen.

Ein Grund für den Machtkampf: Sexualität ist heute nach wie vor ein wichtiges Statusmerkmal für Männlichkeit. Schon immer war Macht die Bedingung für Sex, und sexuelle Dominanz eine Bedingung für Macht. Playboys gab es laut Francis Fukuyama schon lange vor Hugh Hefner. Mächtige, gutsituierte Männer konnten immer schon den Sex haben, den sie wollten. Sex war und ist »Spiegelbild des sozioökonomischen Status«, schreibt Eva Illouz. Doch heute hat sich das Macht- und damit Sexgefälle geebnet. Auch arme Männer können viel unverbindlichen Sex haben. Dennoch oder gerade deswegen ist viel »guter« Sex mit möglichst begehrten Frauen ein wichtiges Statusmerkmal für einen Mann. Vielleicht, seit der »sexuellen Revolution«, mehr denn je. Weil es ein Zeichen von Konkurrenzfähigkeit untereinander ist. Weil die sexuelle Sphäre eine männliche Kontrolle ermöglicht, die der Mann auf anderen Gebieten (Haushalt, Gesellschaft, Wissenschaft) an die erstarkenden Frauen abgeben muss. Und weil Männer untereinander in der Objektivierung von Frauen als Sexobjekte fraternisieren. Eva Illouz nennt die männlich Sexualität deshalb »hypertroph«, also vergrößert oder übertrieben. Weil in ihr drei Aspekte von Männlichkeit verschmelzen: Autorität, Autonomie und Solidarität.

Und die Frauen? Kämpfen weiter um ihre sexuelle Freiheit und damit ihre Identität. Was eine Frau heute tun, lassen, anziehen, zeigen, verhüllen oder sagen darf, muss sie nach wie vor immer wieder neu erkämpfen. Der Reflex der Männer, die Sexualität der Frau zu bewerten, einzugrenzen, zu annektieren – er lebt fort, anachronistisch peinigend wie ein entzündeter Blinddarm.

Dabei gibt es durchaus auch Gesellschaften, in denen Frauen sexuell dominieren, seit Jahrhunderten. Und es geht ihnen sehr gut. An der Grenze zwischen den chinesischen Provinzen Yunnan und Sichuan, in den Bergen um den »Muttersee« Lugu, leben in zwanzig verstreuten Dörfern ungefähr 40 000 Menschen, deren Familiensystem seit Jahrhunderten Reisende und Gelehrte verblüfft und fasziniert: die »Mosuo«. Schon im Jahr 1265 reiste Marco Polo durch ihr Gebiet und staunte über ihre sexuelle Freizügigkeit: »Ein Ehemann und Vater fühlt sich keineswegs in seiner Ehre verletzt, wenn ein Fremdling oder sonst ein Mann mit seiner Frau, seiner Tochter, mit seiner Schwester oder irgendeinem Weibe seines Haushalts zusammen schläft, sondern er schätzt es sogar. Die Leute glauben nämlich, auch der Gott und die Götzen hätten daran ein Wohlgefallen und würden solches Tun reichlich mit irdischen Gütern vergelten.« Die »matrilinearen« Mosuo kennen eine fast vollkommene sexuelle Freiheit und Autonomie, sowohl von Männern als auch Frauen. Trotz dieser Erlaubnis zur »freien Liebe« haben wenige Frauen zur selben Zeit mehr als einen »Geliebten«. Oft halten die Beziehungen jahrelang, mitunter sogar ein Leben. In der Mosuo-Sprache gibt es kein Wort für Ehemann oder Ehefrau, stattdessen das Wort *azhu*, welches »Freund« bedeutet. Sie kennen keine Ehe, sondern nur »sese«, das Wandern, also das gegenseitige Besuchen. Es gibt in der Sprache der Mosuo auch keine Worte für Mord, Krieg oder Vergewaltigung. Ihr größtes Problem: die Touristen, die ihre Lebensweise voyeuristisch begaffen.

Und wir, so im Vergleich? Zwar lockert sich einiges an den chronischen Verkrampfungen, die unsere Gesellschaft in den sexuellen

Muskeln hat. Selbst an katholischen Schulen wird nicht mehr in Fächern wie »Schicklichkeit« oder »Erziehungskunde« den jungen Damen vorgegeben, wie mit Männern umzugehen ist. Aber dennoch sind wir weitaus verklemmter als die chinesischen Ureinwohner der Mosuo. Vor allem, was die Sexualität und Rolle der Frau angeht. Dass eine Frau, die viele Männer hat, als unmoralische »Schlampe« betrachtet wird, ein Mann mit vielen Frauen hingegen als potenter, mächtiger Hengst, ist eines der Erbstücke. Ebenso, dass eine Frau, die Spaß am Sex hat, schnell als leicht zu haben gilt, ein Mann, der Spaß am Sex hat, als mächtig und potent.

Unseren Sex als solchen betrachten wir schizophren. Er ist beschämend, aber auch unwichtig. Mit dieser Doppelzüngiggkeit machen wir ihn komplizierter, als er ist. Allein der Begriff »belangloser Sex« zeigt diese Widersprüchlichkeit – und taugt zur selbsterfüllenden Prophezeiung. Wenn man nur oft genug behauptet, bestimmter Sex, weil er außerhalb einer Ehe oder gar spontan zwischen Fremden passiert, sei schlecht, wertlos und armselig, empfinden wir ihn irgendwann wirklich so. Obwohl wir eben diesen »belanglosen« Sex manchmal sehr gut finden, nicht trotz, sondern gerade wegen seiner mangelnden Verwurzelung in irgendwelchen Institutionen oder Langfristplänen.

Aber wir sind eben Kreaturen mit Kultur. Und die spielt uns beim Sex einen Streich. Sie stützt eine Sexualmoral, die eigentlich das Gegenteil von dem ist, was sie zu sein behauptet. »Die bisherige Sexualmoral ist eine Quelle aller unmoralischen Dinge«, schreibt Dieter Duhm. »Weil sie die Entwicklung einer natürlichen Sinnlichkeit und Daseinsfreude verhindert, hat sie auch die Entstehung einer natürlichen Sittlichkeit blockiert. Nicht die sogenannte sexuelle Sünde ist unsittlich, sondern unsittlich sind diejenigen, die sie als Sünde bezeichnet haben.« Wir sind »erotisch farbenblind«, wie Peter Sloterdijk es nennt, sehen fast nur Graustufen, weil wir die grellen Farben seit langer Zeit unterdrücken.

So dauerte es bis zum Jahr 2016, bis zum ersten Mal auf der Welt das 3D-Modell einer Klitoris, Zentrum und Symbol weiblicher Lust, in einem Aufklärungsunterricht verwendet werden durfte. In Frankreich. Immerhin. Und hoffentlich bald in der ganzen unwissenden Welt. Vorher hatte die offizielle Aufklärung also wenig bis nichts mit dem zu tun, worum es eigentlich geht.

Nicht verwunderlich, dass bei Umfragen (Achtung, soziale Erwünschtheit) wie einer aktuellen vom Hamburger Institut für Zukunftsfragen Sex und Erotik nur bei jedem Dritten (30,3 Prozent) regelmäßiger Freizeitspaß ist. Unbeliebter als Fernsehen, Telefonieren und »Kaffeetrinken/Kuchen essen« sowie »Ausschlafen« war Sex schon lange, in dieser Umfrage auch erstmals unbeliebter als Sport.

Und wir sind so verklemmt, wir brauchen gar keine Partner, um Sex zu problematisieren. Statt Masturbation nach Jahrtausenden des perversen Verteufelns endlich als das Geschenk, die Übung, die erotische Psychohygiene und die Selbsterfahrung zu begreifen, die sie für alle sein könnte, diskutieren wir über Pornosucht, gründet sich eine »Nofap«-Bewegung junger Männer, die explizit auf Selbstbefriedigung verzichten will und dazu befremdliche Erfahrungsberichte auf YouTube teilt (»Two years nofap, how it changed my life!«). Je nach Studie haben bis zu 10 Prozent der Männer und 25 Prozent der Frauen noch nie masturbiert. Nicht so viel? Stellen Sie sich das Ergebnis mal angewendet aufs Zähneputzen vor.

Das genaue Gegenteil von Masturbieren, also viele Menschen im Bett, gilt wiederum auch immer noch als dubios. Zu wenige aber auch, das Mittelmaß dürfte sich für einen Dreißigjährigen bei knapp zweistellig eingependelt haben. One-Night-Stands sollte man gehabt haben, die ein oder andere Affäre auch, dazu ein bis drei ernsthafte, lange, tiefe Beziehungen. Mehrere Sexpartner, also der biologischen Veranlagung entsprechend, werden als »armselig« angesehen, statt als »reich-körperlich«. Warum eigentlich muss die Aufwertung des Körperlichen immer mit der Abwertung der Seele in

Einklang gehen? Weil wir alles immer zu einem monogamen Happy End hin denken und beurteilen. Und dabei gar nicht merken, dass wir in der vorherrschenden seriellen Monogamie mit ihren Single-Phasen, Affären und »festen« Beziehungen viele, viele Sexualpartner und Beziehungskonstellationen sammeln. Wir sind polygam, ohne es zu merken. Und ohne uns jemals so nennen zu wollen.

Offen polygam oder polyamor lebende Menschen gelten vielen hingegen ebenso als fragwürdig wie Fußfetischisten oder Asexuelle. Laut der amerikanischen Zeitung »Newsweek« gibt es in den USA ungefähr eine halbe Million sogenannter polyamoren Familien. Die Nische ist längst keine Nische mehr. Und sie dürfen ja tun, was sie wollen, sagt der Mainstream gönnerhaft. Der Druck aber, er besteht fort, über gesellschaftliche Konventionen und öffentliche Verhandlung. Karoline Boehm beobachtet auch an polyamor lebenden Menschen, dass die »emotionale und sexuelle Sozialisation von Generationen durch ihre heteronormative Werteproduktion bestimmt ist.« Auch und besonders Polyamore, stellt Karoline Boehm fest, haben eine »Utopie als Skript«, sprich: ein Happy End, auf das sie hinstreben. Hier setzt sich das romantische Liebesideal fort, das ein Ziel des Glücks kennt, einen zeitlichen Stillstand, eben ein Ende. Im Falle der Polyamoren bedeutet die Utopie die Ablösung von der Zweierbeziehung, gegen den Druck zur Normentsprechung, den Judith Butler als »Intelligibilität« bezeichnet hat. Marianne Pieper und Robin Bauer prägen hier den Begriff der »Mononormativität«. Normal ist eben die Einehe, die Zweierbeziehung, nichts anderes. Darin gilt die Tendenz zur festen, heterosexuellen Paarbindung, zur Monogamie, als »biologisch-anthropologische Konstante und prädisponiertes Glücksversprechen«. Vater, Mutter, Kind. Alles andere ist ein Kompromiss.

Spätestens an der Auseinandersetzung jenseits der sexuellen Exklusivität aller Art merken wir: Wir sind so frei wie nie. Aber wirklich frei sind wir eben nicht.

25. DÜRFEN DIE DAS?

Der Mensch kann zwar tun, was er will,
aber er kann nicht wollen, was er will.

ARTHUR SCHOPENHAUER

Nach ein paar Jahren schaut Viktor, der mit der verheirateten Veronique zusammen ist, obwohl sie auch ihren Mann liebt und mit ihm lebt, also »wie der gute Akademiker« nach Büchern. Als Historiker und Philosoph interessiert er sich auch für die politische Dimension des Themas Polyamorie. Er fragt sich: »Warum sind solche Beziehungen bei uns eigentlich verboten?« Wenn bei uns die Menschenrechte gelten, die sagen: Du kannst tun und lassen, was du willst, solange du niemandem Schaden zufügst – wie kann es dann sein, dass erwachsene Menschen das nicht dürfen?

Die Ablehnung jeder Art der Vielehe scheint ihm historisch gewachsen, nicht wirklich moralisch oder wissenschaftlich argumentiert. Er sagt sich: »Da würde ich gern etwas drüber schreiben. Und wenn ich nur fünfzig Leser habe. Aber ich konnte gar nicht anders. Ich habe ständig darüber nachgedacht. Also glaubte ich, was zu sagen zu haben.« Er findet Webseiten zu Polyamorie, viele Foren, Erfahrungsberichte. Aber keine Vertretung, keine Lobby, keinen Verein. Also macht er genau das zu seiner Aufgabe. »Für viele heißt Polygamie: Ein Mann hat viele Frauen und unterdrückt die. Vielleicht gelingt es mir, ein paar derartige Vorurteile aufzubrechen.«

Sein Ziel: Mehrfachbeziehungen sollen anerkannt werden, die Polyamoren sollen sich juristisch organisieren. »Die Menschenrechte können nicht mit privaten Verträgen geregelt werden. Und unser Grundgesetz bezieht sich auf konventionelle Modelle. In den USA gibt es deshalb schon Anwälte, die das anzweifeln und sich für Polyamorie und Polygamie einsetzen. Dort bestehen auch manche Splittergruppen der Mormonen auf dem Recht der Mehr-

Ehe.« Anders als die Kommunarden von damals will Viktor kein Experiment wagen, nicht die Gesellschaft verändern, keine Revolution. Er will einfach nur Gerechtigkeit und Akzeptanz. Er will frei darüber sprechen, wie er lebt und liebt. Und »frei« bedeutet dabei nicht nur, dass er nicht angeklagt werden kann. Sondern auch »frei« von Vorurteilen, Klischees und Vorwürfen.

Viktor ist gewissermaßen ein typischer »Fall«. Für Menschen, die polyamor oder »offen« leben, ist die Interaktion mit anderen Personen ein »identitätsstiftendes Moment«. Was hochtrabend klingt, ist ganz banal. So, wie jeder Hasenzüchter gern seine Tiere herzeigt, mit Laien darüber spricht, seine Leidenschaft anerkannt haben will, so will jeder Mensch sein Liebesleben vielleicht nicht ausbreiten, aber grundsätzlich akzeptiert wissen. Wir sind soziale Wesen, unser Umfeld und seine Zustimmung ist wichtig für unser Glück, basta. Und schon das Darüber-sprechen oder eben nicht zeigt, was »normal« ist und was nicht. Nur, weil etwas nicht verboten ist, ist es noch nicht »okay«. Erst, wenn man in breiter Gesellschaft darüber sprechen kann, ohne negative Reaktionen befürchten zu müssen, ist etwas angekommen. Das Darüber-sprechen »spiegelt zugleich diskursiv hergestellte und wirkmächtige Normen« (Karoline Boehm). Die allermeisten Menschen, die in diesem Buch auftauchen, selektieren sehr genau, wem sie welche Aspekte ihres unkonventionellen Liebeslebens anvertrauen. Alle Namen und viele Umstände in diesem Buch wurden geändert. Das beweist: Auch sie sind eben *nicht* frei.

Es gibt für polyamor oder polygam lebende Menschen ein Coming-out, genau wie für Homosexuelle. Ein gewählter Kreis an vertrauenswürdigen Personen wird ins Bild gesetzt. Meistens ist er klein. Auch das Gros der Verwandten und Bekannten der von Karoline Boehm untersuchten Polyamoren ist nicht in Kenntnis gesetzt. Das komplette Coming Out ist also eine Ausnahme. Aus Angst vor Ablehnung und Unverständnis. Und das im Jahr 2016.

Warum? Weil die Erzähler Angst haben. Angst vor Ablehnung, Unverständnis, Irritation. Wie die Geschichten in diesem Buch zeigen, zu Recht. Fast alle kennen negative Reaktionen. Anstrengend können auch überzogen positive oder neugierige Reaktionen sein. Niemand will gern in seiner Liebe begafft werden wie ein Zootier.

Diese »situative Camouflage« sieht Boehm als Strategie, gesellschaftliche Ausschlüsse zu umgehen. Die Diskriminierungserfahrung sitzt mitunter tief. Ablehnung ist der erwartete Normalfall. Langsam tasten sie sich voran, fühlen vor, erkunden die Geschlossenheit des Weltbildes der Freunde und Verwandten. Dann entscheiden sie sich, das Risiko einzugehen oder nicht.

Aufmerksamkeit, auch wenn man sie als Freak bekommt, kann durchaus guttun, weil sie »kulturelles Kapital« (Boehm) darstellt. Wer polygam lebt, ist auf jeder Party ein gefragter Gesprächspartner mit einer Aura der Freiheit und Progressivität. Und wer genießt Aufmerksamkeit nicht manchmal? Georg Franck schreibt in »Die Ökonomie der Aufmerksamkeit«: »Die Aufmerksamkeit anderer Menschen ist die unwiderstehlichste aller Drogen. Ihr Bezug sticht jedes andere Einkommen aus. Darum steht der Ruhm über der Macht, darum verblasst der Reichtum neben der Prominenz.«

Aber Aufmerksamkeit kann auch nerven. Besonders Frauen werden entweder mit dem Vorurteil konfrontiert, sie seien unersättliche Männerfresser. Oder würden etwas auf den Wunsch ihres männlichen Partners hin tun, gegen ihren Willen. Männer bekommen leicht »Applaus von der falschen Seite«, weil ihnen sexuelle Allmacht zugerechnet wird. Oder nur geschickte Verpackung von chronischer Untreue. Beiden Geschlechtern wird Bindungsangst, Charakterschwäche und Liebesunfähigkeit unterstellt.

Stellen Sie sich also vor, Ihre Beziehung wäre Partythema, immer wieder, egal, ob positiv oder negativ. Stellen Sie sich vor, die meisten begegneten Ihnen zwar freundlich, aber oft mit einem mehr oder weniger passiv-aggressiven »für mich wäre das nichts«, das laut Boehm eine der am häufigsten wiederkehrenden Reaktionen auf Polyamorie ist. Stelen Sie sich vor, Ihre Art zu lieben würde andere spürbar irritieren. Freiheit sieht anders aus.

Warum so viel Ablehnung?

Viktor hat da eine Theorie: »Je mehr etwas *vom* Status Quo als Bedrohung *für* den Status Quo aufgefasst wird, desto problematischer ist es. Polygamie scheint dabei eines der letzten Tabus. Weil auch viele geheime Sehnsüchte, sowohl von Männern als auch von Frauen, eine Rolle spielen. Aber das darf wiederum nicht offen gesagt werden.«

Die Kämpfe gegen den sexuellen Mainstream scheinen ewig die gleichen. Veränderung und Vielfalt ist selten widernatürlich, wird aber immer erst einmal so gebrandmarkt. So ging und geht es den Homosexuellen, den Transsexuellen, ganz früher auch den Frauen, die sexuelle Eigenständigkeit einforderten. Die eigene Identität, die fragile sexuelle sowieso, scheint verletzlich gegenüber anderen Modellen. Dahinter steckt, vermutet auch Viktor, die »Urangst vor Ansteckung. Wobei das ja nicht mal schlimm wäre, wenn alle polyamor lebten.«

Hinzu kommt, dass die sexuelle Gleichstellung der Frau, die Polyamorie impliziert, bei Konservativen immer noch ein heikles Thema ist. Spaß haben soll die Ehefrau Bitteschön nur in den engen Grenzen der Ehe. Was heutzutage bizarre Blüten treibt. »Der Swingerclub ist als Verlängerung des ehelichen Schlafzimmers erlaubt«, sagt Viktor. »Aber die Polygamen und Polyamoren werden quasi als Vielweiberer gesehen, manchmal in die Nähe der muslimischen Einwanderer gerückt, die uns angeblich die Wohnungen wegnehmen.«

»Und wer denkt an die Kinder?«, fragen manche auch gern, »denen muss man doch Stabilität bieten.« Ich habe keine Kinder. Ich kann vielleicht nicht mitreden. Aber Paul und Jelena, Jakob und

Francesca haben welche. Und sie geben ihnen viel Liebe. Das ist, sagen zumindest viele Eltern, die ja auch immer jemandes Kinder sind, das Wichtigste. Ich selbst bin in einer Großfamilie aufgewachsen, in der nicht nur meine beiden großen Schwestern und meine Eltern, sondern auch meine Großeltern, viele Cousinen und Cousins und Onkel und Tanten ständig präsent waren. Drei Generationen lebten unter einem Dach, und mindestens im Urlaub waren wir immer mehr als »nur« wir fünf. Soweit ich es ermessen kann, habe ich davon profitiert. Vielleicht sind mehr Bezugspersonen viel natürlicher als die klassische Familie. In der Horde, in der ein Kind immer viele Bezugspersonen hatte, nicht nur Vater und Mutter, sind auch einige unserer Sozialisations- und Entwicklungsmechanismen entstanden. Wieso sollten polyamore Konstellationen anders oder schädlich sein, solange den Kindern gegeben wird, was sie am meisten brauchen, nämlich Liebe und Autonomie?

Man muss jedoch nicht poly-irgendwas leben, es reicht schon, sich eingehend damit zu befassen, um ins Kreuzfeuer des sich in Verteidigungsstellung wähnenden Mainstreams zu geraten. An wie vielen Tischen ich schon saß und ausgefragt wurde über »diese Leute«, die ich jetzt kannte, die in irgendeiner Form »offen« leben. Und wie schnell dann mindestens ein Anwesender heftig dagegen sprach. Es war oft die Fortsetzung der Facebook-Kommentare. Besonders beliebt dabei ist der Strohmann-Vorwurf: »Sollen wir also jetzt alle freie Liebe machen?« Das fragen mich viele. Wohl wissend, dass niemand jemals so etwas behauptet oder gar gefordert hätte. Allein die Existenz einer Alternative scheint Menschen schon so unter Druck zu setzen, dass sie sie als Gebot auffassen. »Das wird sich doch nicht durchsetzen«, stellen sie halb erschrocken, halb erleichtert fest. Und sie haben recht. Soll *es* ja auch nicht. *Es* soll nur friedlich und frei koexistieren.

Polyamore und Polygame aller Art fangen gerade erst an, sich freizuschwimmen. Die Irritation, manchmal offene Feindseligkeit, die ihnen entgegenschlägt, sagt jedoch mehr über den Ablehnenden aus als über das neue Modell. Wer zufrieden ist mit sich und seinem Leben, muss sich nicht von den Jelenas und Pauls dieser Welt angegriffen fühlen. Das uralte Muster: Was mich in meiner wackeligen Identität bedroht, muss schlecht sein, sonst wäre ich ja fragwürdig. Eine friedliche Koexistenz akzeptiere ich nicht, dazu fehlt mir die Selbstsicherheit. Also greife ich an. Manchmal kann man müde werden, wenn man das ewige Branden der Wellen der Befreiung und des Fortschritts an die Ufer der Tradition, des »normalen«, des »so war es schon immer« sieht. Immer und immer wieder müssen Menschen dafür kämpfen, so leben zu dürfen wie sie wollen. Immer und immer wieder steht ihnen die Skepsis, die Intoleranz oder die offene Feindschaft derjenigen entgegen, die lieber alles beim Alten lassen wollen. Das Tröstliche ist: Auf lange Sicht gewinnt das Wasser gegen den Stein. Ganz sicher.

Es bräuchte wahrscheinlich einfach mehr Selbstzufriedenheit, also Zufriedenheit mit dem eigenen sexuellen Selbst, um souveräner mit neuen Strömungen und Ideen umgehen zu können. Und dazu bräuchte es innere Freiheit. »Wir können nicht untenrum frei sein, wenn wir obenrum nicht frei sind, und umgekehrt«, schreibt Margarete Stokowski.

»Die Hölle, das sind die anderen«, schrieb Jean-Paul Sartre 1944 in seinem Stück »Geschlossene Gesellschaft«. Darin finden sich drei Menschen nach ihrem Tod in einem geschlossenen Hotelzimmer wieder. Alle erwarten aufgrund begangener Sünden eine Bestrafung. Doch statt eines diabolischen Folterknechtes erwartet sie nur: unbegrenzt Zeit. Schnell entwickelt sich ein Dreieck aus gegenseitigem Verlangen, jeder begehrt einen der anderen, der Dritte stört. Es ist die Hölle. Sie können nicht nicht interagieren, und da sie schon tot sind, können sie sich auch nicht umbringen. Die Hölle erscheint als ein ewiger Kreislauf aus Verlangen und Ablehnung, die wir in unserer Ignoranz nicht überkommen können.

26. DER INNERE KAMPF

And we falter
Yes we are human
There's a limit to your love
Like a waterfall in slow motion
Like a map with no ocean
There's a limit to your love

FEIST, LIMIT TO YOUR LOVE

So erklären sich viele Menschen, wenn sie einem sexuellen Verlangen nachgegeben haben. Als hätte eine fremde Macht die Kontrolle über ihren Willen übernommen. Ganz rationale Zeitgenossen werden dann zu emotionalen Verschwörungstheoretikern, sichten psychologische Ufos, werden geradezu metaphysisch. Sie sagen: Irgendetwas ist da draußen. Und es hat Macht über mich.

Spricht man mit Menschen über Sex und seine verschiedenen Ausprägungen und Modelle, wenn sie nicht gerade etwas »Falsches« getan haben, sagen sie gern: Wir sind ja keine Tiere. Wir haben einen Willen. Überzeugungen. Ideale. Wir können uns zivilisieren. Zähmen. Wir müssen dem Trieb nicht immer nachgeben.

Das stimmt: Wir pinkeln nicht überallhin, wenn wir müssen. Wir essen nicht von fremden Tellern im Restaurant, auch wenn wir großen Hunger haben. Wir bespringen nicht den Partner eines Freundes, nur weil wir geil sind. Und trotzdem »passieren« uns ziemlich oft Handlungen, die alle Regeln verletzen.

Wer ist dafür verantwortlich? Ist es wirklich eine fremde Macht? Sind wir selbst Schuld? Oder unsere Biologie?

»Wir alle haben irgendwann einen heldenhaften Kampf geführt gegen unser Verlangen«, schreibt Dieter Duhm. Seien Sie ehrlich: Irgendwann in Ihrem Leben haben Sie sich schon einmal zurückgehalten. Wer ist schon sexuell wirklich aufrichtig, schonungslos ehrlich? Wer lebt seinen Trieb (insofern er einvernehmlichen Sex beinhaltet, versteht sich) schon gegen alle Widerstände aus? Wer treibt wirklich, was er will?

In seinem Buch »Die Glückshypothese« identifiziert der Psychologe Jonathan Haidt drei hauptsächliche, messbare, objektivierbare Quellen für Glück, quer durch alle Milieus, Länder, Kulturen. Erstens: Eine Aufgabe. Zweitens eine Form von Glauben, religiös oder anderweitig. Und drittens: Beziehungen. Bindungen. Liebe.

Beziehungen sind tatsächlich für unser Wohlergehen überragend wichtig. Wenn wir uns sexuell und romantisch beschränken, betrügen wir uns um zählbares Glück. Und leider denken wir, unser Glück hinge an Verzicht, also an Leid. Ein paradoxer Gedanke, wenn man ihn so hinschreibt. Aber er durchzieht unsere geistigen Modelle, unsere Ideale und Ideologie, immer wieder setzen wir: Preis gleich Wert, Leid gleich Liebe, Leid als Weg zum Selbst. Was nichts kostet, kann nichts wert sein. Leid ist kulturell kodiert als lehrreich, selbst-prägend, Opfer auf dem Weg zu einer erfüllten Intimität. Die schwierige, leidvolle Arbeit am Selbst ist Teil der monogamen Ideologie. Glück, sagt sie, entstehe durch den richtigen Verzicht auf Glück.

Der amerikanische Biologe Edward Osborne Wilson plädiert hingegen dafür, Glück als Währung zu betrachten und damit sozusagen die »volkswirtschaftlichen« Kosten einer sexuellen Kultur des Mangels zu zahlen: »Einen anderen Preis (…) hat diejenige Gesellschaft zu entrichten, die von ihren Mitgliedern Konformität im Hinblick auf bestimmte heterosexuelle Praktiken verlangt. Wir glauben, dass Kulturen rational gestaltet werden können. Wir können belehren, belohnen und Zwang anwenden. Dabei müssen wir aber gleichzeitig den Preis bedenken, den jede Kultur fordert, einen Preis, der in dem Zeit- und Energieaufwand für Erziehung und Durchsetzung von Normen sowie in der weniger greifbaren Währung menschlichen Glücks gemessen wird und den wir für die Überlistung unserer angeborenen Prädispositionen entrichten müssen.«

Männer »besteigen« den Mount Everest, rennen durch die Wüste, erobern die Welt. Der moderne Mann penetriert keine Frauen, sondern »er bohrt, da er symbolisch veranlagt ist, die Pfeile seines Geistes in die Materie der Welt« (Dieter Duhm). Die Frauen hingegen ziehen sich oft in eine asexuelle Rolle der Mutter und später Oma zurück, richten ihre Empathie auf die Kinder und Enkelkinder. Diese Rollenbilder weichen zum Glück auf. Frauen besteigen den Mount Everest schon lange, Männer sind gerne einfach Opa. Wir werden freier, was unsere Geschlechter angeht. Aber sexuell freier werden wir dabei nur wenig. Und: wäre freier auch friedlicher?

Wo es viele junge Männer gibt, da wird getötet. Das kann Völkermordforscher Gunnar Heinsohn belegen. Der Neuen Zürcher Zeitung sagte er 2006: »Immer dort, wo Mütter über Jahrzehnte oder gar Jahrhunderte im Schnitt 6 bis 8 Kinder haben, also 3 bis 4 Söhne, da wird es brenzlig. Nur ein, höchstens zwei Söhne können mit gesellschaftlichen Positionen versorgt werden. Die überschüssigen dritten und vierten Brüder, ehrgeizig und im besten Kampfesalter, emigrieren – oder holen sich ihre Position mit Gewalt. Wo es zu viele junge Männer gibt, wird getötet. Das führt zu Kriminalität, zu Bürgerkriegen, zu Genoziden an Minderheiten, Revolutionen, internationalen Kriegen oder Kolonisierungen. So lange, bis der Überschuss an Jünglingen weggetötet ist und die Geburtenzahl sinkt. (…) Neben Testosteron und Konkurrenz braucht es für einen gewalttätigen *Youth Bulge* zusätzlich die Situation, dass es für zehn junge Männer nur eine Position gibt. Auch sexuelle Frustration kann eine Rolle spielen, wenn es in der betreffenden Gesellschaft Sex nur als Fortpflanzungsakt in der Ehe zu haben gibt, für eine Eheschließung aber zuerst eine gesellschaftliche Position errungen werden muss.«

Aber man muss gar nicht mit der großen Weltpolitik kommen.

Schon die Mord-Statistik in Deutschland zeigt, dass die inneren Kämpfe um Sex und Liebe äußere Gewalt zur Folge haben. Neben Habgier sind Eifersucht und Rache in Beziehungen die häufigsten Mordmotive. Gewalt in der Ehe, von psychischem Mobbing bis hin zu Totschlag, zieht sich durch alle Milieus. Wenn im Tatort der Kommissar beim Ehepartner des Mordopfers klingelt, steht der oder die zu Recht immer grundsätzlich unter Verdacht. Die meisten und schlimmsten Verbrechen sind Beziehungstaten. Romantisch oder sexuell unglücklich zu sein, macht auf Dauer krank. Und ein kranker Mensch wehrt sich.

Wir merken: weibliche Sexualität kann nur mit Gewalt unterdrückt werden. Unterdrückte (männliche) Sexualität ergibt Gewalt. Es existiert eine eindeutige Korrelation zwischen den Erlebnissen in den verschiedenen sexuellen Phasen. Wer in der Adoleszenz Gewalt erfahren hat, gibt sie weiter. Sexueller Input ergibt sexuellen Output.

Alle Gesellschaften haben versucht, diesen gewalttätigen Aspekt überwiegend männlicher Sexualität zu vermeiden. Erfolglos. Wie auch, wenn Testosteron aus Männern sexorientierte Wesen macht, aber die Gesellschaft ihnen Sex vorenthält? Für einen Staat ist es praktischer, wenn diese Energie in andere Kanäle geleitet wird, in Arbeit oder Militär. Bevor sich die Jungs gegenseitig totschlagen. Je mehr Testosteron, desto eher Ärger. Selbstmord. Gewalt. Tod. Niemand redet darüber, dass sexuelle Frustration bei Männern (ausgelöst von Unterdrückung) die Ursache vieler Probleme sein könnte. Man kann beispielhaft in die USA schauen, wo übertrieben prüde Gesetze und Praktiken der Unterdrückung zu deutlich mehr sexuell problematischem Verhalten und Gewaltverbrechen führen als in liberaleren Ländern wie zum Beispiel den skandinavischen. Unterdrückte sexuelle Energie sucht sich immer einen Weg und wird dabei nur stärker. Wer keusch sein muss bis zur Hochzeit, ist es eben gerade nicht.

In Diktaturen aller Art kann man beobachten, wie Sex einerseits von den Machthabern reglementiert wird. Und andererseits vom unterdrückten Volk zurückerobert. »Sex, das merkt man schnell, ist in Teheran weit mehr als ein Geschlechtsakt. Er ist Machtinstrument oder Mittel zur Rebellion – und außerdem für viele Frauen der einzige Weg, ein einigermaßen unabhängiges Leben zu führen«, schreibt die geschätzte Nadja Schlüter in einer Rezension des Buches »Stadt der Lügen. Liebe, Sex und Tod in Teheran« der Iranerin Ramita Navai. Die Autorin beschreibt darin in mehreren Porträts (in Schlüters Worten): »den florierenden Schwarzmarkt für Pornografie, bei den Jungs der islamischen Freiwilligenmiliz ›Basidsch‹, die nur allzu gerne junge Mädchen kontrollieren, bei ihrem Kommandanten, der sich an kleinen Jungs vergeht, beim älteren Herren, der vorgibt, regelmäßig nach Mekka zu pilgern und stattdessen nach Thailand fliegt, bei der jungen Geschiedenen, die betet und fastet, um ihre Lust loszuwerden, oder bei der Prostituierten, die mit ihren Klienten Kurzehen, sogenannte ›Sigheh‹, eingeht, um den Akt zu legalisieren. In der Stadt kursieren schmutzige Witze über Mullahs, die nackte Frauen ins Haus lassen, oder ›Teheran als Weltstadt des Analsex‹, weil man so als junge Frau Sex haben und trotzdem mit intaktem Jungfernhäutchen in die Ehe gehen kann – ansonsten bleibt einem aber immer noch der Chirurg, der es wieder zusammenflickt.«

Sex ist das Nervensystem unter der Oberfläche des religiösen Mullah-Faschismus. Er ist nicht totzukriegen, im Gegenteil: Je mehr man ihn unterdrückt, desto mehr dringt er durch die Ritzen der Mauern, die das Regime errichtet.

Sex ist wichtig. Einer freien Gesellschaft sollte daran gelegen sein, dass ihr »sexuelles Nervensystem« nicht im Dunkeln liegt, nicht abgeklemmt ist an so vielen Enden. »Solange die sexuellen Kräfte abgedrängt bleiben in die privaten Phantasiebereiche, solange besteht die Gefahr von Dammbrüchen«, schreibt Dieter Duhm.

Man muss nicht alle Grausamkeiten der Welt, von Kriegen über Inquisition bis hin zum KZ, wie Duhm auf den »unerlösten Eros« schieben. Aber die Zusammenhänge sind offensichtlich.

Immer wieder werden alte Menschen auf dem Sterbebett zu ihrem Leben befragt. Was sie gemocht haben, was sie anders machen würden, was sie bereuen. Die Antworten sind immer die gleichen. Sie bereuen, nicht mehr und nicht freier geliebt zu haben. Sie bereuen die Sünden, die sie nicht begangen haben, nicht jene, die sie begangen haben.

Als westlich Privilegierte müssen wir Verantwortung für uns selbst übernehmen. Nicht rumgammeln und die Verantwortung externalisieren. Die Energie anders kanalisieren oder riskieren, dass sie sich ungezügelt Bahn bricht. Wir sollten sexuelle Pragmatiker werden. Und unser Glück maximieren.

Freiheit ist ein innerer Kampf mit den tradierten und sozialisierten Normen und Werten, die in uns allen stecken. Und die uns nicht glücklicher machen. Dort kämpfen sie mit unserer Biologie und unserem Drang, zu tun, was wir wollen. Ich glaube, wir können uns, jeder für sich, entscheiden, wer gewinnt.

Mara & Patricia

Mara vergisst den Joghurt, und der ist letztlich Schuld, sagt sie, dieser *fucking* Becher Joghurt, 1,8 Prozent Fett, 400 Milliliter, randvoll. So wie ihr Kopf, der immer gestopft ist mit Sachen, Sätzen, Leuten, Fragen, und aus dem dann der letzte Punkt der Einkaufsliste rausfällt wie aus einem zu vollen Korb. Deshalb muss sie nochmal zurück, von der Kasse, die Schlange ist sowieso schon lang, der Rucksackriemen schneidet in ihre Schulter, es ist heiß, erst recht hier im Supermarkt, sie ist genervt, *fucking Joghurt!*, denkt sie.

Vor dem Kühlregal, irgendwo zwischen Frischkäse und Aufbackbrötchen in der Dose, steht Patricia, genannt Patti. Das Kleid mit den hellen Blumen drauf, Sandalen, die Beine braun vom Tag am See, jetzt nur noch irgendwas fürs Abendessen, dann heim. Duschen, essen, vielleicht noch ein Glas Wein mit der Mitbewohnerin. Aber die nervt in letzter Zeit, stellt immer so Fragen, die kennt Patti schon. Seit sie 16 ist, stellen alle irgendwann Fragen, meistens nett, manchmal frech, immer mit diesen großen Augen und den halb offenen Mündern und dem Nacken, wahrscheinlich schon ganz müde vom vielen Nicken, auch wenn sie nur Quatsch erzählt, alle nicken immer.

Mit Frauen? Ja, das verstehen sie, das würden sie auch mal ausprobieren, haben sie vielleicht schon, sagen die Mädels. Und die Jungs, die verstehen erst recht und nicken auch und versuchen, irgendwie nicht zu neugierig zu wirken, nicht gierig auszusehen.

Was denkt die wohl, was eine polygame Lesbe so einkauft?, fragt sich Patti, als sie an die Mitbewohnerin denkt, und dann: Wie bescheuert bin ich denn? Und dann: Wer ist denn *die* mit dem Rucksack? Mara bückt sich nach dem Joghurt, der Rucksack rutscht nach vorn ins Regal, wirft ein paar Milchprodukte um, *fuck*, sagte sie, beherrscht sich, nicht noch vier Mal *fuck* zu sagen, *fuck fuck fuck fuck,* obwohl Lukas nicht dabei ist, trotzdem, *böser Mund, böse Seele*, hat ihre Mutter immer gesagt. Sie steht auf, will zur Kasse, wer steht da jetzt im Weg, da sieht sie die blonden Locken, das *Smile*, wie Mara es nennt, das Nasenpiercing, das Kleid mit den hellen Blumen, die braune Haut.

»Ich dachte, ich sehe einen Engel, mitten im Aldi«, sagt Mara.

»Ich dachte: Die glüht ja vor Energie«, sagt Patti.

»Einen Engel? Wie bescheuert bin ich denn?«, lacht Mara.

»Aber: Ist so viel Energie gut oder schlecht?«, sagt Patti.

Sie schauen sich eine Sekunde lang an. Patti kann nicht anders als lächeln. Wie immer. Mara muss irgendetwas sagen. Wie immer.

»Jedes Mal vergesse ich den *fucking* Joghurt!«

»Ich auch«, antwortet Patti und lächelt, dabei stimmt das gar nicht. Sie mag keinen Joghurt. Und so stehen sie vor dem Kühlregal, »wie die Teenager«, sagt Mara heute. Wissen sich nichts zu sagen. Schauen sich nur an. Wundern sich.

»Vermutlich war es für uns beide in dem Moment schon klar«, sagt Mara heute. Ihre Hand liegt seit einer Stunde auf Pattis Bein, als hätte sie sie dort vergessen. »Wir haben ja auch nicht wirklich lange gebraucht, um es zu checken.« Dann steht sie auf und geht nach drüben, nach Lukas schauen. Patti blickt durch die kleine Küche, vollgestopft mit bunten Gewürzen in großen Gläsern, überall Zeichnungen von Lukas, darauf zwei Frauen (eine blond, eine dunkler) oder ein Mann (blond) und eine Frau (dunkler), am Kühlschrank Magneten von den gelben Minions. Ihre großen Augen glotzen auf Patti, die über sich selbst schmunzelt.

»Ich hätte ja alles geglaubt, was aus mir wird«, sagt sie. »Aber keine Doppelmutter.«

Patti wächst im Vorort auf, »zu behütet«, sagt sie, »und zu langweilig«. Ihre Eltern lassen sie machen, was sie will. »Ich hatte oft das Gefühl, ich wäre denen zu brav. Immer haben sie gefragt: Und, was ist so los bei dir? Aber es war nicht viel los.« Geschwister hat sie keine. Nur eine Cousine, nicht weit in einem anderen Ort, die sie manchmal trifft. Als ihre Freundinnen anfangen, mit Jungs Händchen zu halten, macht sie mit. »Wir sind ins Kino gegangen, zu acht. Vier Jungs, vier Mädchen. Und dann, beim Rausgehen, ist an jedem Baum ein Pärchen stehen geblieben. Für mich blieb am Ende einer übrig, meistens der Torben, der hatte keinen Vater mehr und am wenigsten Geld, also die uncoolsten Klamotten. Den habe ich eben geküsst. Das war eklig.«

Sie merkt, dass sie anders ist. »Aber ich dachte, das alles mit den Jungs muss ein bisschen komisch sein, am Anfang.« Ihre Cousine, fast gleich alt, findet sie interessanter als alle Jungs. Am liebsten würde sie mit ihr ins Kino. Und schämt sich doppelt.

»Ich dachte: das ist ja Inzest. Das kann nicht sein. Ich spinne.«

Mit 16 geht sie auf eine Party. Alles, was sie will, ist tanzen, nicht reden, nicht nachdenken, und da steht auf einmal dieser Typ vor ihr. Er ist älter, hat einen Bart, schaut sie von oben herab an.

»Wir machen jetzt rum«, sagt er.

»Nein«, sagt Patti.

»Wieso nicht?«

»Ich will nicht.«

»Komm, nur kurz. Ich kann super küssen.«

»Vergiss es.«

»Bist du lesbisch oder was?«

Wie ein Blitz fährt es in sie.

Lesbisch! Oder! Was!

Sie ist 16, außer Atem vom letzten Lied, die Locken im Gesicht, die Haut glänzend, dem Typen ins Gesicht lachend, als sie beschließt, so schnell wie möglich mit einer Frau zu schlafen.

Tom war Maras erste große Liebe. Seine schmalen Hände, seine Haare, sein Atem, das Kopfschütteln, wenn ihn etwas amüsierte, das Kopfschütteln, wenn er sich über sie ärgerte, der Mund, die Worte, die Zeit, jede einzelne Sekunde mit ihm – sie war so verliebt, dass es wehtat. Jeden Tag, jede Nacht nur er.

»Alles, für immer, mit dir«, sagte sie bei ihrer Hochzeit. Und bei Gott, sie meinte es so.

»Alles, für immer, mit dir«, antwortete er. Und sie hätte nicht glücklicher sein können.

Flitterwochen, Sardinien, durchsichtiges Meer. Jeden Abend und jeden Morgen und jeden Mittag im Bett mit Tom, kurz vor dem Heimflug macht sie einen Test, schwanger. Wie sollte es auch anders sein? Seine Liebe war zu spüren, immer, wenn er im Raum war, sie fuhr ihr in jede Faser. Wie hätte sie nicht sofort ein Kind von ihm bekommen sollen? Wie konnten sie überhaupt so lange verhütet haben? Sie gehörten zusammen, und jetzt würde ihre Liebe zu einem Menschen werden. Lukas würde sie ihn nennen, egal, was Tom sagte, und Tom würde nur den blonden Kopf schütteln und sie küssen.

Lukas hat seine Augen, ihr Kinn, seine Hände, ihr Lachen. Im Krankenhaus sagt Tom zu ihr: »Egal, was passiert. Dieses Kind wird uns für immer verbinden.«

Sie war ein wenig älter, Patti wusste nicht genau, wie viel. Sie hatten sich über Freunde kennengelernt, Patti wusste nicht genau, über wen. Sie hieß Angelika, aber alle nannten sie Angie, englisch ausgesprochen, *Eyn-Tschäh!*, wie in dem Klassiker von den Stones. Hingehaucht, hingeschmachtet, hingestöhnt wie von Mick Jagger, diesem Übermann, der angeblich Männer und Frauen wollte, was mit David Bowie hatte, das behauptete zumindest ihr Vater. Warum auch die Hälfte des Spaßes verpassen?

Sie waren am See, Angie und Patti schwammen auf einer Luftmatratze herum, in der Mitte, die anderen waren auf einmal weg. Pattis Herz klopfte, dass sie dachte, der See müsste überlaufen. Sie hoffte, dass sie gut aussah in dem weißen Bikini, schon braun genug, und dass diese Angie so sehr auf ihre Locken stand wie sie auf Angies Lippen. Sie redeten über Jungs, aber zwischen den Zeilen, das merkte Patti, redeten sie über sich.

»Wie viele hattest du schon?«, fragte Angie.

»Nicht so viele«, sagte Patti.

Der See war tief und kalt, die Sonne stand hoch.

»Wie viele sind nicht so viele?«, fragte Angie und lächelte.

»Du meinst richtig im Bett oder nur so?«

»Beides.«

War Angie gerade ein Stück näher gekommen? Konnte man auf einer Luftmatratze vögeln? Was bedeutete es, dass sie darüber nachdachte?

»Ich interessiere mich nicht so für Jungs«, sagte Patti und wusste im selben Moment nicht, ob das jetzt eine elegante Andeutung gewesen war. Oder einfach nur saudumm. Aber Angie lächelte wieder. »Ich auch nicht.« Und der See war ganz ruhig.

Am nächsten Abend schlüpften sie aus dem Bierzelt, in dem irgendein Verein seinen 100. Geburtstag feierte, alle anderen standen drinnen betrunken auf den Tischen, und hinter dem Kühlwagen küssten sie sich. Pattis Herzklopfen war da, aber es brachte sie nicht um. Es war nicht verboten, was sie taten. Und als Angie sie auszog, später, in ihrem Zimmer, in dem so viele Bücher standen, dass sie die unmöglich alle gelesen haben konnte, verstand Patti, dass alles gut war, immer nur noch besser werden würde. Sie musste sich jetzt nur beherrschen, nicht *Eyn-Tschäh* zu stöhnen, so laut wie sie konnte, immer wieder.

»Hat er eben zwei Mütter«, sagt Patti.

»Zwei sind ja eher besser als eine, oder?«, sagt Mara.

Seit einem guten Jahr wohnen sie jetzt zusammen, zu dritt, mit

Lukas. Er hat sein eigenes kleines Zimmer. Patti und Mara haben ein Schlafzimmer. Patti vermisst ihre eigene Wohnung, ihre Mitbewohnerin, deren Fragen keine Sekunde. Als Mara sie gefragt hat, in einem ihrer Ausbrüche, einfach so, beim Essen, »warum ziehst du nicht zu mir?«, musste sie grinsen.

»Und was sagen wir dem Kleinen?«

»Gute Frage. Ich frage ihn mal, ob er was dagegen hat«, sagt Mara.

Lukas fragt nur zurück: »Kann ich mein Zimmer behalten?«

»Wenn sie die ganze Zeit da ist, wenn ihr wirklich zusammen wohnt, muss er auch Bescheid wissen«, sagt Tom.

Er hat recht, finden beide. Aber wie würde Mara es Lukas sagen? Er war sechs Jahre alt. Er verstand schon viel mehr, als gut für ihn war. Mara holte Luft, zum zehnten Mal. Lukas saß ruhig vor ihr, inmitten seiner Spielzeugautos. Aber bald würde er ungeduldig werden.

»Mama mag eben lieber Frauen«, sagte Mara.

Lukas schaute auf den Boden.

»Aber«, sagte er, »was ist dann mit Papa?«

»Der mag auch lieber Frauen«, sagte Mara.

»Und Patti?«

»Die mag auch lieber Frauen. Also, mich.«

»Dann ist ja alles gut«, sagte Lukas, und griff nach einem Feuerwehrauto, rot, mit aufklappbaren Türen.

»Ja«, sagte Mara. »Alles ist gut.«

Sein Vater hatte damals etwas anderes gesagt. Mara erinnerte sich nicht mehr. Die Wochen der Trennung waren vernebelt wie der frühe Morgen auf Sardinien. »Geheimnisse«, hatte er immer wieder gesagt, »du hattest immer schon Geheimnisse. Die haben uns kaputt gemacht.« Nie geschrien. Nur leise gesprochen. Das war das schlimmste: Er rastete nicht einmal jetzt aus.

»Du warst nie ganz ehrlich«, sagte er.

Und Mara wusste nicht, ob er nun recht hatte oder sie verrückt wurde oder was eigentlich noch wahr war. Und es war alles seltsam egal, es war vorbei. Etwas Neues begann. Sie wusste, dass Toms Familie sie verstoßen würde. Egal, was er ihnen erzählte. Sie wusste, dass er sich bald eine neue Frau suchen würde. Er konnte nicht allein sein. Schon gar nicht jetzt. Sie hoffte, dass Lukas es verstehen würde. Es würde dauern. Sie hatte ja selbst fast zu lange gebraucht.

Da war immer schon etwas gewesen. Eine seltsame Sekunde, wenn sie eine Frau sah, die ihr gefiel. Etwas anderes als bei Tom, als bei den anderen Männern. Geküsst hatte sie einige. Das war ganz normal, bei ihren Freundinnen. Man probierte alles aus. Ein bisschen die Jungs heiß machen, ein bisschen beste Freundin sein, warum nicht. Aber Mara hatte gemerkt, dass da etwas auf sie wartete.

Es fühlte sich an wie eine Frucht, die reifen musste. Die gegossen werden musste mit Liebe, mit Toms Liebe, mit ihrer Liebe zu Lukas. Die erst klein und schwach, dann immer größer in ihr gewachsen war. Bis sie zu groß war, um einfach weiterzumachen. Bis sie so groß war, dass Tom sie bemerkte

»Wenn du das brauchst, dann ist das in Ordnung«, hatte er gesagt. Es war keine Konkurrenz für ihn. Er war nicht eifersüchtig. Er liebte sie.

»Ich weiß nicht, wie das gehen soll«, hatte sie gesagt. Weil es sich nicht wie ein Sowohl-als-auch anfühlte. Die Frauen, die sie sah, wirklich *sah*, und die sie sahen, die zögen sie von Tom weg wie große Magneten, sie konnte nichts tun.

Und als sie das erste Mal mit einer schlief, er wusste davon, er hatte es erlaubt, wurde ihr klar, dass dieser Anfang, diese Frucht auch der Anfang eines Endes war. »Nur Sex«, hatte Tom gesagt, »das ist in Ordnung.« Aber sie verliebte sich sofort, in die erste, die zweite, die dritte, in die Frauen und in die Idee der Frau, und sie sagte Tom nichts davon, aber er kannte sie zu gut. Sie traf die eine immer wieder, obwohl nur einmal »in Ordnung« war, Tom schrie nicht, er blieb ruhig, wie immer, aber die Geheimnisse, die gingen ja nicht weg. Ihre Liebe schon.

Die Scheidung war schnell vollzogen. Sie bekam das Sorgerecht, Tom volle Besuchsrechte als Vater. Sie zog zurück in ihre Heimatstadt. Tom blieb in ihrer Wohnung ein paar hundert Kilometer entfernt. Lukas nahm sie mit.

»Jedes Wochenende«, versprachen sie sich, würden Vater und Sohn sich sehen. Lukas weinte im Auto. Mara nicht. »Der Anfang war nicht einfach, aber es ging nicht anders«, sagt Mara. »Und wenn etwas nicht anders geht, dann kriegt man es schon hin.« Lukas fragt nicht, jammert nicht, ist so brav wie sonst nie. »Er hat es genau verstanden«, sagt Mara. Sie ist jetzt »alleinerziehend«, schlimmes Wort, aber noch schlimmer: sie ist frei. Was tun mit der Freiheit?

Ausgehen, sobald Lukas sich an die Babysitterin gewöhnt hatte. Die findet Mara nicht hübsch, irgendwie zu männlich. Sie will Frauen, *Frauen*, mit weichen Lippen und Brüsten und Kurven. Und zwar ohne Liebe erstmal, ohne Bindung, gebunden ist sie an Lukas, an Tom, an sich selbst, sonst ist für niemanden Platz. Sie findet Frauen, im Netz, auf Partys, sie hat so viel Energie wie noch nie. »Alter!«, ruft sie heute noch ganz erschrocken, »15, wenn nicht 20 Jahre musste ich aufholen!« Gleichzeitig Lukas alles geben und noch mehr, arbeiten, die Wohnung schön machen, und dann: noch mehr Frauen. »Bei all dem Kuddelmuddel kann man schon mal einen Joghurt vergessen«, lacht sie.

Und Patti? Nach Angie kam Steffi, nach Steffi kam Doreen, nach Doreen ging Patti für ein Jahr nach Granada, studieren. Aber eigentlich nur trinken, tanzen und in den engen Gassen der Altstadt knutschen. Als sie nach Hause kam, wohnte in ihrem Zimmer eine Svenja. Schon am ersten Abend war Patti klar, so gut kannte sie sich jetzt, dass sie mit Svenja zusammen in dem Zimmer wohnen wollte. Drei Jahre ging das gut, mal mehr, mal weniger. Nie hatte sie so gestritten, aber auch noch nie so geliebt.

Einmal, weil Svenja drei Tage nicht nach Hause kam, warf Patti Svenjas Katze aus dem Fenster. Einmal hielt Svenja ihr den Finger runter die Nase und sagte: »Riechst du die andere?«

Treue, hatten sie sich am Anfang geschworen, Treue bedeutete, einander alles anzutun, zur Not auch den Schmerz, was war es sonst wert? Patti ließ alles über sich ergehen, die anderen Frauen, die anderen Männer, sie selbst wollte eigentlich nur Svenja, »im Nachhinein war ich klassisch abhängig von dieser Frau«. Aber es sollte ja etwas Besonderes sein, und das war es auch, jede Sekunde. Besonders schön, besonders schlimm. Dann lief Svenja weg, für die letzte andere, von der Patti nicht einmal wusste, wie sie hieß. Patti sucht sich eine neue Mitbewohnerin, die Wohnung ist toll, die Stadt, ihr erster Job, alles ist gut. Und wieder zwei Jahre später vergisst Mara den Joghurt, steht Patti vor dem Kühlregal, wird alles anders. Wo kommt die jetzt her, fragen sich beide. Gibt es sowas? Im Supermarkt? Einfach so?

»Dass ausgerechnet mich die große Liebe wie ein Blitz trifft, ist eigentlich ein Witz«, sagt Mara, »nachdem ich ein Jahr nur rumgevögelt habe – und das super fand.«

»Es war endlich mal nicht kompliziert«, sagt Patti, »keine Spielchen, keine Taktik. Daran habe ich gemerkt: Das ist sie.«

Sie gehen zusammen aus dem Supermarkt, plappern über irgendwas Belangloses, nur nicht aufhören zu reden, bleiben an der Ecke stehen. »Wohin musst du?«, fragt Mara, »in die andere Richtung eigentlich«, sagt Patti. Sie lachen. Wer zuerst vorgeschlagen hat, sich zu treffen, nicht zufällig, sondern geplant?

»Du«, sagt Mara, »ne, du!«, sagt Patti.

Zwei Tage später sitzen sie an der Bar, Mara trinkt die ersten zwei Gin Tonics viel zu schnell, ist schon betrunken, Patti hält sich an ihrem zweiten fest, hat Angst, zu viel preiszugeben.

»Ich hasse Eifersucht«, sagt sie trotzdem irgendwann, »aber sie würde mir manchmal vielleicht guttun.«

»Wenn ich mich auf jemanden einlasse, dann ganz«, sagt Mara, »und dann braucht es auch keine Eifersucht«.

Sie wissen beide schon: Wir reden über uns. Über wen sonst? Noch zwei Drinks, noch zwei wahre Sätze, noch eine zufällige Berührung, dann kommt Mara mit zu Patti. Und bleibt drei Tage. Die Mitbewohnerin gibt ihr artig die Hand, fragt nichts mehr. Die meiste Zeit bleiben sie sowieso in Pattis Zimmer. Lukas ist für eine Woche bei Tom. Ab und zu, wenn Patti einkaufen ist, telefoniert sie mit ihm.

»Ich wollte es ihr sagen, und am dritten Abend waren wir uns schon so nah, dass es einfach aus mir raussprudelte«, sagt Mara.

Patti hat ihren Kopf auf ihrem Schoß, sie sitzen, liegen übereinander auf ihrem winzigen Sofa in ihrem kleinen Zimmer, und Mara hört nicht mehr auf zu reden. Erzählt von Tom, Sardinien, wie es ist, ein Kind zu bekommen und etwas ganz hinten im Kopf zu spüren oder weiter unten, was sich regt. Wie es ist, so glücklich zu sein und doch wieder nicht. Warum sie heute so ist, wie sie ist. Was sie kann und was nicht, was sie will und braucht.

»Mich gibt es langfristig nur mit Kind. Einem Exmann. Und keiner Garantie für irgendwas«, sagt sie. »Ab und zu ausrasten, nicht mehr darüber nachdenken, was wäre, wenn – diese kleinen dunklen Bedürfnisse, die gehören zu meinem Design.«

Patti denkt lange nach. Was für eine Frage. Aber eine Frau mit einem ganzen Rucksack, störte sie das? Hatte sie nicht genau diese Ehrlichkeit gesucht? Am dritten Abend alles hinlegen, fallen lassen, aufgefangen werden? War es nicht genau das? Ob sie überhaupt noch etwas gesagt hat, oder sie sich nur küssten, immer wieder, das wissen sie heute nicht mehr. Sie sehen sich ein paar Wochen, Monate fast jeden Tag. Dann hat Patti auch eine einfache Forderung. »Alles wird gut, mit oder ohne Rucksack«, sagt sie, aber: keine Lügen, keine Bosheit. Lieber alles erzählen, alles zusammen erleben, erleiden, als nur eine Sekunde irgendein Verdacht. Diesmal wirklich.

Mara ist einverstanden. Zusammen ausprobieren. Einander vertrauen. Gleichzeitig frei sein und fest da für ihren Sohn. Das klingt nach etwas, das sie schaffen kann. Nie wieder Geheimnisse. Sie gehen zusammen aus, lernen andere Frauen kennen. Sie leben »offen«, mehr oder weniger von Anfang an. Wie oft wer mit wem etwas hatte, darüber reden sie heute nur ungern. Nicht, weil etwas verboten gewesen wäre. »Aber wir haben beschlossen, dass das alles nicht so wichtig ist. Nicht so wichtig wie wir«, sagt Patti.

»Und dass wir auch nicht groß darüber reden hinterher. Hauptsache, es war gut, und wir sind beide einverstanden«, sagt Mara. »Unsere Geschichte ist keine Auflistung von Namen und Nächten.« Sie können ein paar gute Stories erzählen, aber sie wollen sie hier nicht lesen. Auch wegen Lukas. »Ich bin eine schlimme Egoistin«, sagt Mara, »aber er ist immer wichtiger.«

An einem Samstagvormittag gehen sie zusammen mit Lukas auf den Spielplatz. Er schaut Patti zwei Sekunden aus zwei Metern Abstand an. Als würde sich in seinem Kopf etwas ordnen, das lange in Unordnung war. Dann rennt er los und winkt und ruft, sie soll mitkommen, zur Schaukel, sofort.

»Das war vor ziemlich genau drei Jahren«, sagt Patti, als sie aus den Erinnerungen wieder hervortaucht in die kleine Küche, die jetzt ihre ist, in dieser Wohnung, in der sie glücklich sind seit einem Jahr, mit Lukas. »Und vor einem halben Jahr haben wir diesen Film gesehen.« Eine Dokumentation über zwei Frauen, die gegen alle Widerstände ein Kind von einem Samenspender bekommen und großziehen. Mara kann in der Nacht nicht schlafen.

»Mir war sofort klar, dass ich das will. Mit Patti. Ein zweites Kind. Ein kleiner Bruder oder eine kleine Schwester für Lukas.«

Aber sie weiß sofort: Es gibt nur einen einzigen Mann, der dafür in Frage kommt. Und das ist nicht Tom.

Das erste Mal, sagt Leo, hat er Mara in dieser Bar gesehen, in der damals alle abhingen. Ihr halblangen braunen Haare, die sie sich ständig aus dem Gesicht streicht. Ihre spitze Nase, die durch die Luft fährt. Ihre Schlagfertigkeit, vor der alle fast ein bisschen Angst haben. Er fand sie sofort »scharf, nicht wie die anderen Frauen, aber sie hatte etwas Einzigartiges, Wildes«.

Sie trinken zusammen, Mara sagt sofort: »Ich bin lesbisch. Seit ein paar Jahren.«

Leo findet sie noch besser. Sie küssen sich, mehr nicht.

»Das passiert seitdem regelmäßig«, sagt Mara, »wenn überhaupt noch mal ein Mann, dann der schöne Leo.«

Seine pechschwarzen Strähnen, die überallhin abstehen, die dunklen Knopfaugen, einfach schön. Und er ist so leicht, ihm scheint alles egal, er stellt keine Fragen, hat das gleiche Tempo wie sie, will alles und nichts. Mara mag ihn, Patti und Leo treffen sich kurz darauf, mögen sich auch.

»Er war wie Mara, nur als Mann, also auch interessant, aber eben anders«, sagt Patti. »Und da war sofort auch körperliche Nähe. Er ist anziehend, auch für mich.«

»Ich bin manchmal neidisch auf Patti«, sagt Leo, »weil Mara so viel in ihr sieht. Und gleichzeitig verstehe ich, was genau sie sieht.«

An irgendeinem Abend voller Rotwein, nachdem sie diesen Film sahen, sagt Mara zu Patti im Bett: »Wenn, dann von Leo.« Und Patti weiß sofort, was sie meint. Und wie immer, wenn Mara vorprescht, sie eigentlich überraschen müsste, merkt sie: Das will ich auch. Eigentlich schon lange.

»Also haben wir uns mit Leo an einen Tisch gesetzt«, sagt Mara. »Vor zwei Monaten. Wir wissen, was wir wollen. Jetzt muss er mitmachen.«

Lukas ist langweilig in seinem Zimmer, er streicht jetzt um den Küchentisch, unterbricht das Gespräch ab und zu. Aber er bekommt alles mit, darauf legt Mara wert.

»Niemals soll er das Gefühl haben, wir würden ihm etwas verschweigen oder ihn nicht wichtig genug nehmen, um ihm etwas zu erzählen.«

»Das ist sicher nicht immer einfach«, sagt Patti, »aber ich finde es auch besser, als sich ständig zu überlegen, was man ihm zumuten kann und was nicht. Dir zumuten«, verbessert sie sich, und schaut Lukas an, der schon wieder auf dem Weg nach draußen war, noch einmal umdreht, die Hände in die Hüften stemmt, die Aufmerksamkeit genießt.

»Na, kleiner Chef?«, fragt Mara, »siehst du auch so, oder?«

Leo erbittet sich Bedenkzeit. Er hat bisher noch keine Sekunde über so etwas nachgedacht. Noch nicht einmal darüber, selbst Vater mit einer Frau zu werden. Geschweige denn seine Vaterschaft zu leihen. Er kennt weder die juristischen noch die emotionalen Folgen. »Endlos viele Fragen«, sagt er, und schweigt, als kämen die Antworten von selbst, wenn er nur lange genug wartet.

Wie ist er verantwortlich? Welchen Kontakt bekommt er zu dem Kind eingeräumt? Welchen will er überhaupt? Mara und Patti sagen, das sei kein Problem, aber was, wenn die beiden sich doch einmal trennen? Er sich mit ihnen zerstreitet, er eine eigene Familie gründet? Was, wenn Tom doch nicht mehr einverstanden ist? Muss er das überhaupt? Leo umarmt die beiden Freundinnen. Aber er kann ihnen an diesem Abend nichts versprechen. Er wird lange nachdenken müssen. Sein erster Impuls war: Warum nicht? Darauf sucht er eine Antwort. Bis jetzt hat er keine.

»Wir können warten«, sagt Patti, »wir haben ja schon ein Kind, und wir sind uns sicher. Außerdem müssen wir uns noch einigen, wer von uns beiden es bekommt.«

Mara lacht. »Das sieht uns ähnlich, dass wir wild entschlossen sind, aber das wichtigste noch gar nicht wirklich besprochen haben.« Ansonsten soll alles so bleiben, wie es ist. »Wir sind beide für Lukas zuständig, wenn er auch Toms und mein Kind bleibt«, sagt Mara.

»Und wir sind zusammen, fester denn je, auch wenn man das alles eine ›offene Beziehung‹ nennen könnte«, sagt Patti. »Alles andere würde für uns nicht funktionieren, glauben wir. Wieso also etwas ändern?«

»Und wenn du dann schwanger zu Hause sitzt, gehe ich feiern«, lacht Mara.

»Wer sagt, dass ich …?«, kontert Patti.

Lukas platzt in die Küche. Er schaut sich um, alle hören ihm zu, das merkt er, also ruft er: »Wieso, ihr könnt doch beide schwanger werden!«

27. WIE MITEINANDER FREI SEIN?

100 Prozent aller Schüsse, die du nicht abgibst, gehen nicht ins Tor.

WAYNE GRETZKY

Das hier ist kein Ratgeber. Trotzdem würden vielleicht viele Menschen gern wissen, was eigentlich all diese Geschichten und Informationen jetzt an Ratschlägen für eine »offenere« Beziehung bringen?

Ich glaube, man kann das alles auf vier Wörter reduzieren:

Reden

Alle Menschen, die ich getroffen habe, reden viel und gern miteinander. Manche vielleicht fast »zu viel«, wie Jakob und Francesca es halb ironisch formuliert haben. Aber sicher niemand zu wenig. Und zwar über Gefühle, nicht übers Abendessen. Aber es geht immer noch ehrlicher, offener, liebevoller. Wirklich *mit*einander, nicht *gegen*einander zu reden, ist der Anfang aller Offenheit.

Fühlen

Damit man überhaupt sinnvoll miteinander reden kann, muss man fühlen. Also, schonungslos in sich hineinfühlen, oder wie auch immer man diese »Introspektion« (Eva Illouz) nennen will. Emotionen kann man an sich selbst beobachten, ohne sie zu bewerten. Sie tauchen auf und ab, und meist kann man eine Ursache, einen Trigger, vielleicht sogar einen Grund dafür ausmachen. Wer sich selbst spürt, im Guten wie im Schlechten, kann anfangen, diesen Gefühlen Namen zu geben. Eifersucht, Angst, Liebe und Mitfreude und all das andere Zeug so zu erkennen und zu benennen, ist nicht nur für die Beziehung existenziell wichtig, sondern auch für die eigene Entwicklung, wenn man nicht in alten Mustern hängen bleiben will.

Küssen

Stellvertretend für alle Zuneigung, Wertschätzung und Hingabe soll hier *küssen* stehen. Keine Beziehung entwickelt sich, ohne dass man dem geliebten Menschen immer wieder zeigt, körperlich, ohne Worte, warum man mit ihr oder ihm zusammen sein will. Ein Kuss im richtigen Moment sagt mehr als alle Worte, kann jede Unsicherheit verscheuchen und macht sowieso Spaß. Auf dem Cover sieht man so etwas wie einen *Trisoux*, einen Kuss zu dritt. Wäre der nicht ein Anfang?

Gehen

Liebe und Offenheit sind eine schwierige Kombination. Jeder Schritt, den man zusammen geht, will abgesichert sein. Wenn ich meinem Partner zum ersten Mal von meinem Gefühl gegenüber einem Dritten erzähle, und ihn dabei küsse, so wie die ersten drei Verben es fordern, hilft es uns beiden ungemein, wenn wir wissen, dass wir gerade nicht rennen, springen oder fallen, sondern zusammen einen ganz kleinen Schritt gehen, den wir beide gehen wollen. Und der uns trotzdem hilft, selbst wenn wir ihn sofort wieder zurücknehmen. Weil wir dann wenigstens wissen, was wir nicht wollen. Deswegen: Langsam. *Walk, don't run.*

EPILOG: MODERN LOVE

Und wenn ich weissagen könnte und wüßte alle Geheimnisse und alle Erkenntnis und hätte allen Glauben, also daß ich Berge versetzte, und hätte der Liebe nicht, so wäre ich nichts.

1. KORINTHER 13:2

David Bowies Song »Modern Love« ist einer seiner mysteriöseren. Der Text des Refrains kann verschieden interpretiert werden.

(Modern love) walks beside me
(Modern love) walks on by
(Modern love) gets me to the church on time
(Church on time) terrifies me
(Church on time) makes me party
(Church on time) puts my trust in God and man
(God and man) no confessions
(God and man) no religion
(God and man) don't believe in modern love

Singt dort ein enttäuschter Playboy? Ein ewiger Romantiker? Ein Freigeist? Oder ein Neo-Spießer, der schleunigst heiraten will? Er glaubt nicht an die moderne Liebe, behauptet Bowie, dessen Liebesleben ein eigenes Buch füllen würde, wüsste man auch nur von der Hälfte seiner Romanzen und Affären, Männer wie Frauen, die er sich sogar manchmal mit seiner Ehefrau Angela teilte. (Mit Mick Jagger hatte er wirklich was. Angela erwischte die beiden nackt im Bett.)

Die moderne Liebe bleibt widersprüchlich. Sex wird gleichzeitig zu ernst und zu leicht genommen. Wir sehen uns als kultivierte, geistige, der rohen Natur überlegene Wesen. Was für eine Hybris. Sex bleibt die Urkraft, die uns antreibt.

Wir sind und bleiben triebgesteuerte Tiere mit einem zu großen Gehirn. In den letzten 100 000 Jahren hat sich unsere Hardware kaum, unsere Software nur wenig verändert. Die Benutzeroberfläche der Welt mag eine ganz andere sein. Aber wir sind Menschen. Und werden es immer sein. Menschen wollen Sex. Und Freiheit. Und Geborgenheit. Und Liebe. Sie wollen, wozu sie geschaffen sind. Und sie wollen, was sie sich als richtig und gut erdacht haben. Sie wollen Natur. Sie wollen Kultur.

Denn selbst, wenn wir wollten: Wir könnten nicht »wie die Tiere« (genauer: wie die Menschen) mit allzeit aktivierten Geschlechtsorganen durch die Gegend laufen und uns ständig gegenseitig begatten. Aber wir können offensichtlich auch nur sehr schwer nach Regeln leben, die unserem Wesen nicht entsprechen. Uns von ihnen zu befreien ist nicht so einfach, wie manche Menschen behaupten. Diese Regeln sind uns fast in Fleisch und Blut übergegangen. Wir sind damit aufgewachsen. Wir glauben daran. Wenig ist so stark wie Glaube. Nichts so stark wie Geschichten.

Unsere Kultur ist deswegen so stark, weil sie langfristig anpassungsfähig ist. An neue Erkenntnisse, Bedürfnisse, an eine neue Ehrlichkeit. Wir können unsere Kultur formen, jedenfalls besser als unsere Natur. Wir können unsere Natur unterdrücken. Das hat eine Weile mehr oder weniger miserabel funktioniert. Wir können uns mit ihr versöhnen. Wir müssen nicht von ihr getrieben sein. Aber wir können ihre Energie nutzen, statt sie anzuketten.

Kann man so etwas wie unsere Art, Beziehungen zu führen, überhaupt bewusst ändern? Indem wir neue Geschichten erzählen?

Das machen wir, in anderen Bereichen, schon längst. Wir glauben an die Machbarkeit aller Dinge. Wir schaffen Wunder durch eine hochentwickelte Technik, die jedem, der vor 100 Jahren gelebt hat wie Magie vorkommen muss. Aber in der Liebe sind wir wie Kinder, die den Märchenbüchern glauben und abergläubisch Bannverse aufsagen, um die bösen Geister abzuwehren.

Vielleicht ist die Monogamie die sexuelle Entsprechung zur Demokratie, die Winston Churchill mal die »am wenigsten schlechte Regierungsform« genannt hat. Sie ist okay. Sie bringt uns nur selten um. Und sie ist deshalb natürlich nicht zu Ende. Sie wird nur mehr denn je hinterfragt. Zu Recht. Ein wenig mehr Wissen, Bewusstsein, Vernunft in der Betrachtung all dessen schadet sicher nicht. Wie Zettel zu Titania in Shakespeares »Sommernachtstraum« sagt, »halten Vernunft und Liebe heutzutage nicht viel Gemeinschaft«. Sich mit ihnen an einen Tisch zu setzen, wäre schon spannend genug. Wirklich so zu leben, wie man leben will, sowieso.

Haben Sie ein Happy End erwartet? Das hier sind echte Geschichten, keine Filme oder Romane. Sie haben nicht nur keine Happy Ends. Sie haben meistens gar keine Enden.

Wenn Sie dieses Buch lesen, ist die Liebe der Protagonisten vielleicht gewachsen, hat sich verändert, verkleinert oder ist verschwunden. Jasper und Marie sind nicht mehr zusammen, Paul und Jelena haben heute vielleicht neue Partner, wohnen noch zusammen mit den Kindern, haben aber ihren Frieden miteinander und ihrer Liebe geschlossen. Und sind glücklicher denn je. Ihre offene Beziehung ist zu Ende, oder sie beginnt gerade erst. Wer weiß?

Eine Liebe zu einem Menschen offen zu gestalten, ohne an einen Endpunkt zu denken, ab dem gefälligst alle glücklich und zufrieden sein sollen – das ist die »offene Beziehung«, von der hier die Rede ist. *Offen* bedeutet nicht wahllos oder beliebig. Im Gegenteil. *Offen* bedeutet, dass die Form der Beziehung, ihre Regeln und Absprachen den eigenen Wünschen und den Menschen, die damit leben, angepasst werden. Und nicht andersherum. Es bedeutet, offen zu sein für die Wünsche des geliebten Menschen. So offen wie für meine eigenen. Ihm erst einmal zu gönnen, was er sich wünscht, was auch immer das ist. Und dann zu entscheiden, ob ich es ihm oder ihr ermöglichen kann. *Offen leben* bedeutet, nicht nur auf sich selbst und den anderen zu schauen. Sondern gemeinsam auch in die Welt hinaus. Jeden Tag aufs Neue.

So eine offene Beziehung beginnt damit, einander ehrlich zu sagen, was man will. Wer man ist. Wer man sein will. Das ist so brutal schwer wie kinderleicht.

Das macht die Sache auf den ersten Blick etwas komplizierter. Auf den zweiten Blick auch. Aber dafür gibt es auch viel mehr zu sehen. Diese Offenheit kann ein Upgrade sein von einer Schiffskabine unter Deck, in der man ohne Ausblick einem vorbestimmten Ziel entgegen steuert, zu einer Kabine direkt neben der Brücke, von der man nicht nur sieht, wohin man steuert. Sondern sogar vielleicht Einfluss nehmen kann auf den Kurs dieser Titanic namens Liebe.

Aber: Die Liebe bleibt auch oder vielleicht besonders dem ein Rätsel, der sie erforscht. Wer behauptet, die Liebe verstanden zu haben, gibt den sicheren Hinweis, dass er es eben nicht hat. Man kann Liebe nicht können oder verstehen. Man kann nur versuchen, glücklich zu sein, glücklich zu lieben. Die Liebe bleibt uns allen ein Labyrinth, dessen Ausgang jeder für sich finden muss.

Sie bleibt also ein großes Abenteuer, diese Reise. Aber nicht nur. Denn wie jede gute Reise, wie jedes große Abenteuer führt sie dorthin, wo wir uns am wohlsten fühlen. Wo wir glücklich sind. Nach Hause.

DANK

Mein Dank geht an:

Alle Liebenden, die in diesem Buch auftreten. Ohne sie gäbe es keine Seite davon. Sie zu treffen, ihre Geschichten zu hören und aufschreiben zu dürfen, war vielleicht das Beste, was ich erleben durfte.

An meine Eltern für alles.

An meine Freunde für alles.

Ein spezielles Kudos gehen an meine Agentin Elisabeth Ruge und meine Lektorin Franziska Günther für dieses Buch. An Patrick Wehner (geborener Wiener) für die Piña Colada, an Jakob Biazza und Chris Helten für ihre Unterstützung und den Wein, an die Reisegruppe Chateau (Patron Benjamin, Yumiko, Julia, Gianna, Stephan, Max, Annika und Tim sowie die Gastgeber, Familie Leuchten) für ihre Unterstützung und den Wein, an die Reisegruppe Kroatien für die Bootsfahrt und die Bücher, an die Reisegruppe Garbicz für den unfassbar schönen Trip durch den Zauberwald, an die Beta-Leserinnen Liza und Amelie und Kiki und natürlich den Schamanen Boris für ihre Hilfe, an die Vögel für die systemische Liebe, an Julie für den Trisoux, an alle, die mit mir über diesen ganzen Zirkus gesprochen und mich weniger unwissend gemacht haben. Und natürlich besonders an Patrick Bauer und das SZ-Magazin für den entscheidenden Glauben an ein »Minimum an Journalistenschule«, an Tanja Kernweiss und Malte Wandel für die großartigen Fotos, an die Facebook-Kommentatoren für das Kontrastmittel.

Sowie an Max Scharnigg, Dirk von Gehlen, Nadja Schlüter, Gabriel von Machui, Conny Lidl, Felix Wunner, Luise Grossmann, Hannes Geiger, Katharina Maier, Bernhard Pörksen, Stefan Niggemeier, Boris Rosenkranz, Peer Schaader, Daniel Erk, Stefanie Stahl, Lea Hampel, Helene Marie von Schwichow, Malte Welding, Jeannine Michaelsen, Ronja von Rönne, Carola Haase-Sayer, Teresa Bösch, Florian Kiener, Simon Locherer, Jasmin Sauer, Nils Bühring, Philine Endress – und an den Oktopus!

Alles ist gut.

LITERATURVERZEICHNIS

Abraven, Ernst: Alle kauen, keiner isst, Berlin 2016

Alexander, M.G. und Fisher, T.D. Truth and consequences: Using the bogus pipeline to examine sex differences in self-reported sexuality. The Journal of Sex Research, 40, S. 27–35, 2003

Bartens, Werner: Was Paare zusammenhält. In: SZ-Magazin, Heft 19/12

Böhme, Karoline: Praktiken der Polyamorie. Über offene Beziehungen, intime Netzwerke und den Wandel emotionaler Stile, Wien 2012

Buchwald, Anand: Polyamorie – Eine Zukunft für die Zukunft, Gauting 2011

De Botton, Alain: Der Lauf der Liebe, Roman, Frankfurt am Main 2016

Duhm, Dieter: Der unerlöste Eros, Radolfzell 1991

Ford, C.S. und Beach, F.: Patterns of Sexual Behavior, Westport, CT 1952

Hatfield, Elaine et al.: The importance of physical attractiveness in dating behavior. Journal of Personality and Social Psychology, 4, 508–516, 1966

Heßling, Angelika und Bode, Heidrun: Jugendsexualität 2015. Die Perspektive der 14- bis 25-Jährigen. Ergebnisse einer aktuellen Repräsentativen Wiederholungsbefragung. Bundeszentrale für gesundheitliche Aufklärung, Köln 2015

Illouz, Eva: Warum Liebe weh tut, Berlin 2011

Dies.: Gefühle in Zeiten des Kapitalismus. Adorno-Vorlesungen 2004, Frankfurt am Main 2006

Dies.: Der Konsum der Romantik. Liebe und die kulturellen Widersprüche des Kapitalismus, Frankfurt am Main / New York 2003

Kast, Bast: Die Liebe und wie sich Leidenschaft erklärt. Frankfurt am Main 2004

Küpper, Beate: Was unterscheidet Singles und Paare? In: Grau I, Bierhoff H-W, eds. Sozialpsychologie der Partnerschaft, Heidelberg 2003, S. 77–110

Lörsinger, Daniel: Meine Jahre mit Max. Erinnerungen 1989–2014. München 2014

Luhmann, Niklas: Liebe als Passion. Zur Codierung von Intimität, Frankfurt 1982

Ders.: Liebe. Eine Übung, Frankfurt 2008

Moris, Desmond: The Soccer Tribe, London 1981

Murdock, George Peter: Social Structure, London 1949

Ders.: Atlas of World Cultures, 1981

O'Neill, Nena & George: Die offene Ehe, Hamburg 1981

Prinz, Wolfgang: Selbst im Spiegel. Die soziale Konstruktion von Subjektivität, Berlin 2013

Ryan, Christopher und Jethá, Cacilda: Sex – die wahre Geschichte, Stuttgart 2016

Stahl, Stefanie: Das Kind in dir muss Heimat finden, München 2015

Schott, Oliver: Lob der offenen Beziehung, Berlin 2010

Seligmann, Martin: Der Glücksfaktor – warum Optimisten länger leben, Bergisch Gladbach 2003.

Sennett, Richard: Verfall und Ende des öffentlichen Lebens. Die Tyrannei der Intimität, Frankfurt am Main 2014

Stokowski, Margarete: Untenrum frei, Hamburg 2016

Tristan, Taormina: Opening Up: A Guide to Creating and Sustaining Open Relationships, New York 2008

Welding, Malte: Frauen und Männer passen nicht zusammen – auch nicht in der Mitte, München 2010

Winthrop, John: Winthrop's Journal, »History of New England«, 1630–1649

Zizek, Slavoj: Die politische Suspension des Ethischen, Frankfurt am Main 2005